SCHRIFTEN ZUR WIRTSCHAFTSINFORMATIK

Herausgegeben von
Dieter Ehrenberg, Bodo Rieger und Peter Stahlknecht

Band 19

PETER LANG
Frankfurt am Main · Berlin · Bern · Bruxelles · New York · Oxford · Wien

Collaborative Browsing für internetbasierte Service und Supportprozesse

Andreas Lassmann

Collaborative Browsing für internetbasierte Service- und Supportprozesse

PETER LANG
Internationaler Verlag der Wissenschaften

Bibliografische Information der Deutschen Nationalbibliothek
Die Deutsche Nationalbibliothek verzeichnet diese Publikation in der Deutschen Nationalbibliografie; detaillierte bibliografische Daten sind im Internet über http://dnb.d-nb.de abrufbar.

Zugl.: Leipzig, Univ., Diss., 2008

Gedruckt auf alterungsbeständigem, säurefreiem Papier.

D 15
ISSN 0946-1949
ISBN 978-3-631-59134-5

www.peterlang.de

Gewidmet meinen Kindern:

Hanna und Johann

Danksagung

Mein besonderer Dank gilt Univ.-Prof. Dr. Dieter Ehrenberg, der es mir ermöglichte, dieses Thema im Rahmen einer Dissertation zu bearbeiten und die engagierte Betreuung für meine Arbeit übernommen hat.

Ich bedanke mich bei meiner Familie, die mir für die Erarbeitung der Dissertation den Rücken frei hielt. Für die stete Unterstützung danke ich vor allem meinen Eltern, die mir mein Studium ermöglichten und wichtige Begleiter auf meinem weiteren Wege waren und sind.

Weiter danke ich meinen Kollegen von der itCampus GmbH für das Verständnis und den Beistand.

Andreas Lassmann

Leipzig im 28. Mai 2008

Geleitwort

Mit dem Trend zur Dienstleitungswirtschaft gewinnen bei Dienstleistungen im öffentlichen und privaten Sektor, wie z. B. im Consulting, im Logistikbereich sowie innerhalb der Kundenbetreuung und Kundenbindung, die internetbasierten Service- und Supportprozesse immer größere Bedeutung.

Analysen im Bereich des Electronic Commerce (E-Commerce) haben andererseits gezeigt, dass nach wie vor bestehende Defizite bei den Kunden-Lieferanten-beziehungen zum Abbruch eines beabsichtigten Kaufprozesses im E-Commerce führen. Die Gründe dafür liegen vor allem in der ungenügenden Beratung und der fehlenden individuellen Unterstützung der Kunden in den einzelnen Phasen des internetbasierten Kaufprozesses.

Auf diesem Hintergrund widmet sich Andreas Lassmann in der vorliegenden Arbeit der Untersuchung kollaborativer Technologien mit dem Ziel, diese für internetbasierte Service- und Supportprozesse einzusetzen. Ein besonderer Focus erhält dabei die Betrachtung von Aspekten und Dimensionen des Collaborative Browsing, einem innovativen Lösungsansatz für die synchrone Zusammenarbeit räumlich verteilter Personen im Internet.

Dem Verfasser ist es gelungen, auf der Grundlage von praktischen Anforderungen aus dem E-Commerce und der Analyse bestehender Lösungsansätze eine Konzeption und die Architektur für das sog. Teleweb, einer Integration von Collaborative Browsing und Telefonie, zu entwickeln und wissenschaftlich zu begründen sowie die praktischen Umsetzungsmöglichkeiten für Call Center zu initiieren.

Außerdem wird auf verschiedene Teleweb-Anwendungsfelder, wie Electronic Marketing, Electronic Learning, Electronic Commerce und Electronic Support sowie auf Kommunikationsprodukte des „ELSBETH Communication Center" der itCampus GmbH eingegangen. Zu letzteren gehört eine integrierte Kommunikationslösung für den Mehrkanal-Support, in welche wesentliche Ergebnisse der vorliegenden Arbeit einfließen.

Das vorliegende Buch ist sowohl dem theoretisch als auch dem an praktischen Lösungen interessierten Leser zur Lektüre sehr zu empfehlen.

Leipzig, im März 2009 Prof. Dr. Dieter Ehrenberg

Thema:

Collaborative Browsing für internetbasierte Service- und Supportprozesse

Schlüsselwörter: Business-to-Consumer (B2C), Callback, Call Center, Contact Center, Collaborative Browsing, CSCW, Electronic Commerce, Funktionalität, Geschäftsprozesse, Infrastruktur, Internet, Kommunikationskanal, Kundendialog, Optimierung, Service- und Supportprozesse, Telefonie, Telekonferenz, Teleweb, Web, Web Shop

Kurzfassung

Der Umsatz des Electronic Commerce hat sich in den letzten Jahren vervielfacht. Im Mittelpunkt steht die Kundenorientierung. Mit diesem Ziel sind die Service- und Supportprozesse zukunftsorientiert zu entwickeln und die weiter bestehenden Vertriebswege anzupassen. Der Service und Support über mehrere parallele Kanäle kann über Teleweb geleistet werden. Teleweb ist ein Technologie gestützter Prozess, der die beiden Technologien Collaborative Browsing und Telefonie unter Nutzung der Kommunikationsdienste Internet und PSTN/VoIP über einen CTI-Server integriert, welcher von mindestens zwei Personen parallel benutzt wird. In dieser Dissertationsschrift werden dafür die Grundlagen erarbeitet und ein Prozessmodell entwickelt. Bei der Umsetzung ist der Focus auf Call Center gerichtet.

Subject:

Collaborative Browsing for internet based service and support processes

Keywords: business-to-consumer (b2c), business process, callback, Call Center, Contact Center, communication channel, collaborative browsing, CSCW, customer dialog, electronic commerce, functionality, infrastructure, internet, optimization, service and support processes, telephone, telephone conference, teleweb, web, web shop

Abstract

The turnover of Electronic Commerce has multiplied in recent years. Central to this development stands the orientation towards the customer's needs. With that goal, service and support processes need to be developed and adjusted to take account of existing, and future, channels of distribution. Multi channel service and support can be realised with "Teleweb". Teleweb uses common telephone technology together with the new collaborative browsing tools based on PSTN/VoIP and internet communication services, integrated over a CTI-server. This technology driven process allows simultaneous use by two or more people. This paper investigates the fundamentals of Teleweb. The process model that is being developed highlights that call centers occupy a central position in implementing Teleweb processes.

INHALTSVERZEICHNIS

Abbildungsverzeichnis

Tabellenverzeichnis

Abkürzungsverzeichnis

ACD	Automatic Call Distribution
API	Application Programm Interface
ARIS	Architektur Integrierter Informationssysteme
AV	Audio/Video
B2B	Business to Business
B2C	Business to Consumer
CAS	Computer Aided Selling
CC	Call Center
Co-Browsing	Collaborative Browsing
CRM	Customer Relationship Management
CSCW	Computer Supported Cooperative Work
CSS	Cascading Style Sheet
CSS-Instrumente	Customer Self Service-Instrumente
CSTA	Computer Telecommunications Application
CTI	Computer Telephony Integration
DACH	Deutschland, Österreich, Schweiz
DMS	Dokumentenmanagementsystem
E-Business	Electronic Business
E-Commerce	Electronic Commerce
E-Mail	Electronic Mail
EMS	Enterprise Management-Systeme
EPK	Ereignisgesteuerte Prozessketten
EUS	Entscheidungsunterstützende Systeme
DSS	Decision Support System
FAQ	Frequently Asked Questions
FTP	File Transfer Protocol
GDSS	Group Decision Support System
GUI	Graphical User Interface
HTML	Hypertext Markup Language
HTTP	Hypertext Transfer Protocol
ID	Identifier
IE	(Microsoft) Internet Explorer
IP	Internpet Protocol
IRC	Internet Relay Chat
ISDN	Integrated Service Digital Network
IT	Informationstechnologie
ITU	International Telecommunication Union
IuK	Information und Kommunikation

IVR	Interactive Voice Response
MKS	Mehrkanalstrategie
J2EE	Java 2 Platform, Enterprise Edition
J2SE	Java 2 Platform, Standard Edition
JDK	Java Development Kit
JTAPI	Java Telephon Application Programming Interface
KL	Kommunikationsleistung
MVC-Architektur	Model View Controller-Architektur
PBX	Private Branche Exchange
PSTN	Public Switched Telephony Network
QM	Qualitäts-Management
SAAS	Software As A Service
SGML	Standard Generalized Markup Language
SMS	Short Message
SOA	Service Orientierte Architektur
SSL	Secure Socket Layer
SWOT	Strengths, Weakness, Opportunities, Threads
TAPI	Telephony Application Programming Interface
TCP	Transmission Control Protocol
TDM	Time Division Multiplexing
TK-Anlage	Telekommunikationsanlage
UI	User Interface
URL	Uniform Resource Locator
VIP	Virtual Internet Protocol
VNC	Virtual Network Computing
VoIP	Voice Over IP
VR	Voice Recording
VU	Virtuelle Unternehmen
W3C	World Wide Web Consortiums
WFMS	Work Force Management System
WISIWYS	What I See Is What You See
WWW	World Wide Web
XHTML	Extensible Hypertext Markup Language
XML	Extensible Markup Language

1 EINLEITUNG

1.1 PROBLEMSTELLUNG UND THEMENBEGRÜNDUNG

In Zeiten schneller technologischer Entwicklung, sich verändernder Märkte und zunehmender Komplexität der Prozesse, bedarf es zur Lösung und Bewältigung solcher Aufgaben mehrerer Personen.[1] Das Wissen und die Fähigkeit der zur Problemlösung benötigten Personen sind oft räumlich verteilt. Das Zusammenführen der Kompetenzträger an einen Ort ist zeit- und kostenintensiv und besonders im wiederholt auftretenden Falle von Service und Support wirtschaftlich nicht darstellbar. Deshalb werden technologische Ansätze benötigt, die eine flexiblere Form der Zusammenarbeit[2] und ein effektives und verteiltes Lösen von Problemen ermöglichen.

Die verstärkte Nutzung des Internets als technologische Infrastruktur spezialisierter Prozesse und die Globalisierung führen zu einer dezentralen Verwaltung von Informationen sowie zur Veränderung von Organisationsformen und -strukturen. Die gemeinsame Lösung von Problemen in Gruppen, auch über räumliche Grenzen hinweg, wird somit zentraler Bestandteil der täglichen Arbeit. Es rücken neue Formen der Kooperation in das wirtschaftliche und wissenschaftliche Interesse. Dabei werden rationale Wege benötigt, um verteilte Prozesse bzw. die Arbeit in Gruppen effizienter und effektiver zu gestalten. Alltägliches und regelmäßiges Potenzial zur Nutzung neuer Formen der Zusammenarbeit bieten die Anwendungsfelder des Service und Support. In dem Maße, wie zunehmend Prozesse über das Internet abgewickelt werden, steigt der Bedarf nach entsprechender Hilfestellung, Beratung und Zusammenarbeit.

Gegenstand der Untersuchung sind die webbasierten Service- und Supportprozesse von bereits im Web abgebildeten Prozessabläufen, speziell im Bereich Electronic Commerce (E-Commerce). Der Organisation für wirtschaftliche Zusammenarbeit und Entwicklung (OECD) zufolge wuchs die Zahl an Breitband Internetzugängen in den Mitgliedsstaaten innerhalb eines Jahres um 33 Prozent. Im Juni 2005 verfügten demnach 136 Millionen Haushalte über einen schnellen Internetzugang, im Juni 2006 habe man 181 Millionen solcher Anschlüsse gezählt, teilte die Organisation mit. 94 Prozent der Internetnutzer (ca. 34 Mio. Deutsche) informieren sich vor einem Kauf im Internet. Etwa 75 Prozent der Internetnutzer kaufen online ein.

Der Anteil von Deutschen, die online einkaufen lag 2006 bereits bei über 50 Prozent. Der Onlineumsatz mit Waren und Dienstleistungen 2007 betrug 16,8 Milliarden Euro. Von dem Jahr 2000 bis 2007 hat sich der Onlineumsatz mit Waren in Deutschland von 1 Milliarde auf 10,9 Milliarden mehr als verzehnfacht. Insgesamt kauften in Deutschland im Jahr 2007 29,37 Millionen Personen online ein.[3]

---

[1] Vgl. Krause, D.; Bager, J.: 2003, S. 123 f.

[2] Vgl. Teufel, S.; Sauter, C.; Mühlherr, T.; Bauknecht, K.: 1995, S. 1 f.

[3] Vgl. Bundesverband des Deutschen Versandhandels e.V. / TNS-Infratest bei Pressekonferenz Entwicklung des E-Commerce in Deutschland (BtC) Düsseldorf, 29. Oktober 2007

Diese Zahlen bestätigen die zentrale Rolle des E-Commerce bei den im Web abgebildeten Prozessen. Um den zu untersuchenden Bereich überschaubar zu halten, wird das Hauptaugenmerk auf Service und Support webbasierter E-Commerce Prozesse gelegt. Gleichzeitig sind die Anforderungen an Service und Support bei anderen Anwendungsklassen wie z. B. dem E-Government oder Recherchedatenbanken ähnlich gelagert.

Wenngleich E-Commerce ein großes Wachstum erfährt, geht aus zahlreichen Studien hervor, dass Defizite in der aktuellen Kunden-Lieferanten-Beziehung existieren, die im Prozessverlauf zum Abbruch des Kontakts durch die Kunden führen können. Diese Untersuchungen ergeben, dass Navigation, Beratung und individuelle Unterstützung der Kunden bei der Leistungsauswahl wesentliche Faktoren für den Erfolg des Web Shop-Geschäftsmodells sind.

Neben einer Vielzahl kritischer Faktoren wirken sich hauptsächlich die fehlende soziale Präsenz und die mangelhaften Kommunikationsmöglichkeiten zwischen Kunden und Lieferanten hemmend auf den Kaufprozess aus. Ein weiterer wesentlicher Faktor ist die ungenügende oder auch übermäßige Information, die den Kunden nicht befriedigt sondern verwirrt.[6] Einhergehend mit den gestiegenen Erwartungen klagen Kunden wiederholt über mangelnden Service.[7]

Eines der der größten und momentan ungelösten Probleme beim E-Commerce ist die hohe Abbruchrate bei Bestellvorgängen. **Schmeißer** und **Sauer** schrieben im November 2006, dass die Anzahl der Abbrüche auf 40 bis 70 Prozent geschätzt wird.[8] Weitere Studien kommen zu vergleichbaren Aussagen. Mummert und Partner ermittelten, dass 80 Prozent aller Internetnutzer innerhalb eines Jahres mindestens einmal beim Kauf im Internet gescheitert sind. In einer für das Jahr 2004 erstellten Prognosen summiert sich in den USA ein Wert von 63 Milliarden US$ für nicht beendete Online-Käufe. Als wichtigen Grund für die Abbrüche nannten 28 Prozent fehlende Beratung. Unter der mangelnden Informationsversorgung sowie der fehlenden sozialen Präsenz leidet im Weiteren auch die Vertrauenswürdigkeit der Lieferanten. **Terlutter** und **Diehl** belegen diese Aussagen und machen die mangelnde Vertrauenswürdigkeit der Lieferanten für über 70 Prozent der abgebrochenen elektronischen Transaktionen verantwortlich.[9]

Ein Beispiel dazu sind Reiseportale, wo unspezifische Wünsche der Kunden, Bedienungsfragen und mangelnde Beratung zu Kaufabbrüchen führen.

Nicht nur innerhalb der Unternehmen bieten kollaborative Technologien Vorteile. Ebenfalls profitieren die Kunden von ihrem zunehmenden Einsatz. Es bildet sich ein

---

4 Vgl. www.ecin.de/news/2006/12/22/10270/ vom 22.12.2006

5 Vgl. Stolpmann, M.: 2001, S. 25 f.

6 Vgl. Abschnitt 2.2.4.1

7 Vgl. Kalakota, R.; Robinson, M.: 2001, S. 232

8 Vgl. Schmeißer und Sauer, http://www.commercemanager.de/magazin/artikel_1204print_usability_forschung_e-commerce.html vom 1.5.2008

9 Vgl. Terlutter, R.; Diehl, D.:: 2002, S. 34

soziales Gefüge. Mit zunehmendem Kundenfokus der Unternehmen verbessern sich Service und Support. Auf kundenindividuelle Forderungen kann besser eingegangen werden.[10]

Praxispartner für die vorliegende wissenschaftliche Arbeit war die Firma itCampus Software- und Systemhaus GmbH. itCampus entwickelt Collaborative Browsing (Co-Browsing) und Kommunikationslösungen. Die Erfahrungen, die der Autor im Zusammenhang mit diesen Entwicklungen und den oben beschriebenen Problemen gesammelt hat, waren Anstoß für die Bearbeitung des Dissertationsthemas. Die Ergebnisse sollen vom Verfasser in der Folge praktisch leitend umgesetzt werden.

Darüber hinaus betreute und betreut der Autor mehrere Seminar- und Diplomarbeiten, die in diesem Umfeld durchgeführt werden.

1.2 Zielstellung und Abgrenzung

Aus der Notwendigkeit, internetbasierte Service- und Supportprozesse für eine stärkere Kundenbindung besser zu unterstützen, leitet sich die Aufgabenstellung ab, kollaborative Technologien als Werkzeuge dafür einzusetzen. Auf diese Weise gelingt es, die weitere Verbreitung internetbasierter Systeme und deren Nutzbarkeit voranzutreiben. Co-Browsing ist eine solche Technologie, welche bezogen auf den Service und Support zur Erhöhung der Kundenbindung beitragen kann.

Co-Browsing ist ein neues Werkzeug, welches bisher nicht oder nur rudimentär zur Unterstützung von internetbasierten Service- und Supportprozessen eingesetzt wird. Co-Browsing beschreibt einen innovativen Ansatz der Zusammenarbeit im Internet. Dabei wird das gemeinsame, zeitgleiche Nutzen von Hypertextdokumenten für die synchrone Gruppenarbeit räumlich verteilter Personen in einem durch Webbrowser abgebildeten, gemeinsamen, virtuellen Arbeitsraum ermöglicht. Dieses Gebiet wird erst seit wenigen Jahren wissenschaftlich bearbeitet.

Mit minimalen Nutzungsbarrieren der Pre-Collaborations-Voraussetzungen[11] soll es die uneingeschränkte sowie effiziente Kollaboration und Kooperation für mehrere Anwender in dynamischen Gruppen und Prozessen unterstützen. Die Eigenschaften des Co-Browsing[12] generieren somit neue Möglichkeiten, diese Prozesse im Internet optimal zu gestalten.

Abbildung 1 stellt die Dissertationsaufgabe dar, wobei der grau hinterlegte Bereich diese abgrenzt.

---

10 Vgl. Peter, S. I.: 1999, S. 249

11 Vgl. Ritschel, F.: 2003, S. 26

12 Vgl. Böttcher, M.: 2004, S. 6 ff.

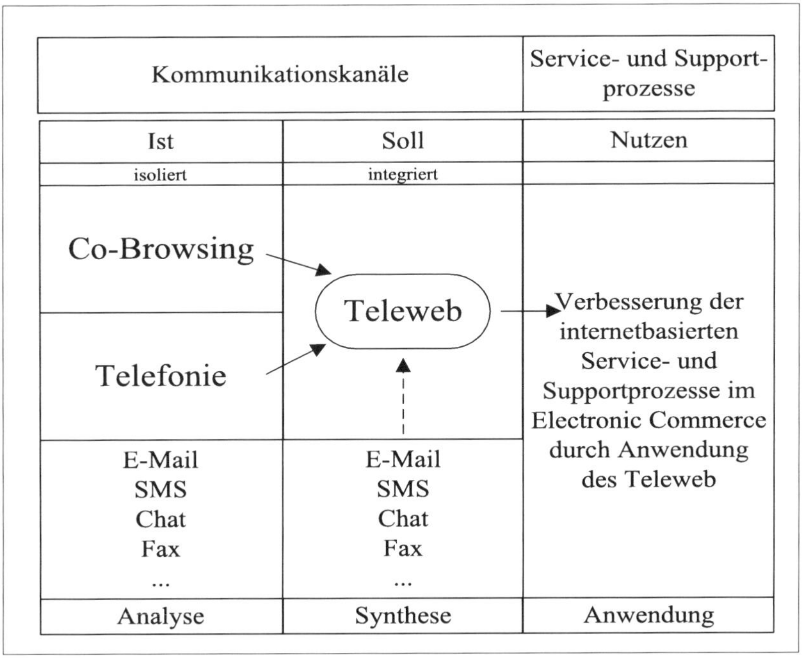

Abbildung 1: Übersicht Dissertationsaufgabe

Quelle: eigene Darstellung

In der vorliegenden Arbeit wird untersucht, wie zur Verbesserung der internetbasierten Service- und Supportprozesse im Electronic Commerce der Kommunikationskanal Co-Browsing mit den sprachbasierten Kommunikationskanälen ökonomisch sinnvoll zu integrieren ist.

Im Ergebnis entsteht ein Integrationsmodell, in dem Co-Browsing und Telefonie zusammengeführt werden. Dieses Integrationsmodell bildet die Grundlage für die praktische Umsetzung für Teleweb.[13]

Die weiteren Kommunikationskanäle wie E-Mail, SMS, Chat oder Fax werden in dieser Arbeit zwar betrachtet, aber nicht in die Integration einbezogen. Sie werden in ihrer bisherigen Form parallel zum Teleweb eingesetzt.

Da der Begriff Co-Browsing in der Literatur verschieden verwendet und interpretiert wird, soll mit dieser Arbeit auch ein Beitrag geleistet werden, den Begriff wissenschaftlich herzuleiten, einzuordnen und zu definieren.

Die vorliegende Arbeit steht in direkter Verbindung mit der Entwicklung eines Co-Browsing-Systems und einem Communication Center[14] durch den Praxispartner

---

13 Siehe Abschnitt 3.5

14 Siehe Anhang H

itCampus Software- und Systemhaus GmbH. Das als ANNA bezeichnete Co-Browsing-System wurde mit dem Anspruch der maximalen Plattformunabhängigkeit entwickelt und wird derzeit als Präsentations- und Supportwerkzeug erprobt und eingesetzt. Das Communication Center bildet neben den Diensten E-Mail, Fax und SMS vorrangig die sprachbasierten Dienste ab und soll zu einer vollständigen Mehrkanal-Lösung erweitert werden. In Abschnitt 4.5 wird der Mehrkanalansatz des Communication Center mit den integrierten Kommunikationskanälen vorgestellt.

Die in dieser Arbeit allgemein zu lösende Aufgabe bildet eine wesentliche Grundlage für die weitere Entwicklung der Kommunikationsprodukte von itCampus. Den Anspruch von itCampus, seine Entwicklungen wissenschaftlich zu untersetzen, bestätigt unter anderem auch die Durchführung der jährlichen Konferenz „Call Center Science".[15] Auf dieser zweisprachigen Konferenz diskutieren über 200 Entscheidungsträger über die internationalen Entwicklungslinien und Trends der Kommunikationsbranchen.

1.3 Einordnung in die Wirtschaftsinformatik

Globaler Rahmen dieser Arbeit ist das Forschungsgebiet der Wirtschaftsinformatik.

Untersuchungsgegenstand der Wirtschaftsinformatik sind betriebswirtschaftliche und volkswirtschaftliche Problemstellungen. Die Wirtschaftsinformatik untersucht den Einsatz von Instrumentarien der Informatik zur Lösung wirtschaftlicher Problemstellungen. Betrachtet werden die Informations- und Kommunikationssysteme und deren Wechselwirkung mit dem Anwendungsgegenstand. Dies schließt die Beschreibung von Anforderungen, Prozessen und Rahmenbedingungen als Grundlage der Entwicklung solcher Systeme ein.[16]

Aus der Zielsetzung dieser Arbeit, die Entwicklung von Konzepten und Modellen zur Verbesserung des kollaborativen Arbeitens durch Computerunterstützung und den dazu notwendigen technologischen und prozessualen Betrachtungen, wird die Einordnung in das Fachgebiet der Wirtschaftinformatik begründet.

Die Modellierung verfolgt das Ziel, die Komplexität transparent zu gestalten, in dem eine vereinfachte, zum Teil idealisierte Abbildung der Wirklichkeit vorgenommen wird. Zu diesem Zweck wird auf eine als Metamodell bezeichnete Syntax zurückgegriffen. In dieser Arbeit wird das Metamodell der erweiterten Ereignisgesteuerten Prozessketten[17] (eEPK) verwendet. eEPKs sind gerichtete Graphen, die zur Modellierung des Kontrollflusses Funktionen, Ereignisse und logische Konnektoren verwenden, sowie bedarfsgerecht weitere Informationsobjekte einbinden können.[18] Die graphische Notation der verwendeten Syntax wird im Anhang A erläutert.

---

15 Siehe www.callcenterscience.de vom 23.01.2008

16 Vgl. Lassmann, W.: 2006, S. 3

17 Vgl. Anhang A

18 Vgl. Staud, J.: 1999, S. 45 ff.

1.4 Aufbau der Arbeit

Die folgende Abbildung 2 gibt einen Überblick über den Aufbau der Arbeit.

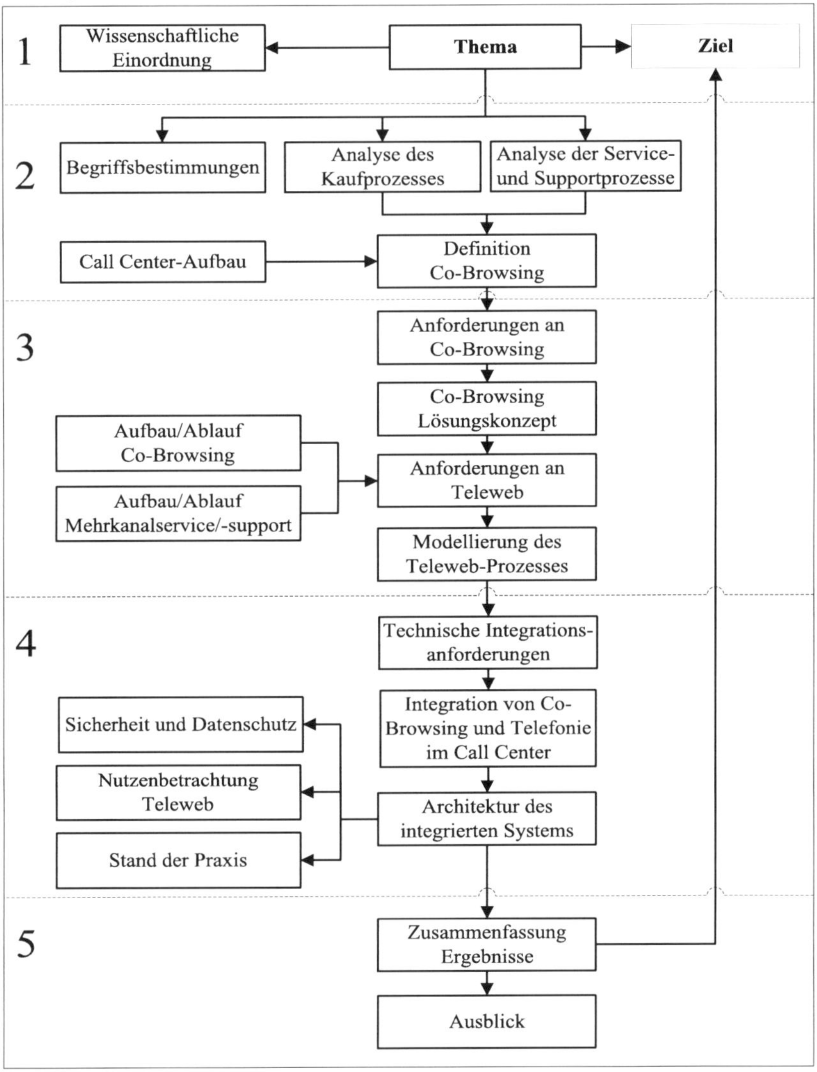

Abbildung 2: Aufbau der Arbeit

Kapitel 1 beschreibt das Thema, die Problemstellung und die Notwendigkeit der Problemlösung. Das Ziel der Arbeit wird formuliert und in das Wissenschaftsgebiet der Wirtschaftsinformatik eingeordnet. Es bildet den Einstieg und ist Grundlage für das Verständnis der nachfolgenden Kapitel.

Kapitel 2 analysiert das Untersuchungsfeld. Dazu werden die angrenzenden Paradigmen erläutert und die notwendigen Begriffe bestimmt. Co-Browsing als neue Technologie und Hauptgegenstand der Untersuchungen wird wissenschaftlich untersucht und definiert. Weiter werden die Prozesse im Electronic Commerce analysiert. Aus der Untersuchung des Electronic Commerce werden die Anforderungen an den Einsatz von Co-Browsing abgeleitet.

Kapitel 3 ist Hauptbestandteil der Arbeit. Hier werden nach der Beschreibung des Aufbaus und des Ablaufes von Co-Browsing und Mehrkanalsupport die Anforderungen an das Teleweb erarbeitet. Nach der Abstraktion wird das Teleweb-Prozessmodell für internetbasierten Service und Support entwickelt.

Kapitel 4 legt die Co-Browsing-Technologie dar und beschreibt wie die technische Integration in bestehende Systeme umgesetzt werden kann. Dabei wird auf die Aspekte der Sicherheit im Zusammenhang mit dem Einsatz von Co-Browsing eingegangen. Es folgt eine Nutzenbetrachtung bezüglich der Erhöhung der Kundenbindung mittels Teleweb.

Kapitel 5 beinhaltet die Zusammenfassung der Ergebnisse. Mit einem Ausblick auf weitere mögliche Forschungsrichtungen endet die Dissertationsschrift.

2 Service- und Supportprozesse im Electronic Commerce

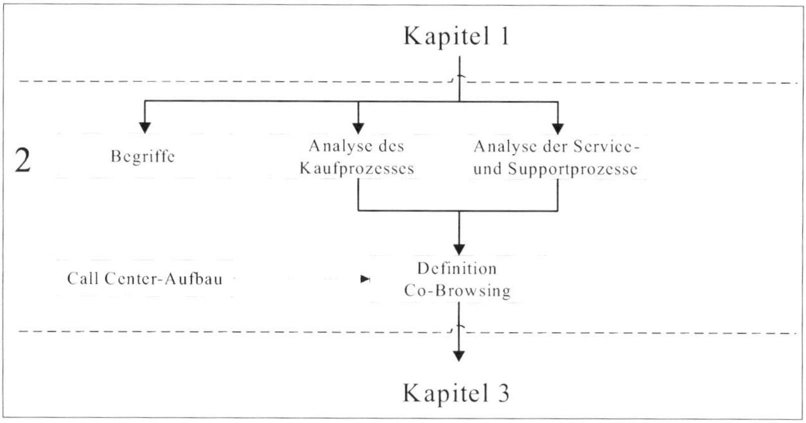

Abbildung 3: Aufbau von Kapitel 2

2.1 Begriffsbestimmungen

Die wichtigsten, im Zusammenhang mit dieser Arbeit, verwendeten Begriffe sind im Anhang G zusammen getragen.

2.1.1 Kategorisierung der kollaborativen Technologien

Kollaboration bezeichnet die Zusammenarbeit von Individuen, die gemeinsam das gleiche Ziel verfolgen. Technologien, welche diese Zusammenarbeit durch eine interpersonelle Kommunikation, Kooperation oder Koordination von räumlich und zeitlich getrennten Personen ermöglichen, werden kollaborative Technologien genannt.

Kollaborative Technologien unterstützen Gruppenprozesse mit dem Ziel, die Effektivität und Effizienz der Gruppenarbeit zu steigern.[19] Sie werden heute neben den ursprünglichen Einsatzfeldern wie Teamarbeit, gemeinsame Dokumentenerstellung und Aufgabenverarbeitung auch für Aufgaben wie Online-Recruiting, virtuelle Messen, Online-Beratung, die Abwicklung von Transaktionen zwischen Leistungsanbieter und Leistungsnachfrager[20] oder eine dialogorientierte, multimediale Kundenansprache eingesetzt.

Zum Begriff der kollaborativen Technologien existieren synonyme Ausdrücke wie Collaboration Technologies, Computer Supported Cooperative Work und Groupware.

---

19 Vgl. Teufel, S.; Sauter, C.; Mühlherr, T.; Bauknecht, K.: 1995, S.17

20 Vgl. Lassmann, W.: 2002, S. 555

Das Collaborative Commerce Modell zielt auf das dynamische Zusammenwirken von Mitarbeitern, Geschäftspartnern und Kunden in einer virtuellen Gemeinschaft für Wertschöpfung und Gütertausch (engl. „trading community").[21] Im Mittelpunkt von C-Commerce steht der Mensch, weniger ein standardisierbarer Prozess.

Der Begriff des Computer Supported Cooperative Work (CSCW) wurde 1984 geprägt und beschreibt das interdisziplinäre Forschungsgebiet, welches „sich mit der Computerunterstützung multipersoneller und/oder kooperativer Arbeit befasst".[22] Originäres Ziel der CSCW-Forschung ist es, die Gruppenarbeit durch Verwendung von IT-Technologien zu verbessern. Aus dem Zusammenwirken der Bereiche Informatik, Soziologie, Operations Research und Mikroökonomie erwächst ein interdisziplinärer Charakter des Forschungsgebiets CSCW.[23]

Der Begriff Groupware, welcher die vielfältigen Formen der Software zur Unterstützung von Gruppenarbeit umfasst,[24] wurde erstmals in dem Buch „Groupware: Computer Support for Business Teams" von Johansen 1988 aufgenommen.[25]

Weitere in Literatur und Praxis zumindest sinngemäß verwandte Begriffe sind Coordination Technologies, Collaborative Computing, Cooperative Computing, Workgroup Computing, Collaboration und Computer Mediated Communication.

Kollaborative Technologien können nach drei Arten kategorisiert werden:

1. Raum und Zeit,
2. Unterstützungsformen und -grad der Interaktion und
3. Technische Systemklassen.

Die Kategorisierungsmöglichkeiten werden in den drei nachfolgenden Abschnitten charakterisiert und geben einen Überblick über die verschiedenen Technologien und deren Einordnung.

2.1.2 Kategorisierung nach Raum und Zeit

Finger spricht von geografischer Verteilung, wenn die beteiligten Personen nicht die Möglichkeit haben, bei angemessenem Aufwand zum Zwecke der Aufgabenerledigung physisch zusammen zu kommen, um im direkten persönlichen Gespräch („Face-to-Face") zu kommunizieren.[26] Dabei ist die tatsächliche Entfernung zwischen den Partnern relativ zu betrachten. Wichtig ist das Fehlen der Möglichkeit, die Hindernisse der Entfernung ohne technische Unterstützung und bei erträglichem Aufwand zu überwinden. Das Co-Browsing ist eine solche Technologie, welche über

---

21 Vgl. http://www.community-of-knowledge.de/cp_artikel.htm?artikel_id=46 Aussage Gartner Goup

22 Vgl. Gabriel, R., et al.: 2002, S. 203

23 Vgl. Hanappi-Egger, E.: 1996, S. 26

24 Vgl. Lassmann, W.: 2006, S. 435

25 Vgl. Munkvold, B.: 2003, S. 7 - 8

26 Vgl. Finger, R.: 1999, S. 14

die notwendigen Kommunikationskanäle helfen kann, die Entfernung für die Kommunikation zu überwinden. In Kombination mit der Telefonie eingesetzt, ermöglicht Co-Browsing das raumunabhängige Erfüllen von Aufgaben.[27]

Co-Browsing eignet sich besonders für Anwendungsgebiete mit vielen vorher nicht bekannten Teilnehmern.

	Synchron - gleiche Zeit	**Asynchron – verschiedene Zeit**
Lokal - Gleicher Ort	Enterprise Management System Group Decision Support System	E-Mail Kalendermanagementsysteme Document Management, Workforce Management Message Boards
Verteilt - Versch. Orte	**Co-Browsing-Technologien** Telefonie, VoIP, Audiokonferenz Videokonferenz Instant Messaging, Chat Application-Sharing-Systeme Whiteboards	E-Mail Kalendermanagementsysteme Document Management, Workforce Management Message Boards Group Decision Support System

Tabelle 1: Kategorisierung der kollaborativen Technologien
Quelle: in Anlehnung an Gabriel, R.: 2002, S. 204 und Munkvold, B. E.: 2003, S. 9.

Die zeitgleiche oder synchrone Zusammenarbeit ist ein wichtiges Merkmal für die Definition des Co-Browsing. Sie ist an den Begriff der Konferenz gekoppelt. Der Begriff Konferenz stammt aus dem Lateinischen und bedeutet Sitzung oder Besprechung. Beschrieben wird damit die zeitgleiche Zusammenarbeit mit direktem Kontakt aller Beteiligten. Dabei werden die Handlungen einer Person von allen Anderen in Echtzeit wahrgenommen und beeinflussen direkt deren Aktionen.[28] Bei der räumlichen Verteilung der zusammenarbeitenden Personen soll diese Form der Zusammenkunft durch technische Unterstützung bestmöglich nachgebildet werden. Dazu müssen alle Kooperationspartner über Kommunikationskanäle unter Nutzung der technischen Werkzeuge miteinander verbunden werden. Es muss die Interaktionen mit möglichst geringer Verzögerung stattfinden. Beachtung findet diese Maxime sowohl bei dem so genannten „feedback", d. h. der Rückmeldung einer Interaktion an die verursachende Person, als auch dem „feed through", was die Anzeige einer Aktion bei allen anderen Kooperationspartnern bezeichnet.[29]

27 Siehe auch Teleweb, Abschnitt 3.4.2

28 Vgl. Koch, M.: 1997, S. 4

29 Vgl. Greenberg, S; Gutwin, C.; Roseman, M., Usability Study: 1996

Die in Tabelle 1 dargestellte Einordnung nach Raum und Zeit zur Klassifikation von kollaborativen Technologien wird in der Literatur am häufigsten verwendet, obwohl eine unnatürliche Abgrenzung vorgenommen wird.[30] Dieser Nachteil basiert darauf, dass verschiedene Technologien mehrere Aspekte durch größeren Leistungsumfang abdecken können und dadurch wiederholt in der Matrix auftreten.

Die synchrone Interaktion ermöglicht einen flüssigen Dialog ohne Zeitverzögerung, erfordert dafür aber die gleichzeitige Verfügbarkeit der Teilnehmer. Die asynchrone[31] Interaktion hingegen kann zeitlich versetzt erfolgen, dafür verlängern sich die Interaktionsprozesse.

2.1.3 Kategorisierung nach Unterstützungsformen

Bei der Gruppenarbeit sind Kommunikations-, Koordinations- und Kooperationsprozesse[32] zu unterstützen.

Die Mechanismen der Interaktion stehen in einem direkten Abhängigkeitsverhältnis zueinander. Kooperationsprozesse erfordern eine Koordination und diese wiederum eine Kommunikation der beteiligten Ressourcen und Individuen. Abbildung 4 verdeutlicht diesen Zusammenhang.

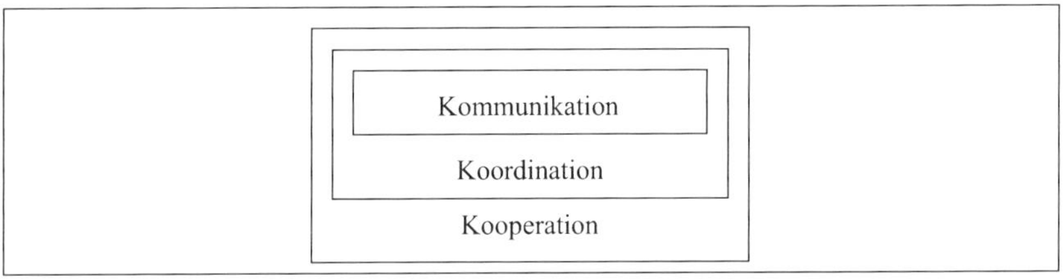

Abbildung 4: Mechanismen der Interaktion
Quelle: Teufel, S. et al: 1995, S. 11

Die drei Begriffe werden wie folgt definiert:

Kommunikation ist die Basis für die Ermöglichung von Koordinationsaufgaben und damit für jegliche Kooperation. Sie hat das Ziel der Überbrückung von zeitlichen und räumlichen Differenzen.[33] „Durch Kommunikation werden Informationen zwischen Elementen eines Systems (...) übertragen."[34]

---

30 Vgl. Gabriel, R. et al.: 2002, S. 203

31 Vgl. Teufel, S. et al.: 1995, S. 144

32 Vgl. ebenda, S. 11

33 Vgl. Gabriel, R. et al.: 2002, S. 205

34 Vgl. Lassmann, W.: 2006, S. 471

Koordination ist die Abstimmung der Einzelaktivitäten, die zur Durchführung von Kooperationsaufgaben erforderlich ist. Sie versteht sich als das „Management von Abhängigkeiten zwischen den Aktivitäten".[35]

Kooperation „ist die Zusammenarbeit von am Wirtschaftsleben beteiligten Personen und Institutionen zur Erreichung gemeinsamer Ziele."[36] Sie setzt sich aus Kommunikation und Koordination zusammen und bezeichnet „den einer Koordination unterworfenen Fluss von Interaktionen innerhalb von Teams zur Bearbeitung gemeinsamer Aufgaben".[37]

2.1.3.1 *Kommunikation*

Kommunikation wird allgemein als Austausch von Information definiert und nicht nur auf die Sprache reduziert. Kommunikation ist der Austausch von Nachrichten zwischen einem Sender und einem Empfänger über einen gemeinsamen Kanal. Die Teilnehmer verständigen sich auf der Grundlage eines gemeinsamen Zeichenvorrates.[38]

Neben der reinen Nachrichtenübermittlung enthält die Kommunikation zwischen Personen auch wichtige soziale Aspekte. Oft ist die Kommunikation nur in diesem Zusammenhang verständlich. Bei der Lösung von Kommunikationsproblemen muss dieser Aspekt, insbesondere in Hinblick auf die Zusammenarbeit, berücksichtigt werden.

Überwiegend wird die Kommunikation mit der natürlichen Sprache umgesetzt. Die Häufigkeit der Verwendung nicht-sprachlicher Formen der Verständigung von Personen nimmt zu. Vermittelt werden diese unter anderem durch Mimik, Gestik und der allgemeinen Körpersprache, aber auch durch Daten und Grafiken.

Es wird zwischen expliziter und impliziter Kommunikation unterschieden. Explizit beschreibt den aktiven Informationsaustausch und implizit den Austausch über gemeinsame Informations- bzw. Arbeitsobjekte.[39] Für das Co-Browsing bildet die implizite Kommunikation mittels eines gemeinsamen Arbeitsobjektes den Kern der Zusammenarbeit.

Die sprachliche Kommunikation als wichtigstes Element des interpersonellen Informationsaustausches wird zusätzlich zum Co-Browsing über einen parallelen Kommunikationskanal realisiert. Das kombinierte System aus sprachlicher Kommunikation und Co-Browsing ist das Teleweb-System.

Das Internet, nach Stahlknecht „das Netz der Netze", ist eine Weiterentwicklung des ARPANet und heute weltweit verbreitet. Es stellt einen globalen Netzverbund aus

35 Vgl. ebenda, S. 471

36 Vgl. ebenda, S. 471

37 Vgl. Rüdebusch, T.: 1993, S. 72

38 Vgl. Picot, A.; Reichwald, R.; Wigand, R.: 2003, S. 69 f.

39 Vgl. Teufel, S. et al.: 1995, S. 24 und vgl. getätigte Ausführungen zur Kooperation

unterschiedlichen Teilnetzen dar, der sich für den Benutzer wie ein einziges Netz verhält.[40]

Es ist dezentral organisiert und baut auf den robusten Protokollen Transmission Control Protocol (TCP) und Internet Protocol (IP)[41] auf. Das Internet arbeitet mit heterogenen Soft- und Hardware-Systemen.[42] Seine Architektur basiert auf dem Client-Server Prinzip, das eine Aufgabenteilung in Form einer Dienstnutzer-Dienstleister-Beziehung beschreibt. Mit dem Internet verbundene Computer bieten als Server bestimmte Dienste an, die wiederum von Client-Computern durch die Datenübertragung im Netz in Anspruch genommen werden können. Umgesetzt wird dies durch entsprechende Server- bzw. Clientsoftware. TCP und IP werden in der Literatur zusammen als Internet-Technologie bezeichnet, auf deren Basis dem Benutzer des Internets unterschiedliche Dienste zur Verfügung gestellt werden können.[43]

2.1.3.2 *Koordination*

Für die Koordination gibt es zahlreiche wissenschaftliche Sichtweisen. **Malone** und **Crowston** definieren die Koordination als „the act of managing interdependencies between activities“.[44] Die vier Bestandteile einer Koordination sind:

1. Ziele,
2. Tätigkeiten,
3. Teilnehmer und
4. Abhängigkeiten.

Malone beschreibt Koordination als generelles Problem verschiedenartiger Systeme, bei dem den Akteuren nicht in jedem Fall eine gemeinsame Zielvorstellung bekannt sein muss.[45] **Frese** spricht weiter von der „Ausrichtung von Einzelaktivitäten in einem arbeitsteiligen System auf ein übergeordnetes Gesamtziel“.[46] Der Autor vertritt die Meinung, dass das übergeordnete Gesamtziel sich aus Teilzielen der einzelnen Akteure zusammensetzt, z. B. beim EC ist das übergeordnete Gesamtziel dann erreicht, wenn die Teilziele des Käufers (Befriedigung seines Bedarfes) und das Teilziel des Anbieters (Verkauf der Leistung) erreicht sind. Das ist jedoch nur dann der Fall, wenn die Teilziele sich nicht widersprechen.

---

40 Vgl. Lassmann, W. et al.: 2006, S. 208 ff.

41 Internet Protocol (IP) und Transmission Control Protocol (TCP)

42 Vgl. Stahlknecht, P.; Hasenkamp,U.: 2005, S. 130

43 Vgl. Stahlknecht, P.; Hasenkamp,U.: 2005, S. 130

44 Vgl. Crowston, K.; Malone, T.W.: 1994

45 Vgl. Malone, T.: 1988, S. 4; zitiert nach Marwyk, K. van: 1999, S. 39

46 Vgl. Frese, E.: 1995, S. 13

Im Zusammenhang mit Co-Browsing stellt die Koordination einen konkreten Teil einer bewussten Arbeitsteilung dar. Die aus der Zusammenarbeit entstehende Arbeitsteilung bedarf der Koordination.

Es werden zwei Basisfunktionen unterschieden:

1. Die Allokation knapper Ressourcen und
2. Die Kommunikation relevanter Resultate.[47]

Einzelne Personen besitzen in einer Kooperationsbeziehung unterschiedliche Rechte und Befugnisse. Umgesetzt wird dies mit Rollen, die durch die an der Zusammenarbeit teilnehmenden Personen eingenommen werden. Generell beinhaltet eine Rolle ein zusammenhängendes System von Verhaltensweisen der gemeinsamen Arbeit, die mit unterschiedlichen Rechten und Pflichten einhergehen.[48] In der Regel kann auf ein im Web-Portal vorhandenes Rollen- und Rechtekonzept zurückgegriffen werden.

2.1.3.3 *Kooperation*

Ein charakteristisches Merkmal der Zusammenarbeit von Personen liegt dann vor, wenn die Arbeit zeitgleich bzw. synchron vollzogen wird. Diese Kooperationsform wird auch als Arbeit am gemeinsamen Material beschrieben.[49] Mehrere Personen können auf ein Arbeitsobjekt gleichzeitig zugreifen, wenn folgende Voraussetzungen erfüllt sind:

1. Zugänglichkeit für alle Kooperationspartner,
2. Veränderbarkeit oder Erweiterbarkeit durch alle Kooperationspartner und
3. Ein konsistenter Informationsbestand.

Das Arbeitsobjekt ist eine am Personalcomputer (PC) dargestellte Oberfläche, welche bei allen beteiligten Personen fortlaufend synchronisiert werden muss. Das bedeutet, alle haben gleichzeitig gemeinsamen Zugriff auf das Arbeitsobjekt. Dabei ist den Kooperationspartnern diese Gleichzeitigkeit bewusst.[50]

Stefik et al. beschreiben in welchen Teilen diese strikte Umsetzung entspannt (engl. „relaxed“) werden kann:[51]

- „Display space“ – Synchronisation eines Teils des Bildschirminhaltes,
- „Time of display“ – verzögerte oder kurzzeitig ausgesetzte Synchronisation des Bildschirminhaltes,

47 Vgl. Teufel, S. et al.: 1995, S. 61

48 Vgl. Wendel, T.: 1996, S. 112 f.

49 Vgl. Haake, J.; Holmer, T.; Streitz, N.: 2001, S. 180 f.

50 Vgl. Nebe, R.: 2002, S. 75

51 Vgl. Stefik M. et al.: 1995, S 276 ff.

- „Subgroup population" – das (zeitweise) Synchronisieren des Bildschirminhaltes bei lediglich einem Teil der Kooperationspartner oder
- „Congruence of view" – alternative Darstellungen des Bildschirminhaltes.

Wenn die strikte Umsetzung aufgeweicht angewendet wird, besteht laut **Gutwin** et al.[52] die Gefahr, dass das Gruppenbewusstsein der Kooperationspartner leidet und dies zu Konflikten führen kann.

Auslöser für Konflikte sind zum Beispiel unzureichend geklärte oder gegebene Voraussetzungen der Zusammenarbeit. Die sozialen Aspekte zwischen Kommunikationspartnern sind für die Bewältigung von Konflikten essentiell. Eine wesentliche Grundlage sozialer Beziehungen und für das effektive Lösen von Konflikten ist das Vertrauen zwischen den beteiligten Personen.

Festzuhalten bleibt, dass das persönliche Vertrauen in einer Zusammenarbeit im E-Commerce eine entscheidende Rolle spielt. Vertrauen kann nicht vorausgesetzt werden und bedarf in der Kooperation einer ständigen Pflege und Erneuerung. Das konstruktive Bewältigen von in natürlicher Weise auftretenden Konflikten ist eine zentrale Aufgabe der Zusammenarbeit.

2.1.3.4 *Gruppenwahrnehmung*

Für eine effektive Zusammenarbeit benötigen die Beteiligten Informationen über den aktuellen Zustand der Kooperation sowie über die ausgeführten Aktionen.[53] Es muss bei allen Kooperationspartnern die Möglichkeit zur Wahrnehmung der Aktivitäten bestehen, um Missverständnisse, Abstimmungs- und Synchronisationsprobleme zu vermeiden bzw. gering zu halten. Die Vertrauensbildung und die damit verbundene Konfliktvermeidung sind von der Information der Kooperationspartner über die Handlungen der anderen Beteiligten abhängig. Awareness, English für Gruppenwahrnehmung,[54] wird von **Dourish** definiert als ein: „... understanding of the activities of others, which provides a context for your own activity".[55] Mit dem Bewusstsein über die Zusammenarbeit in einer Gruppe wird eine Koordination von Tätigkeiten zwischen den Gruppenmitgliedern möglich.[56]

---

52 Vgl. Greenberg, S; Gutwin, C.; Roseman, M., Semantic Telepointers for Groupware: 1996

53 Vgl. Greenberg, S; Gutwin, C.; Roseman, M., Semantic Telepointers for Groupware: 1996

54 Vgl. Prinz, W.: 2001, S. 335

55 Vgl. Dourish, P.; Bly, S.: 1992

56 Vgl. Koch, M.: 1997, S. 34

Dabei ist zu beachten, dass persönliche Daten und Handlungen im Verlaufe der Zusammenarbeit geschützt sind.

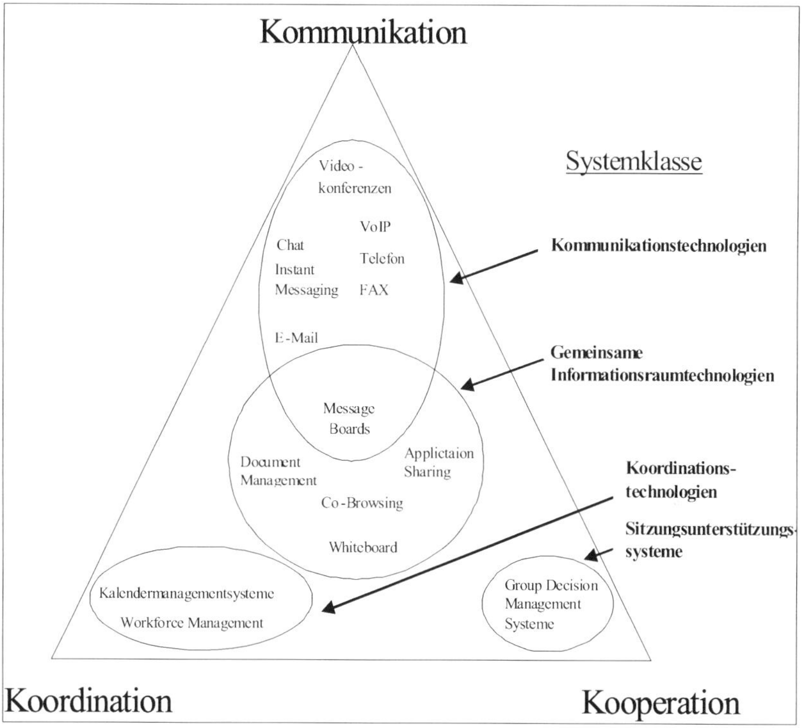

Abbildung 5: Kategorisierung nach Unterstützungsformen
Quelle: in Anlehnung an: Gabriel, R., et al.: 2002, S. 206 und Teufel, S.: 1995, S. 27

In Abbildung 5 sind die vielfältigen Kollaborationswerkzeuge nach ihren Eigenschaften hinsichtlich Kooperation, Kommunikation und Koordination kategorisiert.

2.1.4 Kategorisierung nach Systemklassen

Systemklasse	**Beschreibung**	**Vertreter**
Kommunikations-technologien	• Werkzeuge, welche vorrangig als elektronische Kommunikationskanäle dienen	Telefon, FAX, E-Mail, Chat, Instant Messaging, VoIP, Videokonferenzen
Gemeinsame Informationsraum-technologien/ Information Sharing Systems	• Technologien zur Unterstützung kollaborativer Arbeit durch Generierung und Bearbeitung von Informationsobjekten und zur Schaffung virtueller Interaktionsräume[57]	DMS, Message Boards, Application-Sharing, Whiteboards, Co-Browsing
Sitzungsunterstützung	• Technologien, die das Abhalten von Sitzungen effizienter gestalten und die Entscheidungsfindung in Teams erleichtern	EMS und GDSS
Koordinations-technologien	• Technologien, die dazu dienen, Termine und Teilschritte von Geschäftsprozessen aufeinander abzustimmen und dadurch Effizienzsteigerungen zu realisieren	Kalender-management-systeme und WFMS
Integrierte Produkte	• Produkte, welche die Funktionalitäten anderer Kategorien ganz oder teilweise einschließen, • typischerweise eine Kombination aus Kommunikations-, Koordinations- und gemeinsamen Informationsraumtechnologien[58]	E-Learning/Tele-learning[59] Applikationen, Collaboration Product Suites

Tabelle 2: Kategorisierung kollaborativer Technologien nach Systemklassen
Quelle: in Anlehnung an Steponat 2004, S. 21

57 Vgl. Munkvold, B. E.: 2003, S. 14

58 Vgl. ebenda, S. 22

59 Vgl. Ehrenberg, D.; Röder, S.: 2000, S. 117 - 127

Innerhalb der Zuordnung zu den Interaktionsmechanismen können die kollaborativen Technologien auch nach Systemklassen, wie in Tabelle 2 dargestellt, gruppiert werden.

Eine wesentliche Nutzungsvoraussetzung für Co-Browsing ist das Internet.

2.1.5 Electronic Commerce

Der Begriff Electronic Commerce (E-Commerce) unterliegt verschiedenen wissenschaftlichen und praktischen Betrachtungsweisen, von denen sich noch keine eindeutige und allgemein akzeptierte Definition etabliert hat.[60]

Generell beschreibt E-Commerce „die über Telekommunikationsnetzwerke elektronisch realisierte Anbahnung, Aushandlung und Abwicklung von Geschäftstransaktionen".[61]

Schinzer und **Thome** erweitern diese Definition um „...alle Formen der digitalen Abwicklung von Geschäftsprozessen zwischen Unternehmen und ihren Kunden über öffentliche und private Netze".[62] Da die Geschäftsabwicklung im E-Commerce über viele verschiede Kanäle erfolgt, (vgl. Abschnitt 3.4), welche auch parallel ablaufen können, wird hier mit dem Verständnis der erweiterten Definition gearbeitet.

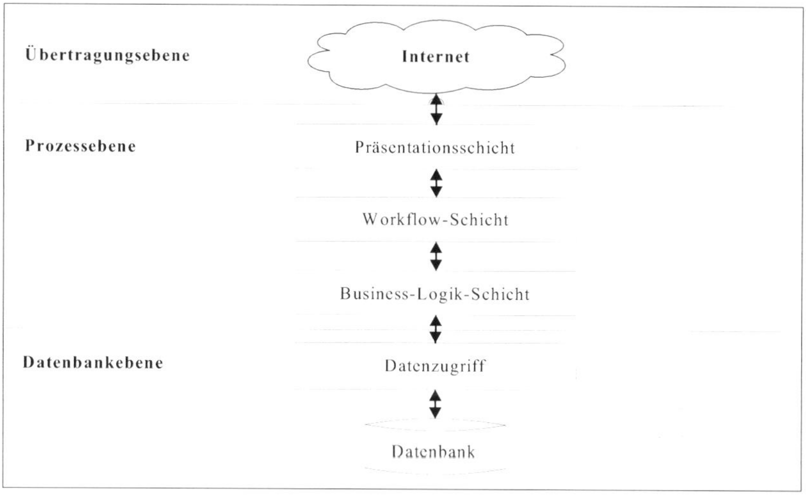

Abbildung 6: E-Commerce Framework
Quelle: eigene Darstellung in Anlehnung an das verteilte three-tier Modell von Kalakota, R.Whinston, A.: 1997, S. 173

In diesem Rahmen ist auch der Handel mit nicht physischen Leistungen wie Dienstleistungen, Informationen und digitalen Gütern eingeschlossen. E-Commerce

60 Vgl. Hermanns, A.; Sauter, M.: 2001, S. 16 f.

61 Vgl. Schoder, D.; Strauß, R. E.: 1999, S. 62

62 Vgl. Schinzer, H.; Thome,R.: 2001, S. 17

ist die Verknüpfung mehrerer Technologien, Prinzipien und gesetzlicher Bedingungen, die sich zu einem Rahmenwerk (engl. „framework“) zusammenfassen lassen. **Kalakota** und **Winston** haben das von ihnen entwickelte Framework in drei aufeinander aufbauende Ebenen unterteilt, die in Abbildung 6 dargestellt sind.[63]

1. Die unterste Ebene verwaltet die Daten. Die Datenzugriffsschicht dient dem Austausch von Daten zwischen der Datenbank und den elektronischen Systemen und wird über die Netzwerkinfrastruktur realisiert.
2. Die zweite Ebene bildet die Business-Service-Infrastruktur. Sie enthält die Business-Logik, bildet den Workflow ab und sorgt für die Aufbereitung von Inhalten in der Präsentationsschicht. Im Internet werden Inhalte durch Hypertextdokumente dargestellt und über den Dienst des WWW veröffentlicht.
3. Die dritte Ebene umfasst Technologien zur Übertragung von Inhalten und Informationen. Durch die vorgenommene Eingrenzung umfasst diese Ebene die Protokolle auf Basis der Internettechnologie.

Die Business-Service-Infrastruktur beschreibt Methoden zur Unterstützung der Prozesse des E-Commerce. Diese Ebene beinhaltet Dienste für die elektronische Zahlung oder allgemeine Verschlüsselungsmechanismen wie Secure Electronic Transaction[64] und Secure Socket Layer[65] für die sichere Geschäftsabwicklung. Diese technischen Rahmenbedingungen gewährleisten die Kompatibilität zwischen den Marktteilnehmern.

Gesetzliche Rahmenbedingungen regeln die Umsetzung und Ausprägung des E-Commerce. Damit sind die Zugänge zu Netzen und Daten, der Schutz von Marktteilnehmern und ihrer Privatsphäre, sowie der Umgang mit kriminellen Handlungen geregelt. Die elektronische Geschäftsabwicklung tangiert dabei unterschiedliche Rechtsbereiche wie Urheber- und Markenrecht, Vertragsrecht, Steuerrecht oder Strafrecht.[66]

Die große Verbreitung der elektronischen Medien aufgrund der Etablierung des Internets als infrastrukturelle Basistechnologie führt zu einer verstärkten Nutzung des WWW für E-Commerce-Anwendungen. Vor allem die Distribution von Leistungen als wirtschaftliche Transaktionen steht im Mittelpunkt der unternehmerischen Leistungserstellung.[67] Infrastrukturelle Voraussetzung für den EC ist der elektronische Marktplatz.

---

[63] Vgl. Kalakota, R.; Whinston, A.: 1997, S. 11

[64] Secure Electronic Transaction beschreibt ein speziell für Zahlungssysteme entwickeltes Verschlüsselungssystem. Vgl. Lassmann, W.: 2002, S. 600

[65] Vgl. ebenda, S. 600

[66] Detaillierte Untersuchung zu den rechtlichen Rahmenbedingungen werden u. a. durchgeführt in Bräutigam, P.; Leupold, A.: 2003

[67] Vgl. Albers, S.: 2000, S. 22 ff.

Der **elektronische Marktplatz** ist die Plattform, auf der die auf diesem Markt befindlichen Anbieter und Nachfrager agieren. In den **elektronischen Handelssystemen** wird die Logik der verschiedenen Handelsformen abgebildet, welche von den **Marktunterstützungssystemen** nutzbar gestaltet wird.

Der **elektronische Markt** besteht aus den Informationstechnischen Systemen zur Unterstützung aller oder einzelner Phasen und Funktionen der marktmäßig organisierten Leistungskoordination.[68]

Auf der Grundlage dieser Rahmenbedingungen sind unterschiedlichste Anwendungsgebiete entstanden, die in Abbildung 7 wie folgt klassifiziert sind:

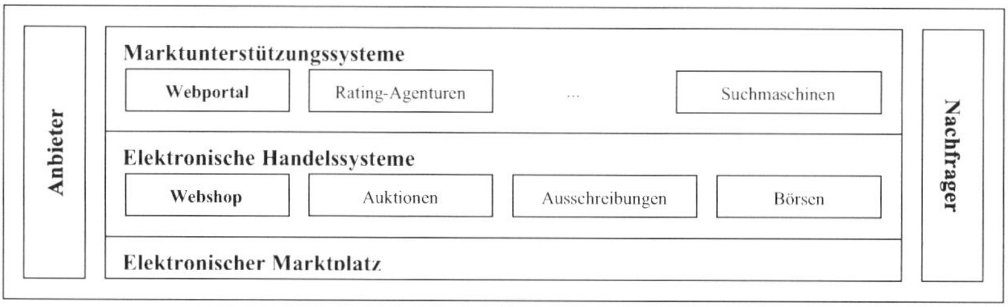

Abbildung 7: Drei-Ebenen-Modell elektronischer Markt
Quelle: In Anlehnung an Picot et al.: 2003, S. 343

2.1.5.1 *Transaktionsbereiche des Electronic Commerce*

Die verschiedenen an den Transaktionsprozessen beteiligten Wirtschaftssubjekte lassen sich in unterschiedliche Markt- bzw. Transaktionsbereiche einteilen. Transaktionsbereiche beinhalten die Art der wirtschaftlichen Beziehung zwischen den Wirtschaftssubjekten. In der folgenden Tabelle 3 sind beispielhafte Branchenvertreter der verschiedenen Marktbereiche aufgeführt. Unterschieden werden die Rollen des Konsumenten oder des Endverbrauchers (engl. „consumer"), der Unternehmen (engl. „business") sowie der öffentlichen Institutionen (engl. „administration / public services").

Die differenzierten Wirtschaftssubjekte können sowohl als Anbieter als auch als Nachfrager einer Leistung agieren. Folgernd ergeben sich die in Tabelle 3 dargestellten Transaktionsbeziehungen zwischen den charakterisierten Rollen. Ein wichtiger Effekt dabei ist, dass aufgrund des E-Commerce zunehmend eine Handelsstufe durch den Direktabsatz des Herstellers bzw. durch neu entstandene Zwischenstufen und Mittler (so genannte Intermediäre) substituiert werden kann.[69]

Die Transaktionsbereiche Business-to-Business (B2B) und Business-to-Consumer (B2C) sind die umsatzstärksten Anwendungsfelder des E-Commerce. In der Arbeit werden fortführend nur die Prozesse des Transaktionsbereiches B2C weiter

---

68 Definition Lehrstuhl für Unternehmensführung Universität Bonn, Vorlesung Simone Brand 09.12.2003

69 Vgl. Hermanns, A.; Sauter, M.: 2001, S. 25 ff.

betrachtet und untersucht. Die Bedürfnisse der Endkunden beim Durchführen einer Transaktion sowie die Eigenschaften der ausgetauschten Leistungen im B2C-Bereich sind ein passendes Untersuchungsfeld für die Verbesserung der Service- und Supportprozesse (wird in den Darstellungen des Kapitels 2.2 verdeutlicht). Im B2C liegen gegenwärtig, gerade im Bereich der Kommunikation zwischen Kunde und Lieferant noch große Potenziale zur Umsatzsteigerung. Je nach Quelle wird angegeben, dass die Zahl der nicht zu Ende gebrachten Kaufvorgänge zwischen 40 Prozent und 70 Prozent liegt.[70] Durch die Integration des Co-Browsings wird angestrebt, diese Quote wesentlich zu verringern.

		Nachfrager der Leistung		
		Consumer	**Business**	**Administrator**
Anbieter der Leistung	**Consumer**	**Consumer-to-Consumer** z. B. eBay	**Consumer-to-Business** z. B. Reverse Auction	**Consumer-to-Administration** z. B. Steuer-abwicklung
	Business	**Business-to-Consumer** z. B. Web Shop	**Business-to-Business** z. B. Handel zwischen Unternehmen	**Business-to-Administration** z. B. Steuer-abwicklung
	Administrator	**Administration-to-Consumer** z. B. Abwicklung v. Unterstützungs-leistung	**Administration - to- Business** z. B. öffentliche Beschaffung	**Administration–to-Administration** z. B. Transaktionen zw. öffentlichen Institutionen

Tabelle 3: Markt- und Transaktionsbereiche des E-Commerce
Quelle: in Anlehnung an Hermanns, A.; Sauter, M.: 2001, S. 25

70 Vgl. commercemanager.de, Beitrag 11/2006, http://www.commercemanager.de/magazin/artikel_1024_usability_forschung_e-commerce.html vom 03.02.2008

2.1.5.2 *Web Shop*

Der Transaktionsbereich des B2C beschreibt den elektronisch gestützten Verkauf von Waren und Dienstleistungen durch Händler, Intermediäre, Produzenten oder Dienstleister an den Konsumenten und kann über Web Shops realisiert werden.

Folgende Geschäftsmodelle haben sich im Bereich des internetbasierten B2C etabliert: „Web Shop“, „Electronic Auction“, „Electronic Mall“, „Virtuelle Communities“ und „Information Brokerage“.[71]

Krause beschreibt einen grundsätzlichen Wandel vom Anbieter- zum Konsumentenmarkt.[72] Folgerichtig werden aufgrund des E-Commerce die zum Kauf führenden Prozesse zunehmend stärker durch den Kunden beeinflusst. Eine Ausrichtung der Geschäftsprozesse des E-Commerce auf den Kundenwunsch ist dadurch von großer Bedeutung.[73]

> Unter einem **Web Shop** wird ein elektronisches Handelskonzept verstanden, mit dem über festgelegte Geschäftsabläufe eine Transaktion zwischen Lieferant und Kunde abgewickelt wird.[74]

Ob dabei auch der Austausch der vom Kunden erworbenen Leistung elektronisch realisiert wird oder es sich um eine physische Leistung handelt, die entsprechend über nachgelagerte Logistikprozesse ausgeliefert werden muss, ist nebensächlich.[75] Die elektronisch gestützte Transaktion wird durch einen rechtsgültigen Vertrag abgeschlossen.

Über Web Shops abgebildete Prozesse des Transaktionsbereiches B2C sind eine spezielle und häufige Form des E-Commerce.

Inhalt dieses auf den Endverbraucher zugeschnittenen Transaktionsbereiches ist der elektronische Vertrieb von Konsumgütern bzw. entsprechenden Dienstleistungen, der im Weiteren zusammenfassend als Leistung bezeichnet wird.

Das hohe und weiter wachsende Transaktionsvolumen einerseits und die großen Abbruchquoten bei der Durchführung der Transaktionsprozesse andererseits sind die maßgebenden Gründe, um auf die Verbesserung dieser Prozesse einzuwirken.

Im Web Shop erfolgt die Kommunikation zwischen Kunde und Lieferant über eine Benutzerschnittstelle, die mittels Hypertextdokumenten umgesetzt wird. Diese Dokumente werden durch HTML beschrieben. Der Kunde kann den Web Shop über einen Webbrowser plattformunabhängig benutzen.

Unterschiedliche, sich evolutionär verändernde Rahmenbedingungen beeinflussen die Gestaltung der Benutzerschnittstelle des Web Shops. Grundlegenden Einfluss auf die Nutzerfreundlichkeit der Benutzerschnittstelle haben dabei unter anderem das

---

71 Vgl. Timmers, P.: Business Models for Electronic Markets; in: Electronic Markets: 8. Jg., 1998, Heft 2.

72 Vgl. Krause, J.: 2000, S. 203 f.

73 Interview Sauer, S. Intershop AG: 30.09.2003

74 Vgl. Gora, W.; Mann, E.: 2001, S. 300

75 Vgl. Bräutigam, P.; Leupold, A.: 2003, S. 20 f.

Design und die Navigation, internetspezifische Kauf- und Suchmechanismen, Multimedia-Inhalte, Community Management und Personalisierung. Die Elemente eines Web Shops umfassen unter Anderem folgende Funktionen:[76]

- Leistungskataloge zur Darstellung und Erläuterung der angebotenen Leistungen,
- Benutzerauthentifizierung,
- Benutzer- bzw. Kundenverwaltung,
- Bezahl- bzw. Abwicklungskomponenten sowie
- Sicherheits- und Administrationskomponenten.

Zur Realisierung einer Transaktion von Leistungen über die Benutzerschnittstelle ist die Ausrichtung und Anpassung externer und interner Geschäftsabläufe bzw. die Gestaltung von ablauforganisatorischen Prozessen erforderlich (z. B. Anbindung an Kunden- und Lagerverwaltung).

2.2 Der Kaufprozess im Electronic Commerce

Für einen erfolgreichen Einsatz von Web Shops ist das Wissen über das Kauf- und Konsumverhalten des Kunden bzw. den potenziellen Kunden und die damit verbundene Gestaltung der Informations- und Kommunikationstechnik von großer Bedeutung. Diese Kenntnisse müssen bei der Veränderung der Prozesse im E-Commerce beachtet werden.

Ausgangspunkt für die Ausführung einer Transaktion sind die Bedürfnisse des Kunden. Bevor ein Kunde am Markt tätig wird, muss er ein Bedürfnis haben, welches er mit dem Erwerb einer angebotenen Marktleistung befriedigen kann. Dieses vor einer ersten Aktion vorhandene Bedürfnis wird auch als Primärbedürfnis bezeichnet und die Befriedigung dieses ursächlichen Bedürfnisses ist der Primärnutzen. Der Erwerb einer Leistung wird in der Folge als Kauf bezeichnet.

Aus welchen Motiven sich bei einem Kunden ein solches Primärbedürfnis aufbaut, wird in dieser Arbeit nicht untersucht. Für die weiteren Betrachtungen wird das Faktum des entstandenen Primärbedarfs beim Kunden als Voraussetzung für das Durchführen eines Kaufvorgangs angenommen. Aus dem Kauf- und Konsumverhalten können zu erwartende Primärbedürfnisse abgeleitet werden. Unter Berücksichtigung der Mechanismen im Kaufprozess (Abschnitt 2.2.4) sollten Lieferanten die Informationen über den zu erwartenden Primärbedarf zur Generierung ihres Leistungsangebots sowie der Gestaltung ihrer Preispolitik nutzen, um Marktvorteile für sich generieren zu können.[77]

Die Unterstützung durch die Informations- und Kommunikationstechnik erfolgt über den gesamten Kaufprozess, von der Auswahl und Zusammenstellung der gewünschten Leistung bis hin zum Leistungsaustausch und der Kundenbindung. Die

---

[76] Vgl. Böttcher, M.: 2004, S. 49

[77] Vgl. Gora, W.; Mann, E.: 2001, S. 294

Durchgängigkeit der IT-Unterstützung der Transaktion beschreibt dabei ein entscheidendes Kriterium der Qualität der E-Commerce-Anwendung.[78]

2.2.1 Vertrauensproblem beim Electronic Commerce

Das Vertrauen des Kunden ist eine „riskante Vorleistung“ (als Vertrauensgeber) gegenüber dem Lieferanten (als Vertrauensnehmer). Daraus folgt, dass die Schwachstellen im Kaufprozess vor allem Mängel im individuellen Kundendialog[79] sind. Schon 1999 beschrieb **Dyson**, dass sich Kunden den interaktiven Kontakt zum Unternehmen wünschen. Das Unternehmen muss über effektive Methoden verfügen, um so auf diese Kundenbedürfnisse reagieren zu können.

Die Realisierung einer individuellen Beratung in Form eines Verkaufsgesprächs ist mit aktuell eingesetzten Dialoginstrumenten[80] nicht kundenorientiert und effizient durchführbar.[81] Daraus lassen sich die in Abschnitt 1.1 genannten hohen Zahlen für Kaufabbrüche erklären.

Der Kontakt per E-Mail oder E-Mail-Formular ist für die Kunden die häufigste Form, eine Anfrage an den Lieferanten zu stellen.[82] Ein solcher Kundendialog hat den Charakter einer asynchronen Kommunikation zwischen entfernten Personen.[83] Eine direkte Abwicklung der Anfrage ist dabei kaum möglich. Im Dialog mit dem Lieferanten sind die Kunden vor allem aus folgenden drei Gründen unzufrieden:

1. Die Antwort auf eine E-Mail-Anfrage braucht zu lange oder kommt zu spät,
2. Die per E-Mail gegebene Auskunft ist unzureichend oder
3. Eine Anfrage per E-Mail wird nicht beantwortet.[84]

22 Prozent der Kunden beanstanden Mängel in der telefonischen Abwicklung ihrer Anfrage.[85] Zudem kritisiert **Stolpmann** bei der telefonischen Kontaktaufnahme einen durch den Kunden zu bewältigenden Medienbruch.[86] Der Kunde muss entsprechend für die Kontaktaufnahme zunächst eine in der Benutzerschnittstelle angegebene Rufnummer des Lieferanten suchen und verursacht mit dem Anruf Kosten, die er in der Regel selber tragen muss. Bei bestehendem Kontakt stützt sich der Dialog per Telefon ausschließlich auf eine sprachliche Kommunikation. Dabei werden Tätigkeiten, Handlungen und Anfragen umschrieben, welche nicht visuell unterstützt werden. Insbesondere die Abwicklung von Bedienungsproblemen des Web Shops

---

78 Vgl. Illik, A.: 2002, S. 139

79 Vgl. Abschnitt 2.2.5

80 Vgl. Abschnitt 2.4.3

81 Vgl. Gora, W.; Mann, E.(Hrsg.): 2001, S. 203

82 Vgl. Bundesverband des Deutschen Versandhandels e.V. / TNS-Infratest bei Pressekonferenz Entwicklung des E-Commerce in Deutschland (BtC) Düsseldorf, 29. Oktober 2007

83 Vgl. Marwyk, K. van: 1999, Seite 18 ff.

84 Vgl. DDV: 2001, S. 7

85 Vgl. ebenda, S. 7

86 Vgl. Stolpmann, M.: 2001, S. 52

oder die Beratung bei der Kaufentscheidung sind damit für den Kunden zu abstrakt und oft kompliziert.

Im Zentrum der Transaktion steht für den Kunden der primäre Nutzen, der Erwerb einer Leistung. Einen sekundären Nutzen kann er durch Informationsgratifikation, reduzierten Aufwand oder Befriedigung emotionaler Bedürfnisse erhalten.[87]

Zusammengefasst hängt der Erfolg eines Web Shops als Vertriebskanal wesentlich davon ab, wie die Kundenschnittstelle die Bedürfnisse, Motive und Ziele der anvisierten Zielgruppe hinreichend berücksichtigt.

Die Schwächen der elektronischen Geschäftsabwicklung sind folgende:[88]

- Fehlende soziale Präsenz,
- Hemmnisse im Vertrauensaufbau beim Kunden,
- Eingeschränkte Kommunikation zwischen Lieferant und Kunde sowie
- Eingeschränkte Beratung und Einflussverlust des Lieferanten auf die Kaufentscheidung des Kunden.

Aufgrund dieser Schwachstellen sowie der gestiegenen Markttransparenz bei vergleichbaren Angeboten und Leistungen ergibt sich eine Chance zur Profilierung des Lieferanten durch das Generieren von Sekundärleistungen. Mit einfach verfügbarem Service und Support kann dem Kunden durchgängige Prozessunterstützung und ein zusätzlicher Nutzen geboten werden.

2.2.2 Leistungseigenschaften

Fast jede Leistung oder jedes Produkt ist grundsätzlich mittels eines elektronisch gestützten Transaktionsprozesses zwischen Kunde und Lieferant verkaufbar.[89]

Aus unterschiedlichen Studien geht allerdings hervor, dass Produkte wie Bücher, CDs, Kleidung oder Schuhe bevorzugt über das Internet gekauft werden.[90] Leistungen, die häufig konsumiert werden und auf einen breiten Markt treffen sowie eindeutig standardisierte bzw. rationalisierte Leistungen werden derzeit vom Kunden bevorzugt über einen Web Shop angenommen. Leistungen, die über ein bekanntes Markenimage verfügen und deren detaillierte Eigenschaften, wie Funktionen und Qualität, bereits dem Kunden kommuniziert wurden, sind bei Transaktionen über das Internet bevorteilt. Fazit ist, dass im Gegensatz dazu erklärungsbedürftige und kostenintensive Leistungen bisher nur schwer über das Internet absetzbar sind.[91] Folglich müssen diese Eigenschaften in der Gestaltung des Leistungsangebotes durch den Anbieter berücksichtigt werden.

---

87 Vgl. Paulus, S.; Zwerger, F.: 2002, S. 309 ff.

88 Vgl. Böttcher, M.: 2004, S. 83 ff.

89 Vgl. Gora, W.; Mann, E.: 2001, S. 298

90 Vgl. u. a. SevenOne, IP NEWMEDIA: 2002, S. 14

91 Vgl. Paulus, S.; Zwerger, F.: 2002, S. 302

Unabhängig von dem ausgehenden Primärbedarf existieren in der Regel viele Lieferanten, die gleichwertige Leistungen (d. h. Leistungen in vergleichbarer Qualität und zu vergleichbaren Preisen) anbieten. Folgernd ist eine Differenzierung der Lieferanten aufgrund des Primärnutzens schwierig. Die mit einer Transaktion gebotenen Sekundärleistungen,[92] gewinnen damit an Bedeutung.

Dieser zusätzliche Nutzen umfasst alle Vorteile, die nicht eng mit den ökonomischen Vorteilen der Kernleistung, wie Leistungsqualität oder Preis, zusammenhängen.[93] Die Entscheidung für die Kernleistung eines Lieferanten, wird durch den erzielten gesamten Nettonutzen, d. h. der Abgleich zwischen allen Nutzen- und Aufwandelementen, geprägt.[94] Der Nettonutzen des Kunden lässt sich entweder durch die Steigerung der Nutzenssumme oder mit der Reduktion der Aufwandssumme des Kunden erhöhen.

Aus dem zunehmenden Wettbewerb versuchen sich Lieferanten immer stärker durch ein umfangreiches Leistungsbündel von der Konkurrenz zu differenzieren[95] und legen ihren Geschäftsprozessen eine stärkere Kundenorientierung zu Grunde.[96] Leistungsbündel beinhalten dabei eine Kernleistung, die auf die Befriedigung des Primärbedürfnisses abzielt sowie Zusatzleistung zur Befriedung sekundärer Bedürfnisse. In der Literatur werden diese zusätzlich generierten Leistungen als Sekundärleistungen[97] bzw. Service- und Supportleistungen bezeichnet.[98] Mit dem Ziel der Kundenorientierung versucht der Lieferant Leistungsbündel für den Kunden als umfassende und profilierte Kombination von Kernleistung und Sekundärleistung, abhängig vom speziellen Bedarf, anzubieten. Die weiteren Untersuchungen konzentrieren sich im Hinblick auf das Integrationspotenzial des Co-Browsing auf die Service- bzw. Supportleistungen im E-Commerce.

2.2.3 Abwicklung von Kundenanfragen

In diesem Abschnitt wird die Abwicklung von Kundenanfragen in einem abstrakten Prozess dargestellt. Es wird kein expliziter Web Shop untersucht. Der Ist-Prozess wird in abstrakter Form beschrieben und in der grafischen Notation der erweiterten ereignisgesteuerten Prozessketten im Anhang D dargestellt.

Folgernd aus der in Abschnitt 2.2.2 geführten Diskussion können mit dem bestmöglich geführten Service- und Supportprozess im Kundendialog Lieferanten differenzierende Sekundärleistungen generiert werden.

Bei der Betrachtung der Service- und Supportprozesse wird der Inhalt einer Anfrage aufgrund der Abstraktion nicht berücksichtigt. Deshalb wird keine Differenzierung

---

92 Vgl. Abschnitt 2.3

93 Vgl. Paulus, S.; Zwerger, F.: 2002, S. 294

94 Vgl. Fassot, G.: 2000, S. 287 ff.

95 Vgl. Fassot, G.: 2002, S. 281 und Stolpmann, M.: 2001, S. 21

96 Interview Sauer, S., Produktmanager Intershop AG: 30.09.2003

97 Vgl. Fassot, G.: 2002

98 Vgl. Stolpmann, M.: 2001, S. 21 f.

zwischen Service und Support in der Darstellung des Prozesses vorgenommen. Ausgangspunkt ist der beim Kunden im Verlauf des Kaufprozesses aufgetretene Anfragebedarf. Abbildung 8 zeigt, wie unabhängig vom Inhalt einer Anfrage und unabhängig davon, wann im Kaufprozess eine Anfrage auftritt, der Service- und Supportprozess gestaltet werden kann.

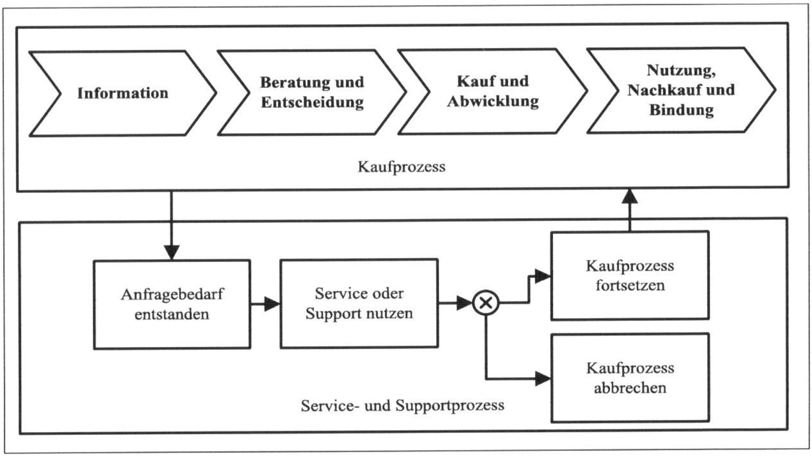

Abbildung 8: Integration von Service- bzw. Supportleistung im Kaufprozess
Quelle: erweiterte Darstellung in Anlehnung an Böttcher, M .: 2004

Im aufgebauten Modell werden die Instrumente des automatisierten Kundendialogs als Self-Service-Instrumente zusammengefasst (vgl. Abschnitt 2.2.6.1). Begründet wird dies mit der tangentialen Integration[99] des Kunden in Prozesse des Lieferanten. Die berücksichtigten Assistant-Services-Instrumente, wie Telefon und E-Mail, repräsentieren jeweils die am häufigsten genutzten Kontaktkanäle für die synchrone bzw. asynchrone Kommunikation zwischen Lieferant und Kunde. Einschränkend wird weiter festgelegt, dass „Assistant-Services" über ein Call Center (CC) abgewickelt werden sollten.

Der Kunde hat drei Möglichkeiten, seinen Anfragebedarf zu befriedigen:

- Self Service,
- E-Mail und
- Telefon.

Er entscheidet sich zunächst aufgrund seiner persönlichen Neigungen für einen der bereitgestellten Kontaktkanäle.

---

99 Der Lieferant hält einen wiederholbaren Kaufprozess vor, welchen der Kunde von außen kommend im besten Fall nur in einem Punkt berührt und dann den Kaufprozess wieder verlässt.

In die Benutzerschnittstelle des Web Shops integrierten Instrumente des **Self Service** ermöglichen es in der Regel, die so genannten Routineanfragen abzuwickeln.[100] Scheitert der Kunde dabei, bleibt ihm die Möglichkeit der Assistant Services E-Mail und Telefon. Möchte der Kunde nicht in direkten Kontakt mit dem Lieferanten treten, bleibt sein Anfragebedarf unbefriedigt, was in der Regel mit dem Scheitern der Transaktion, d. h. dem Abbruch des Kaufprozesses, verbunden ist (vgl. Abbildung 9).

Abbildung 9:

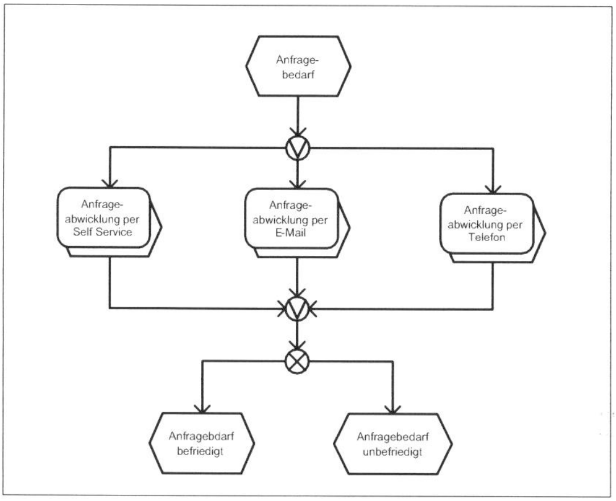

Service- und Support – IST-Prozess
Quelle: in Anlehnung an Böttcher, M.: 2004, Anhang E

Entscheidet sich der Kunde bei der Abwicklung seiner Anfrage für einen individuellen Kundendialog, so kann er zwischen der synchronen und asynchronen Kommunikation mit dem Lieferanten wählen.

Im Falle der asynchronen Kommunikation verfasst der Kunde seine Anfrage in einer **E-Mail** und übermittelt diese an den Lieferanten.[101] In Abhängigkeit einer konkreten Aufbau- und Ablauforganisation wird die versendete E-Mail von einem automatischen E-Mail Response-System beantwortet oder an einen entsprechend qualifizierten Agenten weitergeleitet. Ist dem Agenten die gestellte Anfrage klar, sendet er eine Antwort-E-Mail, die nach seinem Ermessen eine Anfragebefriedigung enthält. Für die Erstellung der Antwort kann er dabei auf unternehmensinterne Wissensressourcen oder Textbausteine zurückgreifen. Wurde die Anfrage unklar formuliert, antwortet der Agent mit einer Rückfrage zur Konkretisierung des Anfragebedarfs.

---

100 Vgl. Meißner, H.: 2002, S. 297 ff.; Stolpmann, M.; Wess, S.: 1999, S. 105 ff.

101 E-Mail verfassen kann dabei über ein HTML-Formular teilweise automatisiert ablaufen

Kann die Antwort den Bedarf des Kunden nicht befriedigen, bieten sich die Möglichkeiten, den Dialog per E-Mail bis zur Klärung fortzuführen, den Kundendialog unbefriedigt zu beenden oder die Anfrage per Telefon zu klären.

Zur synchronen Kommunikation per **Telefon** muss ein Kontakt zwischen den Dialogpartnern aufgebaut werden, damit anschließend eine Kommunikation vollzogen werden kann. Ruft der Kunde über eine ihm zur Verfügung gestellte Rufnummer den Lieferanten an, erfolgt abhängig von den konkreten Rahmenbedingungen eine Weiterleitung an einen freien und zuständigen Agenten aus dem 1st Level Bereich.[102] Die Zuordnung zum richtigen Agenten kann durch eine Vorsortierung durch Interactive Voice Response-Systeme maßgeblich unterstützt werden.[103] Steht zum Zeitpunkt des Bedarfs kein hinreichend qualifizierter Agent zur Verfügung, wird der Kunde in eine Warteschlange versetzt, bis ein Kontakt hergestellt werden kann. Durch das Trennen der Verbindung kann der ungeduldige Kunde diese Warteschlange jederzeit ohne Befriedigung seiner Anfrage verlassen.

Nach einer erfolgreichen Kontaktaufnahme verläuft die Abwicklung der Anfrage in einem dialoggesteuerten Gespräch. Ist es dem Agenten nicht möglich, die Kundenanfrage erfolgreich abzuwickeln, kann das Gespräch entlang der Aufbauorganisation an andere Mitarbeiter weitergeleitet werden.[104]

Kann die Anfrage des Kunden auch per Telefonat nicht befriedigt werden, bricht der Kunde in der Regel den Kaufprozess aufgrund unzureichender Service- bzw. Supportleistungen des Lieferanten ab.

2.2.4 Phasen des Kaufprozesses

Das Verhalten des Nachfragers wird in das beobachtbare „äußere“ und nicht beobachtbare „innere“ Verhalten beim Kauf von Sach- und Dienstleistungen unterschieden.[105] Im Folgenden werden die zugrunde liegenden Bedürfnisse, Motive und Ziele des Nachfragers beim Kauf beschrieben. Die Bedürfnisse[106] sind die Antriebsgründe für das menschliche Verhalten, die entweder aus einem Mangel entstehen oder auf einen Zuwachs ausgerichtet sind. Aus den Bedürfnissen heraus entstehen die Motive, die das menschliche Handeln antreiben und lenken. Die genannten Motive formalisieren sich in entsprechenden Zielen, welchen menschliche Handlungen folgen.[107] Bei der Transaktion in Form eines Kaufs steht das Nutzenkonzept als Basis zur Bewertung von Leistungen im Vordergrund.[108] Das Nutzenkonzept[109] definiert sich im Rahmen des Konsums des Nachfragers als

---

102 Vgl. Menzler-Trott, E.: 1999, S. 47 ff.

103 Vgl. Absatz 2.4.3.4

104 Vgl. Stolpmann, M.; Wess, S.: 1999, S. 97 ff.

105 Vgl. Gröppel-Klein, A.: 2001, S. 326 f.

106 Vgl. Mayer, H.: 2000, S. 80 ff.

107 Vgl. Meffert: 2000, S. 93 ff.

108 Vgl. Gabler Lexikon-Redaktion (Hrsg.): 1996, S. 960

109 Vgl. Abschnitt 2.2.2

Ausdruck seiner Präferenz,[110] wobei es sich nach **Samuelson**[111] ausschließt, dass der Nachfrager seinen Präferenzen gegenüber widersprüchlich handelt. Dabei beeinflusst der Nutzen aus den Sekundärleistungen die Wahlentscheidung des Nachfragers einer Leistung im Besonderen.[112] Der Nutzen spiegelt schließlich als Präferenz die individuelle Beurteilung des einzelnen Nachfragers wider. Mit dem Wissen, dass Anbieter-Nachfrager-Beziehungen einen wertvollen und langfristigen Wettbewerbsvorteil darstellen, genießen Aufbau und Erhalt dauerhafter Beziehungen im unternehmerischen Denken und Handeln einen hohen Stellenwert.

Vor diesem Hintergrund agieren Lieferanten zunehmend nicht mehr leistungs-, sondern vornehmlich kundenorientiert. Ziel ist es, den Kundenbedarf zu erfassen und die zusammenhängenden Teilbedarfe möglichst in vollem Umfang zu befriedigen. Für die Behebung seines Primärbedarfs[113] durchläuft der Kunde einen charakteristischen Prozess, der in der Literatur als Kaufprozess bezeichnet wird.[114] In der wissenschaftlichen Diskussion gibt es viele konkrete Modelle zur Abbildung des Kaufprozesses. Dabei wird der Kaufprozess, unabhängig von dem zugrunde liegenden Handelskonzept, in fünf aufeinander folgende Phasen unterteilt, die sich jeweils aus differenzierenden Teilzielen ergeben. Diese beschreiben den typischen Kaufprozess, von der Bedürfniserkennung bis zum Treffen einer Kaufentscheidung, sowie dem Erwerb und der Nutzung einer Marktleistung. Es existieren verschiedene etablierte Modelle mit unterschiedlicher Anzahl von Phasen und Beschreibungen.[115] Aus den verschiedenen Auffassungen über den Kaufprozesses lassen sich wesentliche Gemeinsamkeiten extrahieren. Der Autor leitet daraus einen Kaufprozess ab, der sich in fünf aufeinander folgenden Phasen unterteilt:

1. Information,
2. Beratung und Entscheidung,
3. Kauf und Abwicklung,
4. Produktnutzung sowie
5. Bindung und Wiederkauf.

---

[110] Auch Präferenzordnung genannt. Vgl. Baßeler et al.: 2002, S. 117 f.

[111] Vgl. Gabler Lexikon-Redaktion (Hrsg.): 1996, S. 937

[112] Vgl. Vershofen: 1995, S. 89 ff.

[113] Vgl. Abschnitt 3.4.1

[114] Vgl. Kalakota, R.; Whinston, A.: 1997, S. 273 ff.

[115] Vgl. Kalakota, R.; Whinston, A.: 1997 S. 273 ff.; Muther, A.: 2000; Gora, W.; Mann, E.: 2001

In Abbildung 10 sind diesen fünf Phasen die jeweiligen Teilprozesse des Kaufprozesses zugeordnet.

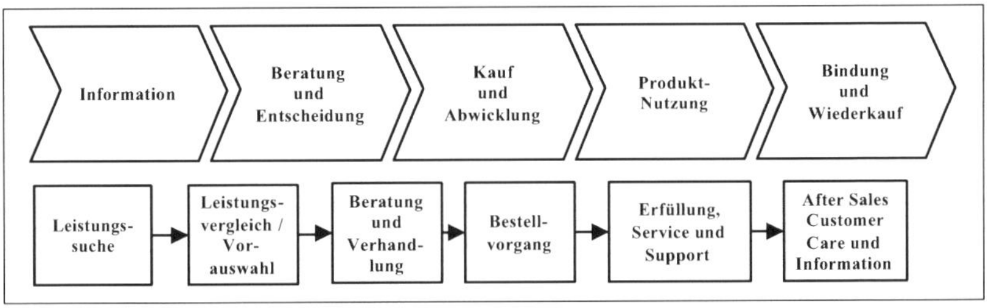

Abbildung 10: Kaufprozess im B2C-Bereich des E-Commerce
Quelle: eigene Darstellung

Die Phasen des Prozesses sind bei den verschiedenen Handelskonzepten und den individuellen Kundensituationen nicht immer eindeutig voneinander abgrenzbar.[116] Ebenfalls entspricht der Prozessablauf nicht immer der vorgegebenen Reihenfolge. Die Differenzierung leitet sich aus den Motiven und Zielen der einzelnen Phasen sowie den damit verbundenen spezifischen Handlungsweisen des Kunden ab.

Bei so genannten Wiederkäufen oder Routinekäufen[117] ist eine strikte Trennung der einzelnen Phasen nur schwer möglich. Im Gegensatz dazu steht der Kauf von hochpreisigen oder erklärungsbedürftigen Leistungen. Hier ist eine deutliche Abgrenzung der Phasen gut gegeben.[118]

Phasen des Kaufprozesses	**Teilprozesse aus Kundensicht**				
Information	Direkte Kunden-ansprache	**Informationsbereitstellung**			Feedback Produkt-entwick-lung
		Information on demand	Information on stock	Information on delivery	
Beratung und Entscheidung	**Online-Beratung**		Produkt-präsentation	Produkt-auswahl und -konfi-guration	Angebots-erstellung
	Dialog-eröffnung	Gesprächs-führung			

116 Vgl. Paulus, S.; Zwerger, F.: 2002, S. 305

117 Der Kunde erwirbt eine Leistung nicht das erste Mal und ist mit den Leistungseigenschaften, dem Lieferanten und dem Transaktionsprozess vertraut.

118 Vgl. Paulus, S.; Zwerger, F.: 2002, S. 304 f.

<table>
<tr><th>Phasen des Kaufprozesses</th><th colspan="5">Teilprozesse aus Kundensicht</th></tr>
<tr><td rowspan="2">Kauf und Abwicklung</td><td colspan="4">Online-Bestellung</td><td rowspan="2">Prüfung und Auslösen der Bestellung</td></tr>
<tr><td>Bearbeitung Warenkorb und Übermittlung</td><td>Auftrags-eingang und -bestätigung</td><td>Fest-legung Liefer-service</td><td>Bezahlung</td></tr>
<tr><td rowspan="2">Produkt-nutzung</td><td rowspan="2">Service</td><td colspan="3">Beschwerdemanagement/Support</td><td rowspan="2">Update- und Innovations-information</td></tr>
<tr><td>Beschwer-destimu-lierung</td><td>Beschwer-deannahme</td><td>Beschwer-debearbei-tung</td></tr>
<tr><td>Bindung und Wiederkauf</td><td>Anregung für neue Leistungen</td><td colspan="3">Produktberatung</td><td>Upgrade Aktionen</td></tr>
</table>

Tabelle 4: Teilprozesse im Kaufprozess aus Kundensicht
Quelle: eigene Aufstellung

Die Tabelle 4 zeigt zusammenfassend aus Kundensicht die Teilprozesse im Kaufprozess. Aus diesen Teilprozessen werden im Abschnitt 3.1 die Einflussfaktoren auf die Kundenbindung abgeleitet, welche auch Grundlage für die Nutzenbetrachtung im Abschnitt 4.4 sind.

In den folgenden Abschnitten werden die einzelnen Phasen beschrieben. Das Verständnis des Ablaufes des Kaufprozesses ist eine wichtige Voraussetzung, um diesen durch Sekundärleistungen erfolgreicher zu gestalten.

2.2.4.1 *Informationsphase*

In der Informationsphase findet der Kunde Informationen über ein seinen Bedürfniss befriedigendes Leistungsbündel. Er erhält eine erste Orientierung über dazu in Frage kommende Leistungsangebote.

Die Informationsphase wird auch Kontakt- oder Awareness-Phase genannt. Der Nachfrager hat in dieser Phase noch keinen konkreten Bedarf, ist jedoch offen für diesbezügliche Informationen.[119] In dieser Phase soll das Bedürfnis des Kunden geweckt werden. Dabei spielen beispielsweise Marktforschung, Werbung bzw. Verkaufsförderung eine große Rolle. Das erfolgt meist durch die direkte Kundenansprache.

Das Interesse des Kunden wird geweckt und er sucht nach weiteren Informationen. Um diese bestmöglich bereitzustellen, sollte beispielsweise das Navigationssystem der Seite den Suchvorstellungen des Nutzers entsprechen (Navigationsmetaphern), da sonst beim Nichtzurechtfinden des Kunden die Gefahr eines Kontaktabbruchs

119 Vgl. Schrödter, J.: 2003, S. 36

besteht.[120] Die Möglichkeiten zur Informationsbereitstellung lassen sich in drei Kategorien aufteilen. Diese sind information on demand, information on stock und information on delivery.[121]

Bei dem Angebot einer neuen Leistung kann zu Beginn dieser Phase der Kunde seinen Bedarf oft noch nicht genau formulieren. Er ist sich noch nicht über seinen konkreten Bedarf im Klaren, vor allem wenn die Art der Leistung neu im Markt ist. Dementsprechend vollzieht der Kunde eine Informationsbeschaffung zu den angebotenen Marktleistungen, den entsprechenden Lieferanten, den Modalitäten der Kaufabwicklung sowie dem Service und Support. Der Kunde ist offen für Informationen und externe Einflüsse, die durch Unternehmen in Form von Werbung und Public Relation generiert werden.[122] Für den Aufbau des Kundenwissens findet in dieser Phase ein intensiver Informationsaustausch zwischen dem Kunden und dem Lieferanten statt.

In der Informationsphase gibt es große Unterschiede zwischen konventionellen Märkten und dem untersuchten elektronischen Handel. Das ist begründet durch die wesentlichen Vorteile bei der Informationsbeschaffung mit Hilfe von Informations- und Kommunikationstechnologien und deren Werkzeuge. Durch das global erreichbare Internet gibt es in dieser Phase eine relative Unabhängigkeit der Transaktionspartner.[123] Die geografische Distanz zwischen dem Kunden und dem Lieferanten ist nicht entscheidend. Allerdings muss der Kunde dem weit entfernten Transaktionspartner auch gesteigertes Vertrauen entgegen bringen. Deshalb sind vertrauensbildende Maßnahmen des Lieferanten die Basis für erfolgreiche Transaktionsgeschäfte.

Grundlegend werden Informationen zu angebotenen Leistungen über elektronische Kataloge und Verzeichnisdienste an potenzielle Kunden kommuniziert.

Damit wird dem Kunden die Informationssuche gegenüber klassischen Märkten vereinfacht. Er kann über das Internet direkt auf Informationen aus dem gesamten Markt zugreifen. Das weltweite Informationsangebot und die damit verbundene maximale Leistungsauswahl bietet die Chance, den preisgünstigsten Anbieter zu finden. Unterstützt wird der Kunde dabei durch freie oder Web Shop-interne Suchmaschinen.

Die Verfügbarkeit über ein komplexes Informationsangebot über den Weltmarkt kann den Kunden auch überfordern. Ursache ist ein kognitiver Zusammenhang zwischen der verfügbaren Informationsmenge und dem Missverständnis von erwünschten bzw. unerwünschten Daten. Dementsprechend kann das komplexe Informationsangebot die Suche des Kunden nach einer, seinem Bedürfnis befriedigenden Leistung belasten. Ein gut strukturiertes Informationsangebot

---

120 Vgl. Esch, F.-R.; Hardimann, M.; Kiss, G.: 2002, S. 241

121 Vgl. Steimer, F. L.: 2000, S. 170

122 Vgl. Muther, A.: 2000, S. 15

123 Vgl. Illik, A.: 2002, S. 29

innerhalb eines Web Shops ist ein wichtiger Faktor, um den Kunden mit dem Web Shop anzufreunden und ihn in diesem zu halten.

2.2.4.2 *Beratungs- und Entscheidungsphase*

Mit den in der ersten Phase gewonnenen Informationen geht der Kunde in einen Entscheidungsprozess. Er vergleicht Leistungen bzw. Leistungsbündel miteinander und wählt einen passenden Lieferanten aus. Sein Ziel ist es, eine sein Primärbedürfnis befriedigende Leistung zu ermitteln. Bei mehreren vergleichbaren Angeboten wächst die Bedeutung der Sekundärleistung im Verhältnis zur Primärleistung. Kann der Kunde aufgrund von Restriktionen nicht alle für ihn relevanten Informationen durch eigene Bemühungen erhalten, ist er auf die Beratung des Lieferanten angewiesen.[124]

Die Beratungs- und Entscheidungsphase dient der Konkretisierung der Bedürfnisse und Auswertung der Produkt-, Preis- und Anbieterinformation durch den Kunden. Sie entspricht seinem individuellen Informationsprozess, in dem er sich einen Überblick über den Markt verschafft und Angebote einholt. Aus Anbietersicht geht es darum, dem Kunden für den Auswahl- und Entscheidungsprozess Hilfestellung zu geben. Dies kann zum Beispiel in Form von Beratung oder durch Bereitstellung von Information zur Alternativenbewertung geschehen (Dialogeröffnung). Die Interaktion mit dem Kunden eröffnet hier hohe Potenziale, da im Dialog die Kundenbedürfnisse konkretisiert[125] und durch die Beratungsleistung die Bedürfnisse des Kunden in Richtung der eigenen Produkte gelenkt werden können. Die Stärke der Überzeugungskraft der Produkt- und Angebotsinformation wird dabei wesentlich durch die Art der Produktpräsentation beeinflusst.[126] Hier bieten die kollaborativen Technologien zahlreiche Möglichkeiten, die dem Kunden ein ansprechenderes Dialogerlebnis ermöglichen. Dann erfolgen die Produktauswahl und die elektronische Angebotserstellung.

Bei einer möglichen Kaufabsicht treten Kunde und Lieferant in einen Dialog entsprechend Abschnitt 2.2.5, der die Zusatzinformation zu den Leistungen und den konkreten Handlungs- bzw. Kaufempfehlungen umfasst. Folglich beeinflusst der Dialog die mögliche Kaufentscheidung des Kunden. Wenn dem Kundenwunsch nicht entsprochen werden kann, gibt es nur im individuellen Dialog die Möglichkeit festzustellen, ob eine andere vom Lieferant angebotene Leistung zur Befriedigung des Kundenbedarfs genügt oder ob der Bedarf des Kunden an sein Leistungsangebot anpassbar ist. [127]

In Beratungs- und Entscheidungsphase wirken sachliche, emotionale und qualitative Aspekte und der Umfang der erbrachten Beratungsleistung auf den Entscheidungsprozess ein.

---

124 Vgl. Paulus, S.; Zwerger, F.: 2002, S. 306 f.

125 Vgl. Ahlreep, J.; Mocker, H.; Mocker, U.: 2000, S. 43

126 Vgl. Link, J.; Gerth, N.: 2000, S. 365

127 Vgl. Stolpmann, M.: 2001, S. 205

Im Vergleich zum konventionellen Handel wird in der Literatur die eingeschränkte Beratungs- und Verhandlungsmöglichkeit als größte Schwachstelle des EC hervorgehoben.[128] Für die Entscheidungsfindung ist der Kunde auf die Informationen angewiesen, die ihm über die Katalogkomponente des Web Shops kommuniziert werden.

Der betrachtete Vertriebskanal mit dem Handelsmodell Store/Web Shop (vgl. Abbildung 7) basiert auf festen Preisen für die angebotenen Leistungen. Der Preisfindungsmechanismus ist einseitig fixiert und etwaige Preisverhandlungen finden keine Berücksichtigung. Ein potenzieller Kunde kann das Preisangebot für eine Leistung annehmen oder die Transaktion abbrechen.

Grundsätzlich erweist sich der fehlende direkte Kontakt zwischen Kunde und Lieferant, im Zuge von Beratungsgesprächen, gerade bei beratungsintensiven oder hochpreisigen Leistungen als erheblicher Nachteil. Ebenso nachteilig ist die nicht vorhandene Möglichkeit, Vertrauen aufzubauen bzw. mit den eingeschränkten Mitteln auf die Kaufentscheidung des Kunden positiv Einfluss zu nehmen.[129]

2.2.4.3 *Kauf- und Abwicklungsphase*

Die Kauf- und Abwicklungsphase umfasst alle Schritte von der Auftragsübermittlung, der Auftragsannahme über die Bezahlung bis hin zur Leistungserbringung durch den Anbieter. Hier ist es dessen Aufgabe, dafür zu sorgen, dass Bestell- und Kaufabwicklung, Zahlungsverkehr und Leistungserbringung möglichst einfach, schnell und unkompliziert vonstatten gehen können. Bei der Online-Bestellung hat der Kunde üblicherweise einen Warenkorb zur Verfügung, in dem alle ausgewählten Waren bis zum Abschluss der Bestellung gesammelt werden. Nachdem der Käufer sich für ein Angebot entschieden hat, übermittelt er die für die Auftragserteilung relevanten Informationen an den Verkäufer. Dieser bestätigt den Auftrag, woraufhin die Bezahlung durch den Kunden erfolgt.

Ist die Entscheidung zum Kauf einer bestimmten Leistung gefallen, wird diese in einem rechtsgültigen Vertrag kommuniziert, und es werden die Leistungen ausgetauscht. Zuerst wird in dieser Phase die Lieferung oder Übergabe der Leistung geregelt und die Bezahlung eingeleitet.[130] Folgende Handlungen zur Abwicklung der Transaktion orientieren sich dann an den weiteren Vereinbarungen.

Die Leistungsübergabe ist abhängig von der Leistung selbst und der zur Verfügung stehenden Logistik. Grundsätzlich muss der Lieferant den Liefervorgang so gestalten, dass die Leistung ausreichend schnell und in gewünschter Qualität beim Kunden eintrifft.

---

128 Vgl. Paulus, S.; Zwerger, F.: 2002, S. 324 f.

129 Vgl. ebenda, S. 311 f.

130 Vgl. Paulus, S.; Zwerger, F.: 2002, S. 307

Charakteristisch für die Kauf- und Abwicklungsphase ist das hohe Maß an Vertrauen, das der Kunde dem Lieferanten entgegen bringen muss. Der Aufwand für die Vertrauensbildung auf Seite des Anbieters ist geringer.[131]

Für eine optimale Generierung und Unterstützung der Kauf- und Abwicklungsphase ist eine darauf abgestimmte Organisation der Geschäftsprozesse erforderlich.[132] In Abbildung 11 wird der Abschluss eines rechtsgültigen Kaufvertrags anhand eines exemplarischen Bestellvorgangs wie folgt beschrieben.

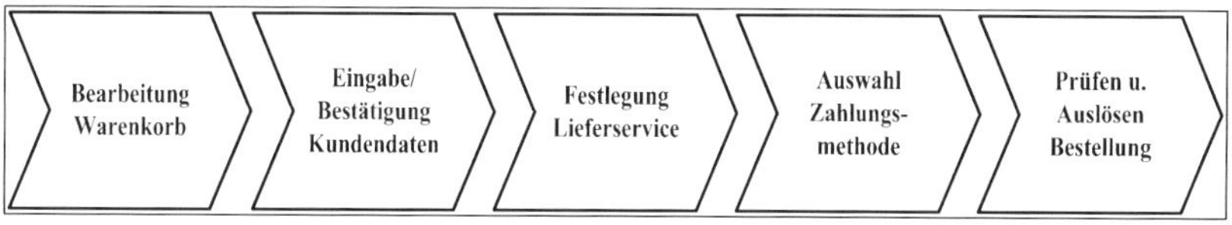

Abbildung 11: Bestellvorgang im B2C-Bereich des E-Commerce
Quelle: Böttcher, M.: 2004, S. 55

Die Auswahl der gewünschten Leistungen wird in einem Web-Shop-System in der Regel durch einen Warenkorb[133] realisiert. Mit dem Bearbeiten des Warenkorbes legt der Kunde seine Kaufentscheidung fest. Es folgt darauf die Eingabe der Kundendaten, die unter anderem Name und Anschrift beinhalten. Die Vereinbarungen werden in einer für den Kaufprozess kritischen Phase mit der Wahl der Liefer- und Zahlungsbedingungen und das Klicken des „Bestell-Buttons" abgeschlossen.[134]

Mit dem Auslösen der Bestellung und der damit verbundenen Übertragung der Transaktionsdaten an den Anbieter wird ein rechtsgültiger Vertrag zwischen Anbieter und Kunde geschlossen. Der elektronische Handel im B2C-Bereich unterliegt dem Rahmen des „Gesetzes zur Modernisierung des Schuldrechts", das am 1.1.2002 als „Fernabsatzgesetz" in das Bürgerliche Gesetzbuch (BGB)[135] aufgenommen wurde und damit Rechtsgültigkeit besitzt.[136] Dieses Gesetz legt dem Lieferanten zusätzliche Unterrichtungspflichten auf und berechtigt den Kunden, einen abgeschlossenen Vertrag innerhalb von zwei Wochen ohne Angabe von Gründen zurückziehen zu können.

Nach dem Abschluss des rechtsgültigen Vertrages wird die gekaufte Leistung ausgeliefert und die vereinbarte Bezahlung vorgenommen.

Sehr wichtig ist die Abwicklung des finanziellen Transfers. Die überwiegend angebotenen Möglichkeiten sind die Bezahlung per Kreditkarte, per Rechnung, per Abbuchungserlaubnis oder per Nachnahme. Der Geldtransfer basiert auf der

---

131 Vgl. ebenda, S. 207 f.

132 Vgl. Gora, W.; Mann, E.: 2001, S. 297

133 Vergleichbar mit dem Warenkorb in einem Supermarkt

134 Vgl. Paulus, S.; Zwerger, F.: 2002, S. 326

135 Siehe Bürgerliches Gesetzbuch 2003

136 Vgl. Kilian, W.: 2002, S. 999 ff.

gewählten Zahlungsvariante und kann durch Informations- und Kommunikationstechnologien unterstützt werden. Beispielsweise lassen sich Rechnungslegung, Abbuchungen, Mahnungsschreiben oder Zahlungseingang automatisieren und somit kostengünstiger generieren.

Der Transfer der gekauften Leistung erfolgt bei digitalisierbaren Leistungen entsprechend der Vereinbarung direkt nach Vertragsabschluss oder direkt nach Zahlungseingang.

Mit dem Kauf und der Abwicklung geht der Kunde in eine Vorleistung. Der Kauf über EC besitzt ein höheres Risiko als vergleichbar im Warenhaus, vor allem in den Punkten Bezahlung, Lieferung und Datenschutz.[137]

2.2.4.4 *Produktnutzungsphase*

In der Produktnutzungsphase nimmt der Anbieter vorrangig eine passive Rolle ein. In erster Linie erwartet der Kunde einen sofort einsetzenden Support und Service,[138] wenn bei ihm der Bedarf dafür entsteht, z. B. durch Bedienungs-, Wartungs- oder Upgradethemen.[139]

Der für den Erfolg oft entscheidende Service und Support[140] wird in Abschnitt 2.3 vertieft.

Die bestehende Kundenbeziehung hat einen hohen Wert. Der Kunde kann mit für ihn interessanten Informationen beliefert werden. Diese Informationen beziehen sich meist auf die Leistung selbst, das Leistungsumfeld oder auf komplementäre Leistungsthemen. Sie bereiten den Grund für die Wiederkaufphase durch das Aufbauen neuer Bedürfnisse.

Durch ständiges Penetrieren des Kunden darf die Beziehung zum Kunden nicht ausgenutzt werden. Wenn zu häufig Informationen geliefert werden oder die gesendeten Informationen nicht auf das Kundeninteresse abgestimmt sind, kann der Informationseffekt störend empfunden werden und sich negativ auswirken.

2.2.4.5 *Kundenbindungs- und Wiederkaufphase*

In der Bindungs- und Wiederkaufphase gilt es für das Unternehmen, dem Kunden das Gefühl und die Überzeugung einer guten Nachkaufbetreuung zu vermitteln. Sie umfasst Maßnahmen wie Installation, Schulung, Kundendienst, Wartung und Beschwerdemanagement. Primäres Ziel ist es, zu gewährleisten, dass die Kundenbindungsphase wieder in die Informationsphase eines neuen Zyklus der Geschäftsbeziehung übergehen kann, wo der Kunde zu einem erneuten Kauf animiert wird. Besondere Bedeutung kommt in dieser Phase dem Beschwerdemanagement als aktivem Instrument der Kundenbindung zu.

---

137 Vgl. Abschnitt 1.1

138 Vgl. Abschnitt 2.3

139 Vgl. Paulus, S.; Zwerger, F.: 2002, Seite 208 f.

140 Vgl. Abschnitt 2.2.2

Der direkte Beschwerdemanagementprozess besteht aus den drei Teilprozessen, der Beschwerdestimulierung, Beschwerdeannahme und Beschwerdebearbeitung bzw. Beschwerdereaktion und der indirekte Beschwerdemanagementprozess aus den Prozessen der Beschwerdeauswertung und dem Beschwerdemanagement-Controlling.[141] Das Beschwerdemanagement ist aus Prozesssicht mit dem Supportprozess identisch einzuordnen, da hier die Schritte der Beschwerdeannahme und Beschwerdebearbeitung mit der Dialogeröffnung bzw. Dialogführung übereinstimmen. Dazu kommen die Produktberatung und die Update- und Innovationsinformation.

Neben den primär vereinbarten Leistungsansprüchen gibt es die zusätzlich offerierten kostenfreien oder kostenpflichtigen Zusatzleistungen. Das Angebot von zusätzlichen Leistungen soll eine langfristige Kundenbindung bewirken, z. B. die Bereitstellung des Lieferstatus, Service oder Informationsangebote rund um die Leistung. Ein umfassendes Customer Relationship Management (CRM)[142] kann solche Leistungen individualisieren.[143] Ein CRM-System kann die Qualität der Service- und Supportaussagen verbessern, wird aber im Rahmen der Arbeit nicht tiefer untersucht, da es wenig Einfluss auf die hier untersuchten Prozesse hat.

Der Bereich des Beschwerdemanagements ist für das Qualitätsgefühl des Kunden sehr wichtig. Reklamationen und Beschwerden sollen durch effektive und transparente Bearbeitung zu einer positiven Kundenbindung beitragen. Ein Rückfluss der hier auflaufenden Informationen in die zukünftige Leistungsgestaltung trägt zur Steigerung der Kundenzufriedenheit erheblich bei.[144] Aufgrund der höheren Akquisitionskosten für Neukunden bekommt der Bereich Kundenbindung in der Praxis seit Jahren eine zunehmende strategische Bedeutung.

Mit einem umfangreichen und gut strukturierten, über das Internet erreichbarem Informationsangebot[145] kann der Lieferant beim Kunden auftretende Bedienungsprobleme und vermeintliche Garantiefälle verringern.[146] Digitalisierbare Leistungen lassen sich zusätzlich mit Verbesserungen, Erweiterungen oder Updates über dass Internet versorgen.

2.2.5 Kundendialogarten

Leistungen bei denen „der Leistungserstellungsprozess im Wesentlichen unter Zuhilfenahme elektronischer Medien erfolgt und es zu keinem physischem Kontakt zwischen Erbringer und dem Empfänger der Dienstleistung kommt“[147], werden nach

---

141 Vgl. Stauss, B.; Seidel W.: 2003, S. 314

142 Vgl. Abschnitt 2.4.3.1

143 Vgl. Illik, A.: 2002, S. 141

144 Vgl. Becker, J.; Kugler, M.; Rosemann, M.: 2002, S. 467

145 Beispielsweise in Form eines Web Based Training (WBT). „WBT stellt ein unter Nutzung der neuen Medien verfügbares Lernmodul für internetbasiertes Lernen dar.“ Ehrenberg, D.: 2003, S. 108

146 Vgl. Paulus, S.; Zwerger, F.: 2002, S. 387ff.

147 Vgl. Olderburg, T.; Wirtz, B. W.: 2002, S. 513

Olderburg und **Wirtz** als Electronic-Services (ES) bezeichnet.[148] Übertragen auf den E-Commerce wird die wechselseitige Kommunikation zwischen Kunde und Lieferant unter dem Begriff des Kundendialogs eingeordnet.[149] Das Merkmal der Wechselseitigkeit beschreibt dabei, dass der Lieferant nicht eine vorbereitete und einzig mögliche Mitteilung auf eine Anfrage abgibt, sondern dass diese vom Inhalt der Anfrage des Kunden abhängt.[150]

Die interaktive, wechselseitige Kommunikation zwischen dem Anbieter und dem Nachfrager basiert auf einer gleichberechtigten Informationspartnerschaft[151] und wird ableitend als dialogorientierter Kommunikationsprozess bezeichnet.[152] Der dialogorientierte Kommunikationsprozess ist eine spezielle Form der Nachfragerorientierung,[153] welche den Innovations- und Markterfolg der angebotenen Dienstleistung nachhaltig steigert.[154] Dies begründet sich in der individuellen Kommunikation mit den Nachfragern, wobei der individuelle Dialog den Aufbau von Vertrauen unterstützt und damit einen wichtigen Aspekt der Nachfragerorientierung durch den Anbieter erfüllt. Die Nachfragerorientierung konzentriert sich auf eine enge Kommunikation des Anbieters mit potenziellen Nachfragern, um Leistungen und Informationen des Anbieters mit Bedürfnissen und Erwartungen des Nachfragers zu vergleichen. Die Initiierung des dialogorientierten Kommunikationsprozesses kann sowohl vom Nachfrager als auch vom Anbieter ausgehen. Die Kommunikation hat abhängig von der Initiierung verschiedene Ursachen bzw. Zielsetzungen, wie in Abbildung 12 verdeutlicht wird:

Der Kundendialog wird als eigenständige Leistung im Rahmen eines Leistungsbündels betrachtet und nicht als fester Bestandteil der Kernleistung. Aus dieser Sichtweise beschreiben Kundendialoge Sekundärleistungen, die ausschließlich aus der Interaktion in Form der Übertragung von Mitteilungen, d. h. Kommunikation bestehen.

---

148 Vgl. Bruhn, M.; Strass, B.: 2002, S. 6

149 Vgl. Meißner, H.: 2002, S. 298 ff.

150 Vgl. ebenda, S. 289 und Abschnitt 2.2.5

151 Vgl. Vögele, S.: 2002, S. 62 ff.

152 Vgl. Fassot, G.: 2000, S. 284 ff.

153 Vgl. Hünerberg, R.; Mann, A.: 2004, S. 255

154 Vgl. Botschen, G.; Botschen, M.; 2002, S. 37 f.

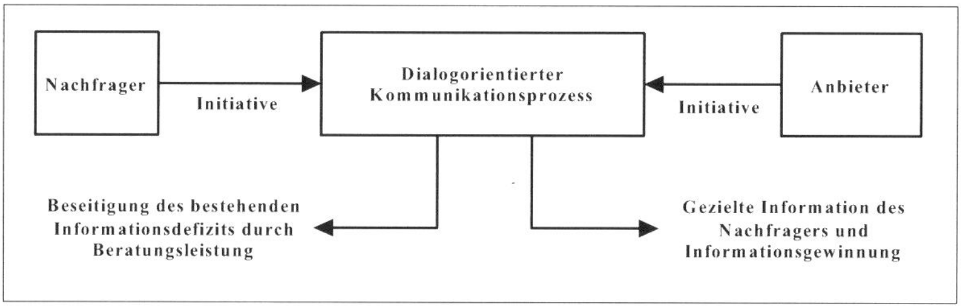

Abbildung 12: Ziele der Dialogpartner im Kommunikationsprozess
Quelle: eigene Darstellung

Das Führen von Kundendialogen ist nicht Bestandteil der Kernleistung, sondern ist vom Lieferanten bestimmbar. Der Lieferant verfolgt dabei die nachstehenden Ziele:[155]

- Absatz der Leistung,
- Förderung des Absatzes eines Leistungsbündels, z. B. durch Angebot von zusätzlichen Leistungen,
- Förderung des Absatzes eines Leistungsbündels , z. B. durch Angebot von komplementären Leistungen (Cross-Selling),
- Unterstützung von Kundenzufriedenheit und Kundenbindung und
- Gewinnung von Informationen von und über den Kunden.

Der Kunde entscheidet, ob und wie er diese angebotenen Sekundärleistungen annimmt bzw. nutzt. Der Bedarf eines Kunden, der eine Anfrage an den Lieferanten stellt, wird im Weiteren als Anfragebedarf bezeichnet und soll mit dem Kundendialog befriedigt werden.[156]

Besonders die Dienstleistungsliteratur untersucht als zentralen Gegenstand den direkten Kontakt zwischen Kunden und Lieferanten. Allerdings bezieht sie sich explizit auf den persönlichen oder allenfalls den telefonischen Kontakt.[157] **Meißner** definiert erweiternd zu dieser Betrachtung den elektronisch gestützten Kundendialog, der mittels Computer- und Telekommunikationstechnologie vermittelt wird.[158] In dieser Arbeit werden nur die Formen des elektronisch gestützten Kundendialogs untersucht.

Die existierenden Arten unterscheiden sich im Spektrum möglicher Äußerungen des Kunden und im Standardisierungs- und Automatisierungsgrad der Abwicklung der Kundenanfrage auf Seite des Lieferanten. **Meißner** differenziert aus diesem Grunde zunächst vier Dialogarten:

---

155 Vgl. Fassot, G.: 2000, S. 234

156 Vgl. Tüchler, S.: 1999, S. 55

157 Vgl. Meißner, H.: 2002, S. 298

158 Vgl. ebenda

- Vollständig individueller Kundendialog,
- Teilautomatisierter Kundendialog,
- Automatisierter Kundendialog und
- Vorgefertigter Kundendialog.

Aufbauend können entsprechend der Eigenschaften der Dialoginstrumente Zuordnungen zu den unterschiedlichen Dialogarten vorgenommen werden. Zu beachten ist dabei, dass diese Zuordnung nicht immer eineindeutig ist.[159]

Die weiteren Betrachtungen konzentrieren sich damit auf die aktuellen Instrumente und Prozesse der Kommunikation zwischen Lieferant und Kunde bei Service- und Supportleistungen. Dabei soll Verbesserungsbedarf aufgedeckt und mögliche Integrationspunkte für das Co-Browsing eruiert werden.

Vollständig individueller Kundendialog

Ausgangspunkt ist der für den Kunden idealtypische Dialog. Realisierbar ist dieser von Mensch zu Mensch geführte Dialog unter Verwendung der Computer- und Telekommunikationstechnologie, z. B. E-Mail und Telefon. Beide Seiten verfassen dabei ihre Mitteilung im direkten Bezug zu ihrem Dialogpartner bzw. dessen Mitteilung.

Teilautomatisierter Kundendialog

Gleichartige Kundenanfragen können mittels Standardisierung und Automatisierung schneller und kostengünstiger beantwortet werden. Dabei wird unter Standardisierung die Schaffung einheitlicher Antworten auf die Mehrzahl von Fragen verstanden.[160] Eine Standardisierung der Lieferantenreaktion wird oft über eine Standardisierung der Kundenanfragen umgesetzt.[161] Auf diese Weise nicht abbildbare Anfragen werden weiterhin individuell durch den Menschen geführt.

Automatisierter Kundendialog

Bei der Automatisierung des Kundendialoges erhält der Kunde auf seine Anfrage eine auf seine Mitteilung bezogene befriedigende Antwort, ohne dass ein menschlicher Dialogpartner an der Erstellung beteiligt ist. In der Praxis sind solche Anwendungen, die bereits die Kundenanfragen stark eingrenzen und reglementieren, weit verbreitet.[162]

Vorgefertigter Kundendialog

Der vorgefertigte Kundendialog wird dadurch charakterisiert, dass die Antwort des Lieferanten, nicht wie in den bisher vorgestellten Dialogarten, nach der

---

159 Vgl. ebenda, S. 300 ff.

160 Vgl. Gersch, M.: 2003, S. 7 f.

161 Vgl. Meißner, H.: 2002, S. 302

162 z. B. die Abfrage von Zahlungskontendaten

Kundenanfrage generiert wird, sondern bereits zuvor erstellt wurde. Bezeichnet wird dies als „on stock" vorliegend, im Gegensatz zum „on special demand".[163]

2.2.6 *Kundendialoginstrumente*

Unter dem Aspekt der Kostenminimierung bei häufig wiederkehrenden gleichartigen Dialoginhalten streben Lieferanten ein hohes Maß an Automatisierung durch die Nutzung von Self-Service-Instrumenten an. Zur Sicherstellung einer hohen Dienstleistungsqualität ist es entscheidend, dass der Nachfrager jederzeit Assisted-Service-Instrumente[164] des Anbieters in Anspruch nehmen kann.

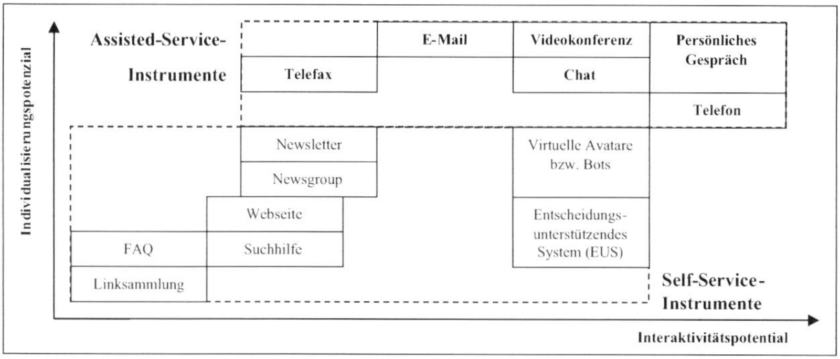

Abbildung 13: Einordnung der Service-Instrumente in den Kommunikationsprozess
Quelle: Szmatulewicz, M.: 2005, S. 66 und Anlehnung an Hünerberg, R.; Mann, A.: 2004, S. 257

Im Fall einer nicht zufriedenstellenden Nutzung von Self-Service-Instrumenten[165] durch den Nachfrager muss der Anbieter einen problemlosen Wechsel gewährleisten.[166] Wenn die Kommunikationspartner am selben Ort zur selben Zeit kommunizieren, handelt es sich um eine Face-to-Face-Kommunikation.[167]

Die Abbildung 13 zeigt die Einordnung der Assisted-Service-Instrumente nach dem Individualisierungs- und Interaktivitätspotenzial, wobei die Assisted-Services grau hinterlegt dargestellt sind.

In der folgenden Betrachtung werden die Dialoginstrumente kategorisiert. Unterschieden wird anhand der Beteiligung von menschlichen Dialogpartnern auf der Lieferantenseite. Die in dem Abschnitt 2.2.5 vorgestellten Kundendialogarten vollständig individueller und teilautomatisierter Kundendialoge werden in der

---

[163] Vgl. Dratva, R.: 2002, S. 106 ff. und Tabelle 4

[164] Vgl. 2.2.6.2

[165] Vgl. 2.2.6.1

[166] Vgl. Schneider, D. et al.: 2002, S. 10

[167] Vgl. zitiert nach Hünerberg, R.; Mann, A.: 2004, S. 256

weiteren Untersuchung zu „Assistant-Services“ zusammengefasst. Die Alternative dazu sind die vollständig automatisierten Kundendialogarten, die „Self-Services“.[168]

Die zur technischen Unterstützung für den Service verwendeten Werkzeuge sind die in den beiden folgenden Abschnitten beschriebenen Service-Instrumente.

2.2.6.1 *Self-Service-Instrumente*

Self-Service- oder auch Customer-Self-Service(CSS)-Instrumente binden beim Lieferanten keine menschlichen Ressourcen und bieten folgende Vorteile:

- Senkung der Prozesskosten,
- Automatisches Sammeln und Nutzen von Kundenwissen und
- Optimierung der Service-Prozesse.

Solche Self-Service-Instrumente können sein:

- Intelligent Voice Response (IVR),
- Automatische E-Mail-Beantwortung,
- Bereitstellung von Frequently Asked Questions,
- Suchmaschinen über den Web Shop oder
- Interaktive Online-Hilfen.

In Abhängigkeit von seiner Anfrage profitiert der Kunde in den folgenden Punkten:

- Jederzeit, ortsunabhängig verfügbar,
- Ohne Medienbruch nutzbar und
- Keine weiteren Kosten (z. B. Telefonkosten).

Trotz der Vorteile der Automatisierung gibt es beim Self-Service Grenzen.[169] Das gesamte Spektrum möglicher Kundenanfragen ist derzeit noch nicht vollautomatisch abzubilden oder nur mit einem Aufwand, der die Vorteile übersteigt. Die Genauigkeit der Erkennung von Sprache und das semantische Verstehen von Sprache und Text sind noch zu gering ausgeprägt und erfordern bei massenhaftem Einsatz zu viel Rechenleistung. Das Einsatzkriterium für eine Automatisierung ist dabei die Häufigkeit gleichartiger Dialoge.[170] Zusätzliche Grenzen ergeben sich aus dem Ziel der Kundenorientierung seitens des Lieferanten.

Bei den automatischen Technologien gibt es durch den Einsatz von Spracherkennungswerkzeugen noch viel Entwicklungspotenzial. Mit deren Hilfe können Text und Sprache erkannt und im Kontext zugeordnet werden. Mit der Weiterentwicklung dieser Werkzeuge wird das automatische Lösen von zunehmend komplexen Problemen möglich.

Folgende Gründe stehen gegen einen Einsatz von Self-Service-Instrumenten:

---

168 U. a. in: Stolpmann, M.; Wess, S.: 1999 S. 105 ff.

169 Vgl. Meißner, H.: 2002, S. 297

170 Vgl. Meißner, H.: 2002, S. 305

- Kunden nehmen den Self-Service nicht an.
- Kunden führen einen automatisierten Dialog, der aber ihre Anfrage nicht befriedigt, was zur Unzufriedenheit des Kunden führt.
- Das Gefühl des psychologisch wichtigen „Bedient werden" entfällt beim Kunden.
- Kunden mit Beschwerde- oder Reklamationsanfragen erwarten einen menschlichen Ansprechpartner.[171]

Self-Service-Angebote sind deshalb oft mit Feedback-Mechanismen gekoppelt, welche die Anfragen vom Kunden, die nicht zur Zufriedenheit geführt haben, dann durch direkte Kontaktaufnahme mit einem menschlichen Dialogpartner abwickeln (siehe folgender Abschnitt).[172]

2.2.6.2 *Assisted-Service-Instrumente*

Individuelle bzw. teilautomatisierte Kundendialoge nutzen immer einen menschlichen Dialogpartner auf der Seite des Lieferanten. Mit dem Customer Interaction Management wird das Ziel einer strukturierten Bearbeitung der Kundenanfragen verfolgt. Inhalt ist die automatisierte Kategorisierung und Verteilung der eingehenden Anfragen an menschliche Dialogpartner.

Dem Kunden können verschiedene Möglichkeiten, mit dem Lieferanten in Verbindung zu treten, wie folgt bereitgestellt werden:

- Kontakt per Telefon,
- Kontakt per Text-Chat,
- Kontakt per E-Mail,
- Videokonferenz,
- Persönliches Gespräch oder
- Kontakt per HTML-Formular.[173]

Wenn der vom Kunden genutzte Kontaktkanal sich vom Kanal der Anfrageabwicklung unterscheidet, muss gewährleistet sein, dass der Medienwechsel ohne Hindernisse für den Kunden erfolgt. Bei einem notwendigen Wechsel auf einen anderen Kommunikationskanal wird der Prozess zum Wechseln vom Dienstleister angeboten und möglichst von diesem initiiert und durchgeführt. Wenn z. B. die Kontaktkanäle E-Mail und Telefon zur Verfügung stehen und die Anfrage des Kunden über E-Mail nicht behandelt werden kann, sollte die Kontaktaufnahme zum Kunden über das Telefon durch den Agenten erfolgen.

Für die professionelle Realisierung von Assistant Services werden zunehmend Call Center[174] eingesetzt. Der Abschnitt 2.4 widmet sich der Untersuchung grundlegender

---

171 Vgl. Meißner, H.: 2002, S. 304 ff.

172 Vgl. Stolpmann, M.; Wess, S.: 1999, S. 107

173 Vgl. DDV Deutscher Direktmarketing Verband e. V. 2001

174 Vgl. Abschnitt 2.4

Elemente dieser Organisationsform mit dem Ziel, Prozesse aktueller Assistant Services darzustellen und Verbesserungspotenziale für das in Kapitel 3 zu entwickelnde Prozessmodell zu gewinnen. Das Einverständnis des Kunden und das Vorhandensein seiner Kommunikationsdaten vorausgesetzt, soll der Wechsel zwischen den Kommunikationskanälen oder deren parallele Nutzung automatisiert erfolgen.

Im Vergleich der Self-Services zu den Assisted-Services ist der niedrige Kostenfaktor ein enormes Vorteilspotenzial.[175] Lieferanten bevorzugen deshalb bei der Service- und Support-Gestaltung zunehmend CSS-Instrumente.[176] Häufig dienen diese Instrumente als erste Stufe der Sekundärleistungserbringung mit dem Ziel, mit einfachen Kundenanfragen nicht sofort menschliche Ressourcen beim Lieferanten zu binden. Das Anfragevolumen für individuelle bzw. teilautomatisierte Kundendialoge sinkt entsprechend. Dieser Einsatz wird als „Call Avoidance“ (Anrufvermeidung) bezeichnet.[177]

2.3 Service- und Supportleistungen

In der Literatur werden Service- und Supportleistungen als Sekundärleistungen bezeichnet, die ergänzend zur eigentlichen primären Leistung angeboten werden und für den Kunden neben der Kernleistung eine Zusatzleistung darstellen.[178] Bei der Erbringung der Sekundärleistung wird angestrebt, dass die Erwartungshaltung des Nachfragers übertroffen wird.[179] Dabei unterscheiden sich Service und Support hinsichtlich der gegenständlichen Inhalte. Service umfasst Sekundärleistungen, die einen Mehrwert schaffen. Der Mehrwert von Support ist eine Sekundärleistung zur Unterstützung des Nachfragers bei der Inanspruchnahme einer Primärleistung. Diese Unterstützung kann Probleme der Primärleistung selbst beinhalten oder Probleme, die beim Umgang mit der Benutzerschnittstelle des Web Shops und damit bei der Abwicklung der Transaktion auftreten.

2.3.1 Vertrauensaufbau beim Nachfrager

Die Definition für den Begriff Vertrauen ist in den verschiedenen Wissenschaften teilweise sehr unterschiedlich. Umgangssprachlich wird damit meist der individuelle Glaube an die positive Entwicklung von Ereignissen verstanden, meist im zwischenmenschlich-interaktiven Bereich, gebunden an die eigenen Wertvorstellungen und Erfahrungen. Des Weiteren kann der Begriff des Vertrauens im Hinblick auf seine Zielbestimmung aus systemtheoretischer Sicht nach **Luhmann**[180] definiert werden:

---

175 Vgl. Stolpmann, M.; Wess, S.: 1999, S. 106

176 Interview Sascha Sauer, Intershop AG: 18.11.2003

177 Vgl. Stolpmann, M.; Wess, S.: 1999; Stolpmann, M.: 2001, S. 31 f.

178 Vgl. Stolpmann, M.: 2001, S. 35

179 Vgl. ebenda, S. 21 ff.

180 Vgl. Luhmann, N.: 2005, S. 397 ff.

Vertrauen dient der Reduktion sozialer Komplexität. Dort wo die rationale Abwägung von Informationen (aufgrund unüberschaubarer Komplexität, wegen Zeitmangels zur Auswertung oder des gänzlichen Fehlens von Informationen überhaupt) nicht möglich ist, befähigt Vertrauen dennoch zu einer auf Intuition gestützten Entscheidung.

Durch die immaterielle Dienstleistung „Service und Support" soll mit einer hohen Qualität ein Mehrwert geschaffen werden. Der Nachfrager benötigt ein dauerhaftes Vertrauen in die Leistungsattribute der einzelnen Dienstleistungskomponenten des Anbieters.[181] **Ahlert**[182] unterscheidet im ökonomischen Kontext drei konstitutive Merkmale des Vertrauens:

1. Die „riskante Vorleistung" des Nachfragers als Vertrauensgeber gegenüber dem Lieferanten als Vertrauensnehmer,
2. Die Möglichkeit des Vertrauensgebers, dem Vertrauensnehmer das Vertrauen wieder zu entziehen und
3. Das an Bedingungen geknüpfte Vertrauen des Vertrauensgebers mittels Schwellenkontrolle.

Bei diesen drei Punkten dominiert der erste die beiden anderen. Die Punkte zwei und drei sind ohne Vorliegen einer als riskant empfundenen Vorleistung fast gegenstandslos. Die Unsicherheit, die zu einer als riskant empfundenen Vorleistung führt, ergibt sich aus einem Defizit an Informationen und der Unsicherheit über deren Wahrheitsgehalt der vorliegenden Informationen. Dieser Mangel kann dadurch begründet sein, dass:

- Informationen fehlen, d. h. nicht verfügbar sind oder nicht bereitgestellt werden oder
- Bereitgestellte Informationen nicht verarbeitet werden konnten, insbesondere unter Berücksichtigung der begrenzten Informationsverarbeitungskapazität der Nachfrager.

Ein Informationsdefizit, im Sinne eines Informationsverzichts, entsteht durch bewusste Reduzierung der Komplexität[183] vom Nachfrager. Mit zunehmender Entscheidungskomplexität[184] und mit gleichzeitig abnehmenden Erfahrungs- und Vertrauenselementen in der Kaufentscheidung vergrößert sich die Unsicherheit des Nachfragers. Sein Aufwand bei der Informationsbeschaffung steigt. Der Nachfrager ist bemüht, „Information zur Verringerung seiner Entscheidungsunsicherheit zu erlangen".[185] Steigt der Aufwand über die Toleranzgrenze des Nachfragers, bricht er den Kaufprozess ab und ist als Kunde verloren. **Bieger** und **Laesser** haben in ihren Untersuchungen herausgearbeitet, dass Informationen bei der Entscheidungsfindung

---

181 Vgl. Bouncken, R.: 2000, S. 10

182 Vgl. Ahlert, D. et al.: 2001, S. 281 f.

183 Vgl. Luhmann, N.: 2005, S. 398 ff.

184 Vgl. Regele, U.; Schmücker, D.: 1998, S. 406 ff.

185 Vgl. ebenda, S. 407

die zentrale Rolle spielen. Daraus folgt, dass es höchste Priorität hat, dem Nachfrager „zum richtigen Zeitpunkt die richtigen Quellen zur Verfügung zu stellen“.[186]

Das Aufbauen und Halten des Nachfragervertrauens ist eine wichtige Komponente und muss mit einer hohen Dienstleistungsqualität sichergestellt werden. Die Ansätze Lean Management[187] und Total Quality Management[188] verfolgen die Ausrichtung der Geschäftsprozesse des Anbieters nach den Bedürfnissen des Nachfragers. **Wildemann** entwickelt unter Berücksichtigung dieser Erkenntnisse für den Dienstleistungsprozess ein neues Modell: „Service-to-Success“. Dabei werden die Primärleistungen des Anbieters in den Hintergrund gestellt und der Erfolg des Nachfragers gilt als alleinige Zielstellung aller beteiligten Aktionen des Anbieters.[189]

Die Orientierung des Anbieters von Dienstleistungen an den Bedürfnissen des Nachfragers erfordert die Sicherstellung einer hohen Dienstleistungsqualität. Die Bereitstellung von Angeboten welche die Kunden begeistern erweitert langfristig die Dienstleistungsqualität und erhöht die Kundenbindung. Um die Anbieter-Nachfrager-Beziehungen zu stabilisieren, sind die Serviceprozesse als fester Bestandteil in die Prozesse der Primärleistung zu integrieren.[190] Die gezielte Bereitstellung von Informationen durch den Anbieter hat dabei eine zentrale Stellung.

Folgende Vorteile können durch guten Service bei der Informationsversorgung des Nachfragers erreicht werden:[191]

- Differenzierung gegenüber Mitbewerbern,
- Erhöhung der Kundenzufriedenheit und damit eine langfristige Kundenbindung,
- Individuelle Interaktionen mit den Nachfragern und
- Steigerung des Umsatzes und des Ertrages.

Ausgangspunkt für die Verbreitung und Adaption der kollaborativen Technologien ist die Systemtheorie. Diese besagt, dass für die IT positive Netzwerkeffekte eintreten, je mehr Beteiligte eine Technologie zu einem Netzwerk verknüpft und umso nutzbringender wird diese für die Individuen, da mehr potenzielle Kommunikationspartner zur Verfügung stehen. Dieser Zusammenhang ist als „Metcalfe's Law“ bekannt. Die zunehmende Durchdringung der Unternehmen mit IT steigert demnach den potenziellen Nutzen derselben. Die Netzwerkeffekte ermöglichen und fordern neue Formen der Zusammenarbeit und Arbeitsteilung sowie neue Möglichkeiten der Abwicklung von Geschäftsprozessen.[192] Diese neuen

---

186 Vgl. Bieger, T.; Laesser, C.: 2002, S. 82

187 Vgl. Bruhn, M.; Homburg, C.: 2005, S. 450

188 Vgl. ebenda, S. 812 f.

189 Vgl. Wildemann, H.: http://www.managementkolloquium.de/mmk03/handouts/service_management.pdf gelesen am 23.12.2006

190 Vgl. Picot, A. et al.: 2003, S. 356

191 Vgl. Wildemann, H.: 2001, S. 19

192 Vgl. Picot, A.; Neuburger, R.: 2002, S. 551

technischen Möglichkeiten benötigen wiederum neue Werkzeuge, um die internetbasierten Geschäftsprozesse effektiv zu unterstützen.

Speziell die kollaborativen Technologien[193] bieten folgende Vorteile:[194]

- Beschleunigung von Informationsaustausch,
- Einfacher Zugriff auf neue Informationen,
- Erreichbarkeit vieler Rezipienten zur gleichen Zeit,
- Erreichbarkeit beliebiger Individuen,
- Erhöhte Anzahl potenzieller Diskussionsteilnehmer und
- Erleichterte Kontaktaufnahme.

Die Folge ist ein verbesserter Informationsfluss, aus dem ein Anstieg an Umfang, Qualität, Flexibilität, Verfügbarkeit und Vollständigkeit der Informationsversorgung resultiert. Das wiederum fordert die Entwicklung und den Einsatz kollaborativer Technologien im Internet. Ebenso ist für viele Unternehmen eine Reisekostenreduktion nicht unerheblich, da Mitarbeiter Konferenzen und Absprachen ohne physische Präsenz verteilt abhalten können.

Aus diesen genannten Gründen wächst der Markt für Kommunikations- und dialogorientierte Technologien stetig.[195] Exemplarisch zeigt Abbildung 14 eine Umsatzprognose für Web-Conferencing-Dienste in Europa.

---

193 Vgl. Abschnitt 2.1.1

194 Vgl. Andriessen, J. H. E.: 2003, S. 20

195 Vgl. Mertens, P. et al.: 2001, S. 293

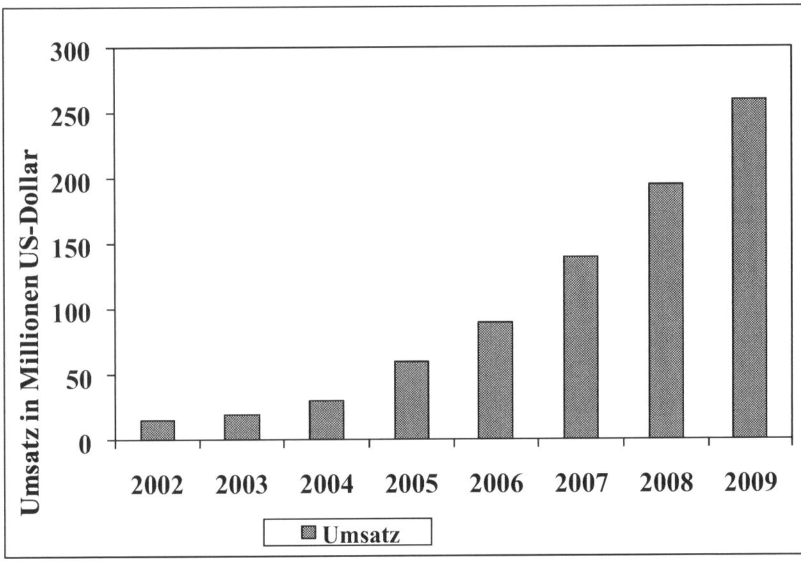

Abbildung 14: Europamarkt für Web Conferencing-Systeme
Quelle: in Anlehnung an Frost & Sullivan Report B191 (07/03)

2.3.2 Service und Support im Primärprozess

Die beschriebenen Ziele, vgl. Abschnitt 2.3.1 im Kontext der Serviceleistungen, sind in allen Phasen des Dienstleistungsprozesses gleich. Die gezielte Bereitstellung von Informationen durch den Anbieter oder der Kommunikation zwischen dem Anbieter und dem Nachfrager im Falle eines Informationsdefizits sind in Übereinstimmung zu bringen. Das Beziehungsmarketing verlangt die interaktive und wechselseitige Kommunikation.

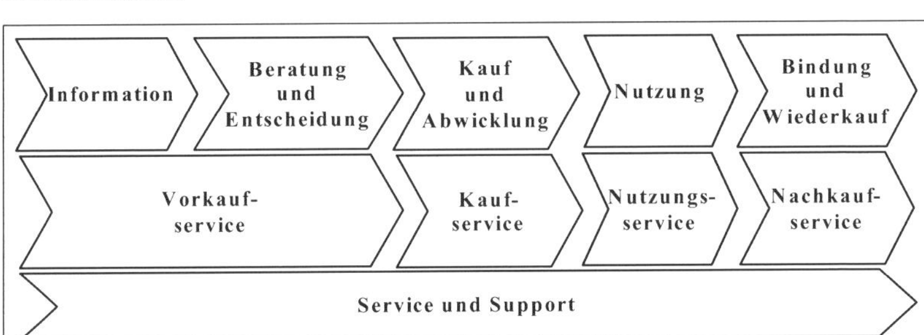

Abbildung 15: Service und Support zum Kaufprozess
Quelle: erweiterte Darstellung von Böttcher, M.: 2004, S. 59

Zur Umsetzung der konsequenten Nachfrageorientierung werden die Support- und Serviceprozesse in die Prozesse der Primärleistungserbringung integriert.

Zur Generierung von zusätzlichen Kundenvorteilen können die differenzierenden Service- und Supportleistungen über den gesamten Kaufprozess hinweg angeboten werden. Wie in Abbildung 15 dargestellt, lassen sich Serviceleistungen, aufgrund von wechselnden Zielstellungen und Wünschen des Kunden im Verlauf des Kaufprozesses (vgl. Abschnitt 2.2.4) in die Bereiche Vorkauf-, Kauf- und Nachkauf-Service trennen.[196] Der Support ist über den gesamten Kundenprozess hinweg zur Behebung von Problemen anzubieten und wird damit über alle Phasen einheitlich betrachtet (siehe auch Abschnitt 2.2.3).

Vorkauf-service	**Kaufservice**	**Nutzungsservice**	**Nachkaufservice**
- Produktdemos - Produktproben - FAQ-Listen - E-Mail-Anfrage	- Bestellsysteme - Dokumentenaustausch - Auftragsverfolgung - Finanzierungsservice - Lieferservice	- Update-, Patch-service - Bedienungshinweise - FAQ-Listen - Web Based Training	- User-Forum - Newsletter - Beschwerde-management - Kundenzeitschrift

Tabelle 5: Serviceleistungen entlang des Kaufprozesses
Quelle: erweiterte Darstellung in Anlehnung an Fassot, G.: 2002, S. 284

Mögliche Serviceleistungen in den verschiedenen Phasen des Kaufprozesses sind in Tabelle 5 aufgeführt.

2.4 Call Center

In den gängigen Definitionen des Begriffes Call Center wird von einem Telefonie basierten Kommunikationskanal ausgegangen.

> „Bei einem **Call Center** handelt es sich um eine Organisationseinheit, deren Ziel darin besteht, durch den Einsatz moderner Informations- und Telekommunikations-techniken einen serviceorientierten und effizienten Dialog zwischen einem Unternehmen und seinen Kunden, Interessenten und Lieferanten, unter Wahrung von qualitativen und quantitativen Unternehmens- und Marketingzielen, zu gewährleisten."[197]

Der Zweck von Call Centern ist die Kommunikation von Unternehmen mit der Außenwelt. In einem Call Center wird neben Service- und Supportangeboten, Marktforschung oder Inkasso auch häufig Telefonverkauf als Form des Direkt-marketing operativ umgesetzt.

Call Center können als eine Abteilung innerhalb eines Unternehmens organisiert sein oder als eigenständiges Unternehmen, welches diese Dienstleistungen für verschiedene Unternehmen anbietet. Neben der Telefonie treten weitere Kommunikationskanäle und Medien auf (E-Mail, Fax, SMS,...).

---

196 Vgl. Stolpmann, M.: 2001, S. 31 ff.

197 Vgl. Schmid, C.; Jendro, L.: 2001, S. 19

In heutigen Call Centern haben die Informationstechnologie und TK-Technologie eine entscheidende Bedeutung bekommen. Call Center haben sich über mehrere Stufen zum Communication Center entwickelt.[198] Die technologische Infrastruktur beinhaltet viele Systeme. Je nach Ausstattung, Größe und Aufgabengebiet gehören verschiedene Module zur technischen Infrastruktur,[199] deren wichtigste Komponenten in dem Abschnitt 4.2.3 vorgestellt werden. Ein Communication Center hebt sich vom Call Center ab, wenn mindestens ein weiterer Kommunikationskanal neben der Sprache hinzukommt. Eine Erweiterung zur Definition Call Center bildet die Definition von **Schmid/Jendro**:

> „Bei einem **Communication Center** handelt es sich um die organisatorische Zusammenfassung von Arbeitsplätzen mit dem Ziel, die gesamte Kundenkommunikation unabhängig vom Kommunikationsmittel und -weg möglichst serviceorientiert und kostenoptimal abzuwickeln. Voraussetzung hierfür sind multifunktionale Mitarbeiter, die neben der Abwicklung von Telefonaten auch Briefe, Faxe und E-Mails bearbeiten können."[200]

In Wissenschaft und Praxis werden zu dieser Organisationsform unterschiedlichste Konzepte diskutiert. Bezeichnungen wie „Customer Interaction Center", „Communication Center", „Contact Center ", „Direct Marketing Center", „Service Center", „Customer Care Center" oder „Multichannel Support Center" wurden alternativ gewählt. Sie alle beschreiben wiederum Varianten des Call Centers.[201] Viele dieser Begriffe beinhalten eine Erweiterung des Call Centers auf zusätzliche Medien und Kommunikationskanäle.[202] Es gibt nur noch wenige Call Center, die ausschließlich telefoniebasiert arbeiten. Daher ist der Begriff Call Center in der Praxis stellvertretend zur allgemeinen Branchenbezeichnung geworden. Folgerichtig steht „Call Center" auch für erweiterte Call Center in der Bedeutung von Customer Care Center oder Communication Center.

In dieser Arbeit wird die Bezeichnung Call Center als übergeordneter Begriff verwendet und auf der Basis der Definition von **Schmid/Jendro** wie folgt definiert:

> Bei einem **Call Center** handelt es sich um eine Organisationseinheit, deren Ziel darin besteht, durch den Einsatz moderner Informations- und Telekommunikationstechniken einen service- und supportorientierten sowie effizienten Dialog zwischen einem Unternehmen und seinen Kunden, Interessenten und Lieferanten, auf allen vom Unternehmen angebotenen Kommunikationskanälen,[203] zu gewährleisten. Dabei sind die qualitativen und quantitativen Unternehmens- und Marketingziele zu wahren.[204] Neben den

198 Vgl. Greff, G.; Fojut, S.: 2003, S. 308 sowie Bocklund, L.; Bengtson, D.: 2004, S. 20 - 23

199 Eine schematische Darstellung einzelner Komponenten der Infrastruktur ist im Anhang E abgebildet.

200 Vgl. Schmid, C.; Jendro, L.: 2001, S. 22

201 Vgl. Rohman, J.; de Zoeten, R.: 2001, S. 385

202 Vgl. ebenda S. 25

203 Siehe Abschnitt 2.2.6 Kundendialoginstrumente

204 Vgl. Schmid, C.; Jendro, L.: 2001, S. 19

Kommunikationsmitteln Telefonie, Brief, Fax und E-Mail werden moderne Informations- und Kommunikationstechnologien eingesetzt.

Die kommenden beiden Abschnitte erläutern den allgemeinen organisatorischen Aufbau sowie die technische Ausstattung eines Call Centers.

2.4.1 Organisatorischer Aufbau

Das Call Center ist eine professionelle Organisation für die Kommunikation zwischen Kunde und Lieferant. Grundsätzlich werden Call Centers in zwei Kategorien eingeteilt:

1. Inbound Call Center und
2. Outbound Call Center.

Unterschieden wird Outbound, als aktive bzw. vom Lieferanten ausgehende Kontaktaufnahme zum Kunden und Inbound, als Reaktion auf die Kontaktaufnahme vom Kunden. Service und Support sind hauptsächlich in die Kategorie Inbound einzuordnen, weshalb in dieser Arbeit der Schwerpunkt primär auf die Inbound-Tätigkeiten gerichtet ist.

In der Praxis werden in den meisten Call Centern beide Arten in einer Mischform betrieben. Für viele neue Geschäftsmodelle ist es darüber hinaus sinnvoll, die beiden Arten des Call Center-Betriebes zu kombinieren. Wenn mehrere Kanäle parallel genutzt werden, können durch Integration die vorhandenen Ressourcen noch effektiver eingesetzt werden.

Im Call Center werden individuelle oder teilautomatisierte Kundendialoge geführt.[205] Die jeweiligen Kundenanfragen werden von menschlichen Dialogpartnern bearbeitet. Diese werden als Agenten bezeichnet. Entsprechend ihrer Kompetenz und ihrer Stellenbeschreibung werden die Agenten zur Abwicklung spezieller Anfragen eingesetzt. So können Agenten unter anderem die Aufgabe eines Beraters, Supportmitarbeiters oder Verkäufers einnehmen.

Inbound Call Center gliedern die Bearbeitungstiefe in drei Stufen. Bezeichnet werden diese als 1st Level, 2nd Level und 3rd Level in Service, Support oder Beratung. Der ablauforganisatorische Prozess der Anfragebearbeitung ist dabei wie folgt aufgebaut. Die Agenten des 1st Level-Support übernehmen die erste Kontakt- sowie Bearbeitungsstufe und wickeln damit die häufigsten Standardanfragen ab. Komplexe Kundenanfragen werden durch diese erste Stufe vorqualifiziert und kategorisiert und an kompetente und spezialisierte Agenten im 2nd Level-Support weitergeleitet. Kann die Befriedigung auch in der zweiten Organisationsstufe nicht restlos vollzogen werden, erfolgt eine Weiterleitung an wenige vorgehaltene Experten im 3rd Level-Support, die oft primär für andere Aufgaben im Unternehmen eingesetzt werden und dabei die teuersten Ressourcen sind.[206] In anderen Themen wie Service, Beratung oder Bestellannahme gibt es eine vergleichbare Aufgabenteilung.

---

205 Siehe Abschnitt 2.2.5

206 Vgl. Rohman, J.; de Zoeten, R.: 2001, S. 406

Die Abbildung 16 zeigt den Zusammenhang zwischen Anfrageverteilung und Supportlevel sowie zwischen den Kosten und den Skills der für die Anfragetiefe notwendigen Agenten. Die Verteilung schwankt je nach Aufgabenfeld und wird hier mit einem Durchschnitt der Supportanfragen bei **itCampus** verdeutlicht. Aus der Verteilung des Anfrageaufkommens und der Kosten wird die Notwendigkeit der Einführung von Service- und Supportlevels deutlich. Nur für fünf Prozent der Anfragen sind teure Spezialisten aus dem 3rd Level Support notwendig. 69 Prozent der Anfragen können von preiswerten Agenten im 1st Level beantwortet werden.

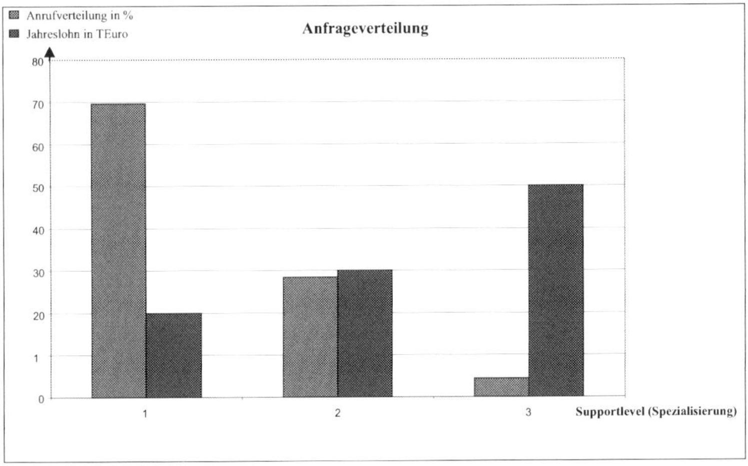

Abbildung 16: Anfrageverteilung
Quelle: eigene Darstellung, statistische Erhebung itCampus

Aufbauorganisatorisch werden die Agenten in Gruppen zu meist zehn Personen (maximal 30 Agenten) einem Teamleiter zugeordnet. In großen Call Centern werden die Teamleiter von Projektmanagern geleitet, welche selber dann direkt der Geschäftsführung unterstehen. Neben der Agentenorganisation und dem üblichen Administrationseinheiten sind in modernen Call Centern eine IT-Abteilung und ein Qualitätsmanagement von großer Bedeutung. In Abbildung 17 sind die wichtigen Organisationseinheiten im Call Center dargestellt.

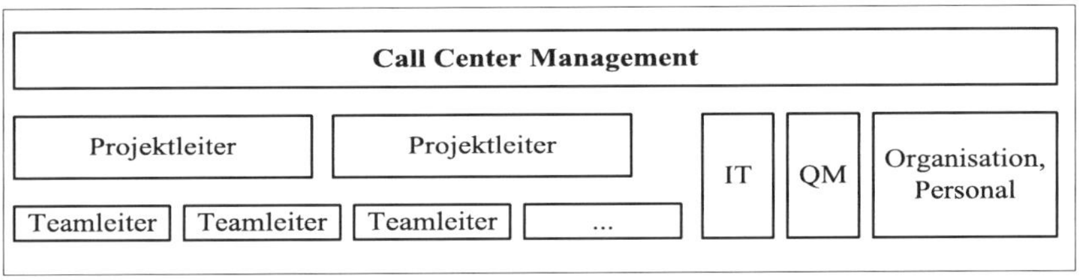

Abbildung 17: Organisationseinheiten im Call Center

Quelle: eigene Darstellung

2.4.2 Call-Blending

Call-Blending ist eine Mischform der Call Center-Organisation, in welcher die beiden Betriebsformen Inboud und Outbound gemischt (blended) betrieben werden.

Call-Blending ist eine Möglichkeit, bei stark schwankendem Inbound-Call-Volumen die Auslastung zu verbessern. Agenten arbeiten beim Call-Blending im Inbound und im Outbound. Dies wird von den Call Centern angestrebt, um bei Lastspitzen im Inbound alle Outbound-Agenten mit zur Bearbeitung der Inbound-Anfragen einzubeziehen. Wenn im Inbound die Nachfragen der Kunden zurückgehen, wechseln die Agenten wieder in den Outbound-Modus.

Es gibt spezielle Szenarien, in welchen die Anfragen nicht sofort beantwortet werden müssen. In diesen Fällen ist es möglich, mit einem Rückrufsystem im Call-Blending-Modus zu arbeiten. Eine Anfrage über zum Beispiel ein Webportal wird in einer Rückrufliste im Call Center gespeichert. Wenn ein Agent zur Verfügung steht, wird ein Anruf aus dieser Liste abgearbeitet, ansonsten steht er für aktuelle Inbound-Anfragen bereit. In einem Szenario, wo der Rückruf in einem bestimmten Zeitraum erfolgen muss, kann Call-Blending nur eingeschränkt verwendet werden (z. B. ein Call-Blending mit verschiedenen Prioritäten, wann ein Agent in den Inbound wechselt).

2.4.3 Infrastruktur-Komponenten im Call Center

Die technische Infrastruktur eines Call Centers besteht, je nach Ausrichtung, aus den folgenden Kernbausteinen:

1. Spezielle Kampagnenmanagement-Software für Call Center,
2. Computer Telephony Integration (CTI),
3. Automatic Call Distribution (ACD),
4. Customer Relationship Management (CRM),
5. Interactive Voice Response (IVR),
6. Dialer sowie
7. Sprachaufzeichnung/Voice Recording (VR).

In der folgenden Tabelle 6 werden die verschiedenen Technologien nach ihrem Einsatz in Inbound oder Outbound Call Centern zugeordnet und in den darauffolgenden Abschnitten beschrieben.

Technologie	Inbound	Outbound
Kampagnenmanagement -Software[207]	Essentiell (Spezielles System für Inbound, oft mit Ticketing-Systemen)	Essentiell (Spezielles System für Outbound)
CRM	Optional (abhängig von der Integrationstiefe in die Prozesse des Kunden)	Optional (wird selten angewendet)
CTI	Essentiell	Essentiell (Interface Dialer und Kampagnenmanagement)
ACD	Essentiell	Nein
IVR	Optional	Nein
Dialer	Wenig (z. B. für Rebound[208])	Essentiell
Sprachaufzeichnung	Optional	Optional

Tabelle 6: Zuordnung Call Center-Technologie zu Inbound und Outbound
Quelle: eigene Aufstellung

Die Grundlage der Sprachkommunikation ist die Telefonie. Bei der Umsetzung der Telefonie im Businessumfeld setzt sich zunehmend das VoIP-Protokoll gegenüber dem herkömmlichen ISDN-Protokoll durch. Die Anforderungen an VoIP sind:

- Äquivalenter Ersatz zu ISDN
    - Gleiche Sprachqualität
    - Konstante Verfügbarkeit
    - „Einfache" Installation
    - Gleiche Dienstleistungen (Rufnummeranzeige, Makeln...)
- Gleiche Sicherheit
- Günstiger als ISDN, zusätzliche Dienste (z. B. Video-Telefonie)

Eine mögliche Anordnung dieser Systeme wird in der Abbildung 18 gezeigt. Weitere Aufbauszenarien sind in **ANHANG E** dargestellt.

207 Vgl. Abschnitt 2.4.3.1

208 Als Rebound werden Anrufe bezeichnet, die aus Kapazitätsmangel nicht sofort entgegen genommen werden konnten. Sobald Agenten frei werden, ruft der Dialer diese Kunden automatisch zurück.

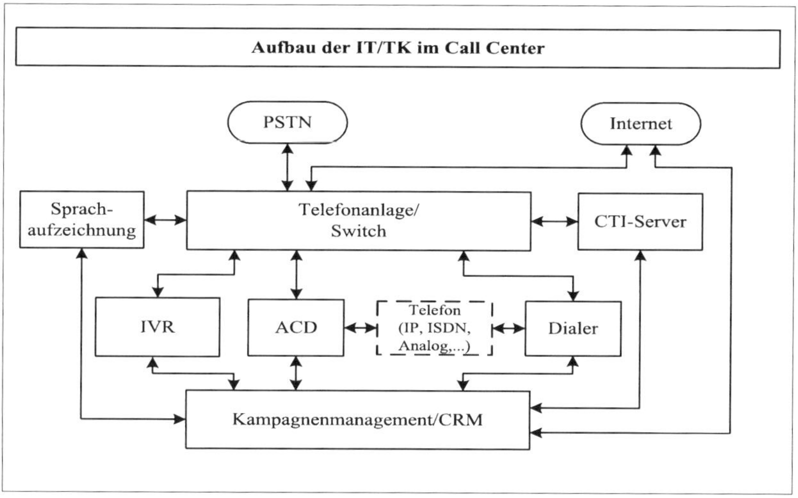

Abbildung 18: Aufbau der IT/TK im Call Center
Quelle: eigene Darstellung

Unterschiede zwischen herkömmlichen Telefonen und VoIP-Telefonie sind:

- Leitungsvermittlung (ISDN)
    - Reserviert separaten Kanal (Direkt-Verbindung User-to-User)
    - Pro Kanal nur ein Nutzer möglich
- Paketvermittlung (VoIP)
    - Teilt Datenstrom in Pakete auf
    - Pro Kanal mehrere Nutzer möglich

Auf die Prozesse im Call Center wirkt sich die Nutzung der VoIP-Telefonie nur geringfügig aus. Wesentlicher Vorteil sind hier die möglichen Kosteneinsparungen durch die preiswertere VoIP-Technologie.

2.4.3.1 *Kampagnenmanagement Software*

Im Unterschied zu den mehrheitlichen Meinungen in der Literatur wird das Kampagnenmanagement hier nicht als ein integrierter Bereich des CTI (siehe Abschnitt 2.4.3.2) betrachtet, sondern als eigenständige Technologie. Kampagnenmanagement-Software wird von vielen Anbietern als eigenständiges Produkt auf dem Markt angeboten. Diese können auch sinnvoll ohne ein CTI-System eingesetzt werden.

Die Kampagnenmanagement-Software ist das datenführende System von In- und Outbound-Kampagnen. Als Kampagnen werden die einzelnen durchzuführenden Projekte im Call Center bezeichnet. Die vorhandenen Informationen zum Kunden oder zum Inhalt der Kampagne werden in dieser Software geführt und während des Telefongespräches bedarfsgerecht angezeigt (z. B. bisherige Geschäftsvorfälle,

Supporttickets oder Frequently Asked Questions). Neu entstandene bzw. vom Agenten abgefragte Informationen werden in das System, möglichst während des Gespräches, eingepflegt (z.B. Bestelldaten, Vertragsänderungen oder Umfrage-ergebnisse). Je nach Integrationstiefe in die Prozesse des jeweiligen Auftraggebers der Call Center benötigt die Kampagnenmanagement-Software Schnittstellen zu verschiedenen anderen Systemen (z.B. Customer-Relationship-Management Software, Ticketing-Systeme, Produktdatenbanken oder Produktionsplanung).

> **Customer Relationship Management** Software bezeichnet Anwendungs-systeme zur ganzheitlichen Unterstützung von Marketing, Verkauf und Service. Sie integrieren und koordinieren alle Kundenorientierten Prozesse. Dazu gehört Dokumentation und Verwaltung von Kundenbeziehungen.[209]

Auf der anderen Seite werden Schnittstellen zur Telefonanlage (ACD, IVR, Dialer, VR) benötigt, welche meist durch ein CTI-System geführt werden.[210]

Ganzheitliche Unterstützungsleistungen können sein:[211]

- Vorschlag/Vorgabe der Gesprächsstruktur,
- Textvorschläge,
- Einwandbehandlung (Argumentationsmuster),
- FAQ-Listen und komplexe Hilfswerkzeuge.

In die Benutzerschnittstelle des Agenten integrierte Gesprächsleitfäden erlauben dem Agenten ein situatives, auf die Kundenanforderungen zugeschnittenes, Gespräch zu führen.

Es gibt Kampagnenmanagement-Software speziell für In- oder Outbound und für beide Formen kombiniert.

2.4.3.2 *Computer Telephony Integration*

Die Verbindung von Computer- und Telefonsystemen[212] wird als Computer Telephony Integration (CTI)[213] bezeichnet. Sie stellt in diesem Kontext die Steuerzentrale eines modernen Call Centers dar. Das Ziel ist die Verbesserung der Kommunikation und der damit verbundenen Prozesse. Dem Nutzer ermöglicht CTI die automatisierte synchronisierte Verwendung der Telekommunikationstechnik und

209 Vgl. Lassmann, W.: 2006, S. 466

210 Vgl. Abschnitt 2.4.3.6

211 Vgl. Rohman, J.; de Zoeten, R.: 2001, S. 406 f.

212 Vgl. Henn, H. et al.: 1999, S. 335

213 Synonym werden in der Literatur bzw. in der Branche der Call Center Begriffe wie Computer Integrated Telephony (CIT) und Computer Supported Telephony (CST) verwandt. Vgl. Böse/Flieger: 1999, S. 154

der datentechnischen Ressourcen.[214] Dabei stehen folgende Funktionalitäten im Vordergrund:[215]

- Automatisierte Zuordnung von Daten entsprechend dem jeweiligen Anrufer,
- Unterstützung von Prozessen, wie z. B. Konferenzschaltungen und Wahlhilfen und
- Steuerung der gesamten TK-Anlage und der entsprechenden Clients.

Als Technologieplattform verbindet CTI die Computer- und Telefonsysteme, wodurch auf funktionaler Ebene die Sprach- und Datendienste zusammengeführt werden. CTI steuert auf diese Weise die mit dem Dialog des Anrufers verbundenen Aufgaben, ordnet die dafür notwendigen Vorgangsdaten und stellt diese für den Dialog folgerichtig bereit. Dadurch gibt es zwischen Sprache und Daten keinen Medienbruch. Über das Kampagnenmanagement werden dem Agenten am Bildschirmarbeitsplatz alle für seinen Dialog wichtigen Daten angezeigt.[216] Daraus ergibt sich eine Vielzahl von Vorteilen:[217]

- Durch Anruferidentifikation[218] ist die persönliche und individualisierte Anrede des Anrufers möglich.
- Direkte Erfassung der Kundendaten ermöglicht die zeit- und prozessorientierte Bearbeitung nachgelagerter Geschäftsvorfälle.[219]
- Integration weiterer Dienste, wie z. B. integriertes Monitoring und Reporting oder CTI.

Der überwiegende Teil dieser Aufgaben ist mit einem reinen ACD-System[220] nicht realisierbar. Die Ausführungen verdeutlichen den Stellenwert von CTI-Systemen in modernen Call Centern.[221] Sie bilden neben der Integration von Computer und Telefon die Zusammenführung weiterer Kommunikationskanäle ab.[222] Eine offene Systemarchitektur gewährleistet die Integration heterogener Hard- und Softwaresysteme.[223]

Die Mehrheit der Unternehmen setzt in der Unternehmenskommunikation zum Kunden vermehrt auf das Internet. Die Integration des Kommunikationskanals Internet in die vorhandene Prozesslandschaft ist eine aktuelle Aufgabe der Call

214 Vgl. Mindermann, A. et al.: 1999, S. 190

215 Vgl. Lassmann, A.: 2005, S. 10 und Bauer, N.: 2002, S. 21 ff.

216 Diese Funktionalität wird als Screen-Pop-Up bezeichnet. Vgl. Bocklund, L.; Bengtson, D.: 2004, S. 162

217 Vgl. de Zoeten, R.; Rohmann, J.: 2002, S. 392 f.

218 Vgl. Thieme, S.: 1999, S. 95

219 Vgl. de Zoeten, R.; Rohmann, J.: 2002, S. 392

220 Vgl. Abschnitt 2.4.3.3

221 Vgl. Bocklund, L.; Bengtson, D.: 2004, S. 29

222 Vgl. Abschnitt 3.4

223 Vgl. Schneider, D. et al.: 2002, S. 12

Center.[224] Die Integration weiterer Kommunikationskanäle wird ebenfalls über das CTI realisiert. Werden mindestens zwei Kommunikationskanäle gleichzeitig genutzt, handelt es sich um Mehrkanal-CTI. Am Beispiel des Teleweb-Systems[225] kommen dabei die Kommunikationskanäle PSTN und Internet zum Einsatz.

2.4.3.3 *Automatic Call Distribution*

Die Kernkomponente eines Inbound Call Centers bildet das ACD-System.[226]

ACD-Systeme verteilen eingehende Anrufe auf die zur Verfügung stehenden Agenten. Dieser Vorgang wird in der Literatur auch als Anrufsteuerung, Call Handling oder Call Routing bezeichnet. Kann eine direkte Vermittlung nicht gewährleistet werden, führt die Kontaktaufnahme zu einer Warteschlange, die den Kunden darüber informiert, dass es eine Wartezeit gibt.[227] Der Vorgang der Anrufsteuerung kann im einfachen Fall nach dem First In-/First Out-Prinzip[228] ablaufen. Mit der Orientierung am Nachfrager erfolgt diese Verteilung überwiegend nach Klassifizierungsprinzipien. Gängige Möglichkeiten sind:

- VIP Routing – Kunden von höherer Wichtigkeit werden gegenüber anderen bevorzugt behandelt (beispielsweise in Warteschlange oder nach Qualifikation des zugeteilten Agenten).
- Last Agent Routing – bei Verfügbarkeit wird der Agent vermittelt, welcher den letzten Kontakt geführt hat.
- Fixed Agent Routing – bei Verfügbarkeit wird dem Kunden ein fester Ansprechpartner zugeteilt.
- Location Based Routing – bei verteilten Call Center Strukturen wird bei Verfügbarkeit der am nächsten zum Kunden wohnende Agent vermittelt.
- Skilled-Based-Routing – bei Verfügbarkeit wird der Agent mit dem zugehörig besten Wissen vermittelt.[229]

2.4.3.4 *Interactive-Voice-Response*

IVR-Systeme sind interaktive Sprachdialog-Systeme, die entweder teilweise oder vollständig die Dialoge mit dem Anrufer übernehmen. Die Steuerung erfolgt über Spracheingabe von definierten Codewörtern,[230] die Tastatur des Telefons oder durch das Herausfiltern von Schlüsselwörtern aus den gesprochenen Sätzen des Anrufers[231].

---

224 Vgl. Fajga, K.-W.: 2005, S. 42

225 Vgl. Abschnitt 3.5

226 Vgl. Mindermann, A.; Prümm, K. H.; Schubert, C.: 1999 S. 323 ff.

227 Vgl. Mindermann, A.; Prümm, K. H.; Schubert, C.: 1999, S. 322 ff.

228 First In-/First Out-Prinzip: der erste Anrufer der Warteschlange wird zuerst an einen Agenten vermittelt.

229 Vgl. Mindermann, A.; Prümm, K.H. ; Schubert, C.: 1999, S. 335

230 Das können z. B. sein: Ja, Nein, Weiter etc.

231 Vgl. Thieme, S.: 1999, S. 96

IVR-Systeme ermöglichen einfache Bestellannahmen, Konfigurationen, Identifikation und Weiterleitung des Anrufers sowie die Annahme von Anfragen außerhalb der Geschäftszeiten (z.B. Konfiguration einer Mailbox eines Mobilfunktelefons, Direct-Banking-Transaktionen, Tarif- und Fahrplanauskünfte oder Stauhotline). IVR-Systeme können darüber hinaus eine wichtige Aufgabe bei der Vorqualifizierung und Einordnung der Nachfrager übernehmen.

2.4.3.5 *Dialer*

Dialer unterstützen den Outbound-Prozess von Call Centern durch automatisierte Anwahl von Kundenrufnummern aus vorgegebenen Kontaktdaten. Wie auch ACD-Systeme werden Dialer-Anwendungen im Rahmen dieser Untersuchung als Blackbox betrachtet, mit der Aufgabe, die Auslastung der Outbound-Agenten zu verbessern.[232] Die beiden wichtigsten Anwahlverfahren sind Preview Dialing und Predictive Dialing.

Beim Preview Dialer werden dem Agenten vor der Anwahl die zugehörigen Daten des anzuwählenden Nachfragers angezeigt. Der Agent bestimmt dann wann der Anwahlversuch gestartet werden soll. Dem Agenten bleibt somit eine Vorbereitungsphase, die in komplexeren Sachverhalten wichtig sein kann. Er kann so mittels CTI aus dem Kampagnenmanagement heraus den Rückruf initiieren und der Preview-Dialer stellt die Verbindung her. In der reinen Outbound-Telefonie ist dieses Vorgehen ineffektiv.[233] Falsches Adressmaterial und ungünstig gewählte Rückrufzeiten führen hier zu einer großen Zahl von Fehlversuchen.

Der Power Dialer ist eine nur noch wenig verwendete einfache Form des automatischen Anwählens. Es werden ohne Vorausberechnung automatisch Anwahlversuche vorgenommen, was hier nicht weiter betrachtet wird.

Beim Predictive Dialer hat der Agent keine Möglichkeit, die Daten des Kunden vorher einzusehen. Der Dialer stellt selbständig die Telefonverbindungen zum Kunden her und verbindet die erfolgreichen Anwahlversuche zu einem geeigneten Agenten. Dies setzt voraus, dass eine bestimmte Agentenzahl[234] nur für die jeweilige Kampagne eingeteilt wird. Beim Predictive Dialing ist die Anzahl der Gespräche, die der Agent führen kann, deutlich höher, da die unproduktive Wartephase, die durch die Anwahl des Kunden und nicht erfolgreiche Verbindungsversuche entsteht, entfällt.

2.4.3.6 *Sprachaufzeichnung*

Sprachaufzeichnungssysteme speichern die gesprochenen Worte der Kommunikationsteilnehmer. Bei leistungsfähigen Systemen können die verschiedenen Sprachkanäle der Kommunikationsteilnehmer separat und unabhängig voneinander aufgezeichnet werden. Dies ist notwendig, da die Aufzeichnung der

---

232 Vgl. Mindermann, A.; Prümm, K.H.; Schubert, C.: 1999, S. 342

233 Vgl. Mindermann, A.; Prümm, K.H.; Schubert, C.: 1999, S. 345

234 Praktische Erfahrungen zeigen, dass je nach Hersteller mindestens fünf bis zehn Agenten an einer Kampagne arbeiten müssen, damit der Predictive Dialer effektiv arbeitet.

Zustimmung des jeweiligen Teilnehmers bedarf. Zur Qualitätssicherung wird oft nur der Agent aufgezeichnet. Seine Zustimmung wird meist im Arbeitsvertrag eingeholt. Die Aufzeichnungen können Ereignis-gesteuert gestartet und beendet werden. Die damit mögliche Einschränkung auf wichtige Gesprächsteile spart viel Speicherplatz. Weiter muss die Ablage, Zuordnung und das Wieder-Auffinden von Aufzeichnungen gewährleistet sein.

2.5 Der Collaborative Browsing Begriff (Co-Browsing)

Der Begriff „Collaborative Browsing" ist erst seit Mitte der neunziger Jahre in der wissenschaftlichen und praktischen Diskussion. Einheitliche und präzise Definitionen haben sich bis zum jetzigen Zeitpunkt noch nicht etabliert. Die Interpretation und Nutzung des Begriffs Co-Browsing ist deshalb noch uneinheitlich.

Co-Browsing setzt sich aus den englischen Worten „Collaborative" und „Browsing" zusammen. Collaborative wird durch die Vorsilbe „Co" abgekürzt. Co-Browsing wird in einigen Zusammenhängen auch als Cooperative Browsing verstanden.

Die Ziele einer Tätigkeit bestimmen, ob eine Zusammenarbeit als Kooperation[235] oder Kollaboration bezeichnet wird. In einer Kooperation, die den höchsten Interaktionsgrad besitzt, ordnen alle Beteiligten ihre individuellen Ziele dem Gruppenziel unter und übernehmen die gemeinsame Verantwortung für das Resultat. Kollaboration entsteht bei gleichen persönlichen Zielen der Gruppenmitglieder, jedoch können hier die Resultate den Personen zugeordnet werden.[236] In den meisten in dieser Arbeit betrachteten Fällen des E-Commerce entsteht die Zusammenarbeit durch eine Überdeckung der jeweiligen Ziele (Anbieter will verkaufen und Nachfrager will kaufen), weshalb der Begriff Kollaboration (engl. collaborative) eher dem Sachverhalt entspricht und hier verwendet wird.

Das Grundwort „Browsing" geht auf den Begriff „Webbrowsing" zurück und beschreibt den Vorgang, den World Wide Web Dienst des Internets zu nutzen.[237] Grundsätzlich bedeutet das, den Zugriff auf Hypertextdokumente, die über das Internet erreichbar sind.

Die Wortbildung Co-Browsing beschreibt demnach den kollaborativen Zugriff auf Hypertextdokumente. In der üblichen Verwendung des Begriffs sind die in einer Sitzung befindlichen Personen räumlich verteilt.

Weitere begriffsbestimmende Merkmale sind:

- Zusammenarbeit ist ein Vorgang,[238]
- Geografische Verteilung der Beteiligten,[239]

---

235 Vgl. Abschnitt 2.1.3.3

236 Vgl. Koch, M.: 1997, S. 19 ff.

237 Vgl. Balzert, H.: 2001, S. 981

238 Vgl. Abschnitt 2.1.3.1

- Zeitgleiche, d.h. synchrone Zusammenarbeit sowie das
- Nutzen von Hypertextdokumenten, mittels Internet.

Die einfachste in der Literatur vorhandene Umschreibung ist folgende:

> 1) **Co-Browsing** ist ein Vorgang, der das gemeinsame Surfen mehrerer im Internet verteilter Personen beschreibt.[240]

Eine mehr vorgangsorientierte Beschreibung lautet:

> 2) **Collaborative Browsing** is synchronizing browser access to the same sites. As one user browses the Web, the other users trail along automatically and link to and view the same pages from their browsers.[241]

Diese Beschreibung wurde im Techweb erweitert und auf das Anwendungsgebiet im Call Center bezogen.[242]

> 3) **Collaborative Browsing** is synchronizing browser access to the same sites. As one user browses the Web, the other users trail along automatically and link to and view the same pages from their browsers. Typically accomplished with a browser plug-in and also known as "co-browsing," one application of collaborative browsing is for call center agents to help customers navigate the company Web site.[243]

Eine detaillierte Beschreibung des technischen Ablaufs wurde im Zusammenhang mit der Patentierung von Co-Browsing wie folgt gegeben:

> 4) **Cobrowsing web sites** by two or more users is disclosed. For a cobrowsing session between a first client of a first user and a second client of a second user, the cobrowsing session is first initiated. The first user browses a web site on the first client. The first client sends to the second client a synchronization message. The synchronization message indicates one or more commands reflecting the browsing performed by the first user. The second client receives the synchronization message, and cobrowses the web site in accordance with the message and its included commands. Cobrowsing continues until the cobrowsing session is terminated. The commands of the synchronization message allow for fine granularity of cobrowsing.[244]

---

239 Vgl. Abschnitt 2.1.2

240 Vgl. u.a. Stolpmann, M.: 2001, S. 193

241 http://www.pcmag.com/encyclopedia_term/0,2542,t=cobrowsing&i=39965,00.asp gelesen 25.05.07

242 Vgl. ebenda

243 http://www.techweb.com/encyclopedia/defineterm.jhtml?term=collaborativebrowsing gelesen 13.04.2007

244 http://www.freepatentsonline.com/20050091572.html gelesen 22.12.2006

2.5.1 Definitorische Grundlagen

Die verschiedenen Beschreibungen reichen aus Sicht des Verfassers für eine Definition von Co-Browsing nicht aus. Es fehlen die Abgrenzung auf Hypertextdokumente, die geografische Verteilung und die zur sinnvollen Nutzung notwendige parallele interpersonelle Kommunikation. Die Definition 4 inkludiert außerdem eine technische Umsetzungsvariante, die den in dieser Arbeit formulierten Anforderungen hinsichtlich der niedrigen Nutzungsbarieren nicht gerecht wird.

Die definitorischen Grundlagen für den Begriff Co-Browsing ergeben sich aus den Gebieten der internetbasierten Zusammenarbeit von Menschen.

Zusammenarbeit impliziert, dass mindestens zwei Personen interagieren. Die zusammen arbeitenden Personen können auch als Gruppen bezeichnet werden. Vertiefend wurden diese Zusammenhänge in Abschnitt 2.1.3 betrachtet.

Die Kooperationsprozesse werden durch Koordinations- und Kommunikationsprozesse realisiert. Koordinationsprozesse sind nur mit entsprechender Kommunikation möglich. Damit ist die Kommunikation die Grundlage der Zusammenarbeit.

Der Prozess für das Co-Browsing benötigt parallel zum gemeinsamen Nutzen von Hypertextdokumenten auch die sprachliche Kommunikation teilnehmender Personen.

Zur Vermeidung von Konflikten bei der Zusammenarbeit sind erforderlich:

- Rollen- und Rechtekonzept und
- Die Unterstützung der Gruppenwahrnehmung.

Die synchrone Form der Zusammenarbeit ordnet den Prozess des Co-Browsing als Konferenz bzw. Sitzung ein.

Die Internettechnologie und deren Funktionalität werden nicht nur im öffentlich verfügbaren Internet, sondern auch in Netzen wie dem Intranet[245] sowie dem Extranet[246] genutzt.[247] Co-Browsing kann also auch in diesen nicht öffentlichen Netzwerken zur Zusammenarbeit eingesetzt werden.

Die heterogene Verwendung des Begriffs Co-Browsing in der Literatur sowie Schlussfolgerungen der bisherigen Untersuchungen werden in den Abschnitten 2.5.2.1 und 2.5.2.2 aus der Sicht eines Medium und einer Technologie betrachtet.

2.5.2 Erweiterte Definition des Co-Browsing-Begriffs

Die Zusammenarbeit von Personen ist der Ausgangspunkt für die Definitionsentwicklung und die damit grundlegende Eigenschaft des Co-Browsing-Prozesses. Mindestens zwei Personen sind an einer Co-Browsing-Sitzung beteiligt. Beim Co-Browsing ist die Zusammenarbeit synchronisiert und die Personen sind räumlich verteilt. Mit diesen Eigenschaften wird das Co-Browsing in das Wissenschaftsgebiet

---

245 Das Intranet ist ein unternehmensinternes Netzwerk, das auf der Internettechnologie basiert.

246 Das Extranet ist ein unternehmensübergreifendes Netzwerk, das auf der Internettechnologie basiert.

247 Vgl. Lassmann, W. et al.: 2006, S. 209 f.

der Telekonferenz eingeordnet. Eine Telekonferenz definiert sich aus synchronen Kooperationsvorgängen zwischen mindestens zwei räumlich verteilten Personen.[248]

Das Arbeitsobjekt des Co-Browsing ist eine Menge von Hypertextdokumenten. Diese Dokumente müssen aufgrund der räumlichen Verteilung für eine zeitgleiche Zusammenarbeit für alle Teilnehmer über ein Netzwerk erreichbar sein, das auf der Internet-Technologie basiert.

Die Zusammenarbeit setzt eine parallele Kommunikation zwischen den an einer Co-Browsing-Konferenz beteiligten Personen voraus. Die Kommunikation basiert dabei hauptsächlich auf der Sprache und wird wegen der räumlichen Verteilung der Teilnehmer ebenfalls elektronisch organisiert.

Definition Collaborative Browsing:

> **Co-Browsing** (Collaborative Browsing) ist eine Technologie für die Zusammenarbeit von $n \geq 2$ Personen. Es ermöglicht Konferenzformen, bei denen mehrere Personen durch gemeinsames synchrones Nutzen von Hypertextdokumenten geografisch verteilt zusammenarbeiten. Die Hypertext-dokumente sind über ein Netz, das auf der Internettechnologie basiert, erreichbar.
> Die Zusammenarbeit wird zusätzlich durch eine parallele explizite inter-personelle Kommunikation charakterisiert.

Diese Definition erweitert bzw. spezifiziert die bisher in der Wissenschaft und Praxis vorgenommenen Definitionen.

Die allgemeine Beschreibung des Co-Browsing als das gemeinsame Surfen im Internet[249] in der ersten Variante (vgl. Abschnitt 2.5) wird um die organisierte Form der Zusammenarbeit erweitert. Es werden nicht nur HTML-Dokumente, sondern alle Dokumente, die auf standardisierten Hypertext-Sprachen (beispielsweise XML und SVG) basieren, einbezogen. Bisherige Beschreibungen des Co-Browsing sind nicht auf die parallele explizite interpersonelle Kommunikation zwischen den Teilnehmern eingegangen. Die explizite interpersonelle Kommunikation muss nicht in jedem Fall sprachbasiert sein. Wesentlich ist, dass die Personen sich nicht in einem lokalen Netz befinden müssen, sondern verteilt sein können. In den meisten Anwendungsfällen ist die parallele Kommunikation sprachbasiert.

Zusätzlich mögliche Funktionalitäten zur weiteren Unterstützung von Kooperation, Koordination und Kommunikation[250] werden von **Holmer**, **Haake** und **Streitz**[251] definiert.

Aufbauend auf der Definition des Co-Browsing wird ein Anwendungssystem, welches den Co-Browsing-Prozess technisch unterstützt, als Co-Browsing-System bezeichnet.[252]

---

248 Vgl. Ott, J.: 1995, S. 18 f.

249 Vgl. Stolpmann, M.: 2001, S. 193

250 Vgl. Böttcher, M.: 2004, S. 9 ff.

251 Vgl. Holmer, T.; Haake, J.; Streitz, N.: 2001, S. 180 ff.

2.5.2.1 *Co-Browsing als Medium*

Ein Medium wird als ein Mittel zur Verbreitung, Übermittlung und Darstellung von Informationen verstanden.[253] Co-Browsing transportiert Informationen in Form von Nachrichten und ist somit eine Form der mediengestützten Kommunikation. Die bisherigen Darstellungen legen für die Funktionsweise des Co-Browsing das Vorhandensein und die Funktionsweise eines Kommunikationskanals bzw. des Mediums Internet zugrunde. Damit setzt Co-Browsing auf ein Medium auf bzw. erweitert dieses. Die damit geschaffene explizite wie auch implizite Kommunikation wird durch die semantischen und syntaktischen Möglichkeiten des Mediums beschrieben, was den Anwendungsbereich der Zusammenarbeit eingrenzt.[254] Die organisatorischen Komponenten umfassen die aufeinander abgestimmten Rollen in Form des Rollenkonzepts und die Prozesse zum Informationstransfer. Der Begriff Co-Browsing kann somit nicht nur als Erweiterung eines Mediums, sondern auch als eigenständiges Medium verstanden werden.

2.5.2.2 *Co-Browsing als Technologie*

Eine Technologie ist die „Gesamtheit der zur Gewinnung oder Bearbeitung von Stoffen nötigen Prozesse oder Arbeitsgänge".[255]

Die Stoffe sind hier sinngemäß die bearbeiteten Informationen. Der Prozess des Co-Browsing wird durch technische Mittel realisiert. Co-Browsing umfasst sämtliche notwendigen Prozesse und Arbeitsgänge zum Erkennen von Zustandsänderungen und Ereignissen sowie deren entsprechende unmittelbare Synchronisierung zwischen den Benutzersystemen. Es führt die zur Bearbeitung und Verteilung der Informationen notwendigen Prozesse aus und kann so auch als Technologie bezeichnet werden.[256] In der folgenden Betrachtung ist Co-Browsing ein eigenständiger Begriff für eine Kommunikationstechnologie.

Eine vergleichbare Einordnung wird von **Holmer**, **Haake** und **Streitz**[257] vorgenommen. Sie ordnen Co-Browsing den „kollaborationsorientierten synchronen Werkzeugen" zu und definieren Co-Browsing im Kontext als das „gemeinsame Betrachten von WWW-Seiten".[258] Dabei greift die Reduzierung von **Holmer**, **Haake** und **Streitz** auf das gemeinsame Betrachten von Webseiten zu kurz.[259]

---

252 Vgl. Winkler, T.: 2004, S. 9 ff.

253 Vgl. Steinmetz, R.: 2000, S. 7

254 Vgl. Schmid, B. F.: 2002, S. 214 f.

255 Vgl. Duden: 2003, S. 1568

256 Vgl. Winkler, T.: 2004, Abschnitt 2.1.3

257 Vgl. Holmer, T.; Haake, J.; Streitz, N.: 2001, S. 180 ff.

258 Vgl. ebenda, S. 180 ff.

259 Vgl. Co-Browsing Definition in Abschnitt 2.5.2

2.5.3 *Einordnung des Co-Browsing*

Der Begriff des Co-Browsing wird in diesem Abschnitt in einen wissenschaftlichen Kontext eingeordnet. Aus den definitorischen Merkmalen heraus beschreibt Co-Browsing einen technologiegestützten Prozess der Zusammenarbeit und lässt sich in das interdisziplinäre Forschungsgebiet „Computer Supported Cooperative Work (CSCW)“ einordnen.[260] In der Literatur finden sich verschiedenste Definitionsansätze für das seit Mitte der 80er Jahre etablierte Forschungsgebiet CSCW.

Im Gebiet CSCW wird untersucht, „wie Individuen in Arbeitsgruppen oder Teams zusammenarbeiten und wie sie durch Informations- und Kommunikationstechnologien unterstützt werden...“.[261]

CSCW ist ein interdisziplinäres Forschungsgebiet der Verhaltenswissenschaften, der Informatik, der Wirtschaftsinformatik, der Betriebswirtschaft und weiterer Disziplinen.[262] Die Beurteilung der durch das Forschungsgebiet geschaffenen Möglichkeiten erfolgt dabei unter Berücksichtigung organisatorischer, psychologischer, technologischer und ökonomischer Aspekte.[263]

Die Telekooperation als Teilgebiet der CSCW-Forschung beschäftigt sich mit der Zusammenarbeit von räumlich verteilten Personen. **Krcmar**[264] beschreibt die Telekooperation als „elektronisch gestützte standortübergreifende Zusammenarbeit zwischen Personen ..., die sowohl synchrone als auch asynchrone Kooperationsprozesse umfassen“. Diese Kooperationsform bezieht sich auf das Gesamtspektrum mediengestützter arbeitsteiliger Leistungserstellung. Auf Basis der begriffsbestimmenden Merkmale kann das Co-Browsing in das Gebiet der Telekooperation eingeordnet werden.

Mit dem synchronen Charakter der Kooperation ist eine weitere Eingrenzung innerhalb der Telekooperation möglich. Der Co-Browsing-Prozess wurde als Konferenz bezeichnet. Aufgrund der räumlichen Verteilung der Teilnehmer, stellt dieser Prozess eine Form der Telekonferenz dar und soll im Weiteren so verstanden werden.[265]

2.6 Zusammenfassung der Analyse

Die Fokussierung des Anbieters auf Servicestrukturen als Qualitätsdimension im Rahmen des Dienstleistungsprozesses hat ein hohes Innovationspotenzial.[266] Die Dienstleistungsqualität ist das Fundament der Nachfragerorientierung.[267] Damit kann

---

260 Vgl. Abschnitt 2.1

261 Vgl. Teufel, S. et al.: 1995, S. 17

262 Vgl. Teufel, S. et al.: 1995, S. 16

263 Vgl. Teufel, S. et al.: 1995, S. 37

264 Vgl. Krcmar, H.; Schwarzer, B.; Zerbe, S.: 1995, S. 3, zitiert nach Finger, R.: 1999, S. 5

265 Vgl. Steinmetz, R.: 2000, S. 539

266 Vgl. Abschnitt 2.3.1

267 Vgl. Abschnitt 2.2

der Anbieter den interessierten Nachfrager über sein erwartetes Maß hinaus begeistern, sich vom Wettbewerb positiv abheben und den Kunden langfristig binden.

Aufgrund der Aussagen über die Eigenschaften und Möglichkeiten des Co-Browsing wurde in Abschnitt 2.2 geschlussfolgert, dass mit Co-Browsing ein innovativer Kundendialog generiert werden kann. Die aufgezeigten Mängel in der aktuellen Kunden-Lieferanten-Kommunikation verstärken diesen Integrationsansatz. Das heißt, dass mit der Integration von Co-Browsing eine neuartige Service- bzw. Supportleistung aufgebaut werden kann, welche die Kundenbindung erhöht.

Die Eigenschaften, Merkmale und Bestandteile der aktuellen Kunden-Lieferanten-Kommunikation wurden in diesem Kapitel dargestellt und untersucht. Mit den Ergebnissen der Untersuchung zum Co-Browsing lassen sich Eigenschaften, Merkmale und Abläufe für das zu entwickelnde Prozessmodell für Mehrkanal-Support ableiten. Ziel ist es, einen Co-Browsing-Prozess im Kapitel drei zu modellieren, zu optimieren und diesen schließlich im Kapitel vier informationstechnisch zu realisieren (s. Abbildung 19).

3 Co-Browsing und Teleweb für internetbasierte Service- und Supportprozesse

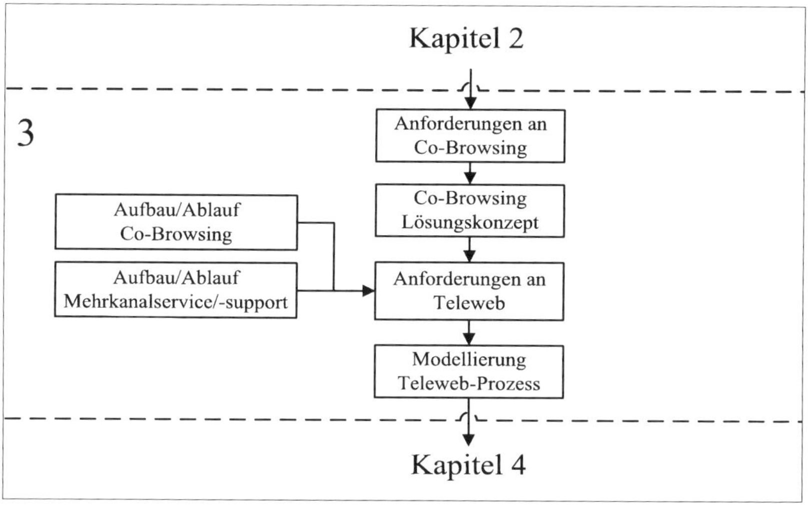

Abbildung 19: Aufbau von Kapitel 3

3.1 Anforderungen an das Co-Browsing

Die in diesem Abschnitt dargestellten Anforderungen an das Co-Browsing leiten sich aus den in Kapitel 2 beschriebenen Eigenschaften des allgemeinen Kaufprozesses und den Anforderungen der verteilten Zusammenarbeit, speziell bei Service und Support ab.

Nach der Identifikation der Einflussfaktoren der Kundenanforderungen im Abschnitt 3.1.1 wird die Notwendigkeit der Unterstützung der Kommunikation, Koordination, Kooperation und der Gruppenwahrnehmung in Abschnitt 2.1.3 hergeleitet.

Der Anbieter von Dienstleistungen stellt eine bestimmte Dienstleistungsqualität zur Verfügung und kann über diese zusätzlichen Sekundärleistungen Alleinstellungsmerkmale gegenüber Mitbewerbern generieren oder verlieren. Die Dienstleistungsqualität definiert sich über Service- und Supportprozesse als eine Qualitätsdimension des Dienstleistungsprozesses. Wie die bisherigen Ausführungen verdeutlichen, ist es für die Anbieter sinnvoll, die Service- und Supportstrukturen des EC als Qualitätsdimension im Rahmen des Dienstleistungsprozesses zu betrachten. Damit soll in Summe die Wertschöpfung des Unternehmens erhöht werden.

> Als **Wertschöpfung** wird hier der Mehrwert, den ein Unternehmen erarbeitet, verstanden.

Einen Schwerpunkt dieser Serviceprozesse bildet der wechselseitige dialogorientierte Kommunikationsprozess zwischen Anbieter und Nachfrager. Ziel ist ein gemeinsam getragenes Kommunikationsergebnis und folgende Verbesserungen:

- Ausgleichen fehlender sozialer Präsenz,
- Dem Informationsparadoxon[268] entgegenwirken und
- Das Erreichen einer Vertrauensbasis zwischen Anbieter und Nachfrager.

3.1.1 Identifikation der Einflussfaktoren der Kundenanforderungen

Das angestrebte Vertrauen des Kunden und seine Verbundenheit zum Anbieter kann nur erreicht werden, wenn die Anforderungen des Kunden erfüllt bzw. möglichst übertroffen werden. Die Bestimmung dieser Anforderungen, die ein Kunde beim Dialog mit der Unternehmung besitzt, ist für die Bewertung der benutzten Technologien wichtig. Trotz Globalisierung und wachsender Märkte gewinnt der einzelne Kunde mit seinen individuellen Wünschen zunehmend an Bedeutung.[269] Daher gehen heute die Erwartungen der Kunden über reine Produktfunktionalität hinaus und fordern ein individuelles Konsumerlebnis und umfassende Serviceleistungen.[270] Zudem sollte ein Anbieter für alle Kunden permanent und kostengünstig erreichbar sein, um eventuelle Hemmnisse der Kontaktaufnahme abzubauen.[271] Dabei stellt eine medienübergreifende Erreichbarkeit einen weiteren Erfolgsfaktor des Beziehungsmanagements dar.[272] Die direkte Kommunikation in Echtzeit ohne Medienwechsel bedeutet mehr Service und erhöht damit die Kundenbindung. Dabei ist die Bequemlichkeit des Kunden zu beachten, die so genannte „convenience", beispielsweise der Unwillen zur doppelten Dateneingabe. Es ist demzufolge wichtig für einen qualitativ hochwertigen Kundendialog, dass dieser ohne Medienbruch abläuft.[273] Schließlich reduziert dieses Vorgehen die Wahrscheinlichkeit von Fehlerquellen.

Durch die schnelle Kommunikation, die das Internet ermöglicht, erwarten Nachfrager, dass ihre Anfragen in kürzester Zeit beantwortet werden bzw. eine Rückmeldung erfolgt.[274] Die Schnelligkeit des Dialoges bestimmt dabei zusätzlich die Zufriedenheit des Kunden und damit dessen Loyalitätsbereitschaft.[275] Dies bezieht sich sowohl auf die Dialogeröffnung als auch auf dessen Abwicklung.[276] Die Servicegeschwindigkeit kann durch aktive Einbeziehung des Kunden in den

---

268 Vgl. Abschnitt 3.6

269 Vgl. Lassmann, W.: 2006, S. 513

270 Vgl. Schumacher, J.; Meyer, M.: 2004, S. 13

271 Vgl. Peter, S. I.: 1999, S. 248

272 Vgl. Schumacher, J.; Meyer, M.: 2004, S. 73

273 Vgl. Link, J.; Gerth, N.: 2000, S. 373

274 Vgl. Esch, F.-R.; Hardimann, M.; Kiss, G.: 2002, S. 241

275 Vgl. Link, J.; Gerth, N.: 2000, S. 375

276 Vgl. ebenda, S. 361

entsprechenden Prozess positiv beeinflusst werden.[277] Durch die Integration des Kunden in Communities können sowohl auf Anbieter- als auch auf Nachfragerseite zusätzliche Vorteile in informeller, zeitlicher und finanzieller Hinsicht erreicht werden. Zudem ist es beim Vertragsabschluss über das Web eine wichtige Maßnahme zur Vertrauensbildung auf Kundenseite, jeden Schritt im Prozess nachvollziehbar zu gestalten. Die Verständlichkeit der Vertragsbedingungen und Einfachheit der Dialogführung sind daher Pflichtforderungen für die Kundenbindung.[278]

Aus dem aufgezeigten Fehlen der emotionalen und sozialen Faktoren einer persönlichen Beziehung im Internet[279] lässt sich ableiten, dass Individualisierung eine große Rolle für den modernen Kunden spielt. Der Kunde erwartet Zuwendung seitens des Unternehmens, 67 Prozent der Kunden wechseln das Unternehmen, wenn sie nicht betreut werden[280] und 68 Prozent der bereits verlorenen Kunden geben als Grund für ihre Abwanderung die Gleichgültigkeit eines Mitarbeiters an.[281] Außerdem möchte der Kunde als Individuum und nicht als „anonyme Kundennummer" behandelt werden.[282] Personalisierungs- und Individualisierungsmaßnahmen gewinnen daher als Kundenanforderung an Bedeutung.

Die Beschaffenheit der Inhalte ist ebenfalls von großer Bedeutung. Der Kunde sucht keine Produkte, sondern Lösungen. Die Inhalte sind es, die für ihn eine Differenzierung und Identifikation der Anbieter ermöglichen. Dabei kommt es auf die Qualität der Informationsinhalte und auch wesentlich auf deren Präsentation an.[283] Die Qualität der übermittelten Informationen und die Kontaktintensität sind hier vom gewählten Kanal abhängig. Weitere Qualitätskriterien der Kundenbedürfnisse sind der gebotene Zusatznutzen und eine innovative Differenzierung.[284] Dabei sollte die eingesetzte Technologie einem breiten Nutzerkreis zur Verfügung stehen.[285]

---

277 Vgl. Röhricht, J.; Schlögel, C.: 2001, S. 63

278 Vgl. Link, J.; Gerth, N.: 2000, S. 361

279 Vgl. Abschnitt 2.2.1

280 Vgl. Steimer, F. L.: 2000, S. 170

281 Vgl. Bauer, D.: 2000, S. 138

282 Vgl. Röhricht, J.; Schlögel, C.: 2001, S. 63

283 Vgl. Link, J.; Gerth, N.: 2000, S. 361

284 Vgl. Röhricht, J.; Schlögel, C.: 2001, S. 63

285 Vgl. Lassmann, W.: 2006, S. 513

Zusammenfassend ergeben sich folgende Kundenanforderungen an die Interaktion mit dem Unternehmen:

1. Bequemlichkeit, kein Medienbruch oder Doppeleingabe
2. Flexibilität
3. Individualität, Personalisierung
4. Integration in eine Gemeinschaft
5. Interaktivität
6. Kostengünstige Erreichbarkeit
7. Kurze Reaktionszeiten
8. Menschliche Nähe, bekannter Ansprechpartner
9. Prägnanz, Überzeugungskraft
10. Qualität der Informationsübermittlung
11. Rechtsgültigkeit
12. Schneller Dialog
13. Sicherheit
14. Ständige Erreichbarkeit
15. Verbreitung
16. Verständlichkeit, Einfachheit

Tabelle 7: Einflussfaktoren auf die Kundenbindung
Quelle: eigene Aufstellung

3.1.2 Kommunikationsunterstützung

Der Einsatz von Co-Browsing wird benötigt, wenn es aufgrund der geografischen Verteilung für die Kommunikationspartner nicht wirtschaftlich ist, einen gemeinsamen Ort aufzusuchen. Vor diesem Hintergrund werden im Folgenden Kommunikationstechnologien betrachtet, die im Zusammenhang mit dem Co-Browsing-Prozess benutzt werden.

Das Ziel eines Co-Browsing-Systems ist es, die Zusammenarbeit von räumlich verteilten Personen zu unterstützen. Dafür muss eine entsprechende Benutzerschnittstelle geschaffen werden, die diesen Prozess sowie die damit verbundene Interaktion und Kommunikation abbildet.[286]

In den Überlegungen von Abschnitt 2.1.3.1 ist festgestellt worden, dass es notwendig ist, neben dem Co-Browsing einen parallelen Kommunikationskanal aufzubauen. Dabei muss die parallele Kommunikation laut Definition des Co-Browsings[287] nicht zwingend natürlich sprachlich sein.

Wenn Informationen über ein Medium übertragen werden, gibt es stets Informationsverlust, der zur Fehlinterpretation führen kann. Die Größe des Informationsverlustes ist abhängig vom eingesetzten Medium mit seinen jeweiligen

---

286 Vgl. Nebe, R.: 2002, S. 74

287 Vgl. Abschnitt 2.5.2

Ausprägungen. Damit hängt der Erfolg einer Kommunikation wesentlich von der Unterstützung und der Wahl der Kommunikationsmedien ab. Ergebnisse aus der Kommunikationsforschung zur optimalen Medienwahl und Medienbewertung, wie der Media Richness Theorie,[288] sind wertvolle Richtungsweiser. Diese werden in den weiteren Untersuchungen berücksichtigt.

Für die sprachliche Kommunikation können folgende auditive und audiovisuelle Unterstützungsformen eingesetzt werden:

- Text Chat,
- Audio- bzw. Telefonkonferenz und
- Videokonferenz.[289]

Diese Medientypen sind allgemeine Grundkonzepte von Standardtechnik-Plattformen, die definierte Dienste bereitstellen und in den Kontext des Co-Browsing-Prozesses integriert werden müssen. Bei der Betrachtung der Co-Browsing-Integration sind nachfolgend beschriebene Werkzeuge zu berücksichtigen.

3.1.2.1 *Text Chat*

Der online durchgeführte Text Chat ermöglicht die textbasierte Echtzeitkommunikation zwischen Personen auf einfache und effektive Weise mit sehr geringen technischen Anforderungen. Er basiert auf standardisierten Protokollen des Internets und ist damit technisch in jedem Co-Browsing-Prozess realisierbar. Vorteile entstehen vor allem in der Kommunikation von großen Gruppen durch die gute Nachvollziehbarkeit und Protokollierbarkeit.[290] Wesentliche Nachteile sind der von nicht jedem Nutzer akzeptierte Aufwand des Eingebens und die fehlende Übertragung von Gefühlen und Stimmungen.

Dennoch ist der Text Chat ein wichtiger Kommunikationskanal, der in einem Co-Browsing-System berücksichtigt werden muss.

3.1.2.2 *Telepointer*

Es wurde untersucht, dass bei einer „face-to-face"-Zusammenarbeit, 35 Prozent der Kommunikationstätigkeiten nicht-sprachliche Kommunikationsbestandteile wie Mimik und Gestik sind.[291]

Der Telepointer bietet die Möglichkeit, gegenseitig auf relevante Punkte im Arbeitsobjekt hin zu weisen. Handzeichen einer „face-to-face"-Kommunikation können damit in Teilen ersetzt werden. Durch das Zeigen auf relevante Bereiche des Arbeitsobjektes kann ein direkter sprachlicher Bezug zu diesen Bereichen vorgenommen werden, wodurch Handzeichen und Gestik teilweise ersetzt werden können. Dadurch hat der Telepointer eine wichtige Bedeutung für den Einsatz im Co-Browsing.

---

288 Vgl. Daft, R. L.; Lengel, R. H.; Robert, H.: 1986, S. 554-571 und Rice, R.; Shook, D.: 1990, S. 195-229

289 Vgl. Munkvold, B.: 2003, S. 11 ff.

290 Vgl. Kaiser, S.: 2001, S. 160

291 Vgl. Tang, J. C.: 1991, Studie Kommunikationsbestandteile

3.1.2.3 *Videoübertragung*

Die Videokonferenz ermöglicht den Sitzungsteilnehmern sowohl visuelle als auch auditive Kommunikation. Mimik und Gestik können genutzt werden. Sie unterstützen die Authentizität. Die „face-to-face"-Kommunikation kann trotzdem nicht ersetzt werden.[292]

Die praktische Umsetzung kann über PC-basierte Videosysteme[293] erfolgen. Dabei müssen die entsprechenden Hard- und Software-Anforderungen bei allen Sitzungsteilnehmern vorhanden sein. Da diese Systeme proprietär sind, wird der mögliche Teilnehmerkreis stark eingeschränkt. Dazu kommt, dass die notwendigen Bandbreiten für die Übertragung erhöhte Kosten verursachen. Deshalb ist die Nutzung von Videokonferenzen derzeit nur in wenigen Fällen einsetzbar.

Die Medienwahl für die sprachliche Kommunikation ist stark vom individuellen Einsatzbereich des Co-Browsing und der dabei gegebenen Infrastruktur abhängig. Im betrachteten Einsatzfeld des EC, mit vielen vorher nicht bekannten Teilnehmern und der Anforderung minimaler Nutzungsbarrieren, spielt die visuelle Kommunikation per Videokonferenz durch die hohen Ressourcenanforderungen nur eine untergeordnete Rolle. Sie wird in der Folge nicht weiter betrachtet.

3.1.2.4 *Audioübertragung*

Die Übertragung von auditiven Signalen sprachlicher Kommunikation eignet sich besonders bei kleinen Gesprächsgruppen. Vorteile dabei liegen in der hohen Media Richness und der flächendeckenden Verbreitung der benötigten Ressourcen.[294] Die Telefonkonferenz ist eine weit verbreitete Technologie. Ihre Verwendung ist eindeutig geregelt und hinreichend bekannt. Vor allem bei der Zusammenarbeit von zwei Personen (Point-to-Point)[295] stellt die Kommunikation per Telefon normalerweise die beste Lösung dar. Auch die Multipoint-Zusammenarbeit, d. h. mit mehr als zwei Personen,[296] lässt sich mittels einer Telefonkonferenz realisieren.[297]

Für den Einsatz von parallel zum Co-Browsing geführten Telefonkonferenzen bestehen zusätzliche infrastrukturelle Anforderungen durch das parallele Nutzen von Telefon- und Datenverbindung. Mit der zunehmenden Verbreitung von Voice-over-IP-Telefonie und breiteren Zugängen zum Internet wird diese Anforderung den Kreis für mögliche Sitzungsteilnehmer erweitern.[298] Voice-Over-IP wird auf Basis der

---

292 Vgl. Nebe, R.: 2002, S. 128

293 Systeme mit dedizierter Hardware sind mit dem Co-Browsing-Prozess nicht vereinbar, da diese nicht zur Standardausrüstung der Kunden gehören.

294 Vgl. Nebe, R.: 2002, S. 107

295 Vgl. Marwyk van, K.: 1999, S. 23

296 Vgl. ebenda

297 Vgl. Nebe, R.: 2002, S. 124

298 15,5 Prozent der Bürger der OECD-Mitgliedsstaaten verfügen bereits über einen Breitbandanschluss bei einem Wachstum zum Vorjahr um 33 Prozent, vgl. OECD Broadband Statistics: 13. June 2006, www.oecd.org

Internettechnologie realisiert. Im Vergleich zum Telefon bietet sich der Vorteil, dass der sprachliche Austausch auf dem für die implizite Kommunikation genutzten Kanal gleichzeitig realisiert wird.

Empirische Studien belegen, dass der Gesprächsverlauf in einer Telefonkonferenz mit vielen Teilnehmern schlecht zu steuern ist, was die Kommunikation beeinträchtigt.[299] In einem solchen Anwendungsszenario ist eventuell die textbasierte Kommunikation die bessere Alternative. Unabhängig von dieser Einschränkung ist die Telefonie in den Co-Browsing-Prozess zu integrieren.

3.1.3 Koordinationsunterstützung

Bei der zeitgleichen Zusammenarbeit ist die Koordination von Aktivitäten an gemeinsamen Objekten sehr wichtig. Der synchrone Zugriff mehrerer Personen auf ein gemeinsames Arbeitsobjekt muss kontrolliert und koordiniert werden. Mittels eines Rollen- und Rechtekonzeptes ist eine differenzierte Gestaltung der Zugriffsrechte möglich. Dabei wird festgelegt, welcher Sitzungsteilnehmer unter welchen Umständen welche Tätigkeiten ausführen darf.[300]

Es gibt statische und temporäre Rollen. Unveränderbare statische Rollen werden über den gesamten Kooperationsprozess von einem Teilnehmer eingenommen. Temporäre Rollen können in der Ausprägung oder in der Besetzung der Person wechseln.

Es ist ein Modul in der Co-Browsing-Anwendung notwendig, um die benötigten Rollen abzubilden. Neben einer stets notwendigen Administrator-Rolle sind mindestens zwei weitere Rollen zu unterscheiden:

- Die Teilnehmerrolle und
- Die Moderatorrolle (der Moderator hat mehr Rechte als ein Teilnehmer).

Für die Einführung solcher Rollen sprechen die folgenden Gründe:[301]

- Schnellere Ergebnisfindung durch erweiterte Möglichkeiten des Moderators[302],
- Lösen von Rollenkonflikten,
- Beseitigung von Missverständnissen und verdeckten Erwartungen und
- Berücksichtigung aller Teilnehmer in einer größeren Sitzung.

Der Moderator kann den Prozess der Zusammenarbeit gestalten, indem er Rechte vergeben oder Rechte nehmen kann und auf aufgabenbezogene, gruppenbezogene sowie personenbezogene Funktionen zurückgreift. Folgender Aufgaben bedarf das Sitzungsmanagement nach **Greenberg** und **Roseman**:[303]

---

299 Vgl. Nebe, R.: 2002, S. 124

300 Vgl. Haake, J.; Holmer, T.; Streitz, N.: 2001, S. 184

301 Vgl. Schenk, B.; Schwabe G.: 2001, S. 66

302 Den Moderatoren können z. B. extra Links für eine direkte Navigation oder „shortcuts" im Browser angezeigt werden.

303 Vgl. Greenberg, S.; Roseman, M.: Groupware: 1996, S. 24 ff.

- Starten und Beenden von Sitzungen,
- Authentifizierung von Teilnehmern und das Verwalten des Rollen- und Rechtekonzeptes,
- Anzeigen und Verwalten der Sitzungsteilnehmer,
- Dynamisches An- und Abmelden von Teilnehmern,
- Dynamische Gestaltung der Teilnehmerzahl sowie
- Blocken von ungewollten Teilnehmern.

Funktionale Anforderung	***Beschreibung***
Konfliktmanagement	Der Moderator einer Sitzung übernimmt die Koordination und Konfliktbehebung. Er muss über gesonderte Rechte zum Zugriff auf Funktionalitäten wie Rechtevergabe verfügen. Die Relevanz dieser Funktionen steigt mit der Teilnehmerzahl aufgrund des implizit steigenden Konfliktpotenzials an.
„relaxed“ – WYSIWIS	Das Aufweichen des WYSIWIS-Prinzips ermöglicht Funktionalitäten zur Bewältigung von Konflikten. Beispiele sind Funktionen wie das Aussetzen der Synchronisation von einzelnen Hypertextdokumenten oder der Scrollfunktion des Webbrowsers.[304]
Rechte- und Rollenkonzept	Ein Rechte- und Rollenkonzept bildet die Grundlage zur Konfliktbehebung. Abgeleitet aus der Aufbauorganisation, müssen sich differenzierende Organisationseinheiten in der räumlich verteilten Zusammenarbeit widerspiegeln. Grundsätzlich ist die Rolle eines Moderators für die Konfliktbehebung zu berücksichtigen.
Dynamische Benutzerrechte	Die Relevanz steigt in Abhängigkeit der Teilnehmeranzahl.

Tabelle 8: Anforderungen zur Koordination und Konfliktbehebung
Quelle: eigene Aufstellung

Die Realisierung einer Co-Browsing-Sitzung erfolgt über ein Sitzungsmanagement.[305] Das wird entweder von einer Schnittstelle zu einer anderen angewendet, welche das Sitzungsmanagement führt oder durch ein in das Co-Browsing-System integriertes Sitzungsmanagement organisiert.

---

304 Vgl. Abschnitt 3.1.4

305 Vgl. Greenberg, S.; Roseman, M.: Groupware: 1996, S. 24 ff.

In der Tabelle 8 sind die funktionalen Anforderungen der Koordination und Konfliktvermeidung bei der Zusammenarbeit zusammengestellt und kurz beschrieben.

3.1.4 Kooperationsunterstützung

Die Kooperationsunterstützung ist die Kernkomponente des Co-Browsing. In diesem Abschnitt werden die Unterstützungsanforderungen der Kooperation an das Co-Browsing untersucht. Wie bereits definiert,[306] basiert die Zusammenarbeit auf einer Menge von synchronisiert genutzten Hypertextdokumenten. Neben der Bereitstellung von Information wird über diese Hypertextdokumente auch die Benutzerschnittstelle des internetbasierten Anwendungssystems umgesetzt. Gleichzeitig wird das Nutzen der verbundenen Funktionalitäten ermöglicht. Das Co-Browsing-System muss bestehende Standards bei der Synchronisation des gemeinsamen Arbeitsobjektes unterstützen, wie z. B. den W3C-Standard. Das WYSIWIS-Prinzip („What you see is what I see") der meisten Internetanwendungen muss auch für das synchrone Nutzen der Hypertextdokumente umgesetzt werden. Es ist eine wichtige Anforderung, die durch das Co-Browsing-System bereitzustellen ist.

Ein Webbrowser für das autonome Nutzen von Hypertextdokumenten wird mit gegenwärtigen Betriebssystemen standardmäßig ausgeliefert. Neue Versionen sind für alle Plattformen kostenfrei verfügbar. Damit können Web-Anwendungen plattformunabhängig genutzt werden. Diese Unabhängigkeit muss in der synchronen Zusammenarbeit verfügbar sein. Um das Kriterium der niedrigen Eintrittsbarrieren zu erfüllen, muss die Synchronisation, mit den durch die von den Standard-Webbrowsern bereitgestellten Funktionalitäten, kompatibel sein. Damit entsprechen die Zugangsvoraussetzungen für das gemeinsame und autonome Nutzen des Arbeitsobjektes der originären Web-Anwendung denen des Co-Browsing.

Neben der Bereitstellung der Information und anwendungsspezifischen Funktionen bietet der Browser Navigationsfunktionen, die das Nutzen der Hypertextdokumente ermöglichen. Wenn die Dokumentenseiten der Anwendung größer sind als der Platz auf dem Anzeigemedium (Display oder Monitor), werden Bildlaufleisten (engl. „scrollbars") genutzt. Damit alle Sitzungsteilnehmer zeitgleich dieselbe Ansicht des Dokuments erhalten, muss die Position der Scrollbars ebenfalls synchronisiert werden. Die Größe des Webbrowsers kann unterschiedlich sein. Deshalb muss diese bei allen Sitzungsteilnehmern nivelliert werden, um eine identische Darstellung zu garantieren.

Im Webbrowser können Abschnitte im dargestellten Text durch Hervorhebung bzw. Markierung gekennzeichnet werden. Die Synchronisation dieser Funktion zeigt den Nutzern den aktuellen Bereich der Zusammenarbeit an. Damit ist die Nutzung des Telepointers nicht so oft erforderlich.

In Hypertextdokumenten können die Benutzer über Formulare und den darin enthaltenen Objekten, wie beispielsweise Textfelder, Checkboxen oder Buttons die verschiedenen Funktionen ausführen. Mit dem Ziel, Handlungen gegenseitig beeinflussen zu können, muss die Darstellung von Aktionen zeitgleich erfolgen. Das heißt,

306 Vgl. Abschnitt 2.5.2

Veränderungen in den Formularobjekten müssen ebenfalls synchronisiert werden. Für diese Funktion hat sich in der Literatur der Begriff des Shared Form Filling durchgesetzt. In der Tabelle 9 sind die funktionalen Anforderungen der Synchronisation des gemeinsamen Arbeitsobjektes zusammengestellt und kurz beschrieben.

Funktionale Anforderung	***Beschreibung***
Synchronisation von Hypertextdokumenten gemäß der W3C-Standards	Die wichtigste Funktionalität des Co-Browsing ist das gemeinsame Nutzen von Hypertextdokumenten. Deshalb besitzt die Umsetzung dieser Anforderung höchste Priorität. Dabei werden die durch das W3C standardisierten Beschreibungs-sprachen für Hypertextdokumente (u. a. HTML, XHTML, XML) berücksichtigt.
Shared Form Filling	Shared Form Filling beschreibt die Synchronisation von Eingaben und Interaktionen innerhalb von Formularen. Damit wird die Zusammenarbeit in Webanwendungen möglich, die nicht nur informieren, weshalb diese Anforderung eine hohe Relevanz hat.
Synchronisation der Bildlaufleisten (Scrollen)	Die Synchronisation des dargestellten Inhaltsabschnitts führt bei allen beteiligten Personen zur einheitlichen Positionierung und Darstellung des Arbeitsobjektes.
Synchronisation der Fenstergröße	Vergleichbar mit dem Scrollen ist die Größe des Webbrowser-Fensters mitver-antwortlich für die einheitliche Dar-stellung des Ausschnittes eines Hypertext-dokuments.
Synchronisation von Textmarkierungen	Textmarkierungen heben Abschnitte eines Hypertextdokuments visuell hervor. Die Synchronisation der Browserfunktionalität zeigt das aktuelle Arbeitsobjekt an und verbessert die Zusammenarbeit.

Tabelle 9: Anforderungen der Kooperationsunterstützung
Quelle: eigene Aufstellung

Um Konflikten vorzubeugen und Missbrauch zu verhindern, müssen die möglichen Interaktionen im Rahmen einer Co-Browsing-Sitzung geregelt werden. Dazu wird das Rollen- und Rechtekonzept genutzt. Die Darstellung sensibler Daten auf allen Seiten, Doppeleingaben oder die Ausführung bestimmter Funktionen können damit verhindert werden. Zur Erreichung dieses Ziels muss die vollständige Synchronisierung für einzelne Sitzungsteilnehmer bewusst aufgehoben und das

WYSIWIS-Prinzip aufgeweicht werden.[307] Das Nutzen von Formularen, wie etwa deren Ausfüllen oder Abschicken, muss generell einer Berechtigungsprüfung unterliegen. Für die Vergabe von diesen Rechten und das Steuern der Interaktionen ist der Moderator verantwortlich.

3.1.5 Gruppenwahrnehmungsunterstützung

Die Gruppenwahrnehmung entsteht aus der Information über Interaktionen der anderen Sitzungsteilnehmer und wird hauptsächlich über die Benutzerschnittstelle unterstützt. Daraus folgt, dass Tätigkeiten an dem gemeinsamen Arbeitsobjekt eindeutig den durchführenden Sitzungsteilnehmern zuzuordnen sein müssen. Einträge in Formulare, das Benutzen der Scrollbars oder des Telepointers können so gekennzeichnet werden, dass sie verursachungsgerecht zuordenbar sind. Eine Möglichkeit besteht in dem Kennzeichnen mit unterschiedlichen Farben für getätigte Einträge in die Formulare. Eine konkrete Umsetzung sollte im jeweiligen Anwendungsfall vorher durchdacht werden.

Da nicht vorausgesetzt werden kann, dass alle Sitzungsteilnehmer die gleichen Zugangsbedingungen haben, kommt es vor, dass sich die Hypertextdokumente verschieden schnell aufbauen bzw. laden lassen. Es ist wichtig, die Sitzungsteilnehmer über diese Abweichungen in der Synchronisation zu informieren. Mit einer Anzeige über den Synchronisationsstatus, z. B. mit einem Ladebalken, können alle Sitzungsteilnehmer über die aktuelle Ansicht des Arbeitsobjektes informiert werden.

Damit Schlüsse aus den Aktionen anderer Sitzungsteilnehmer gezogen werden können, ist die Bereitstellung von Information über die Zusammensetzung der Gruppe nötig. Besonders Sitzungen, wo sich die Anzahl der Teilnehmer während der Sitzung ändert, müssen über die Benutzerschnittstelle des Co-Browsing-Systems Informationen zu allen aktuellen Sitzungsteilnehmern bekommen. Dabei ist eine namentliche Auflistung für die Verständigung der Beteiligten sinnvoll und kann durch zusätzliche Informationen zu den einzelnen Personen ergänzt werden. Das geschieht zum Beispiel mit Hilfe von personenbezogenen Daten in Form einer elektronischen Visitenkarte, die unter anderem auch Kontaktdaten (beispielsweise E-Mail, Adresse oder Telefonnummer) beinhalten kann.[308] Zusätzlich wird mit der Integration eines Fotos das Vertrauen zwischen den Sitzungsteilnehmern verbessert. Auf diese Weise wird die Zusammenarbeit erleichtert.[309]

In der Tabelle 10 werden die funktionalen Anforderungen zur Sicherung der Vermittlung eines gemeinsamen Gruppenbewusstseins beschrieben.

---

307 Vgl. Stefik M. et al.: 1995, S 276 ff.

308 Vgl. Greenberg, S.; Gutwin, C.; Roseman, M.: 1996, S. 257-268

309 Vgl. ebenda

Funktionale Anforderung	*Beschreibung*
Mehrbenutzeroberfläche	Ein Co-Browsing-System unterstützt über eine grafische Oberfläche die Informations-bereitstellung über den Zustand der Sitzung. Die einzelnen Aktionen können hier ausgeführt werde und der Arbeitsstatus ist sichtbar.
Teilnehmerinformation	Das Vermitteln von Informationen über Sitzungsteilnehmer stärkt das Vertrauen bei den Beteiligten und hilft bei der Koordination der Zusammenarbeit. Ein wichtiger Punkt zur Verständigung untereinander, ist das Aufzeigen der Namen aller Beteiligten. Weitere Informationen sind abhängig vom Inhalt der Zusammenarbeit.[310]
Teilnehmerfotos	Das Anzeigen von Fotos bei unbekannten Sitzungspartnern erhöht das Vertrauen. Die Relevanz dieser Funktionalität ist von der inhaltlichen Zielstellung der Zusammenarbeit abhängig.
Synchronisationsstatus	Aus den zu erwartenden ungleichen Voraus-setzungen der Sitzungsteilnehmer und den entstehenden unterschiedlichen Aufbau- und Ladegeschwindigkeiten des gemeinsamen Arbeitsobjekts entsteht die Notwendigkeit einer Synchronisationsanzeige.
Teilnehmerzahl	Das Co-Browsing grenzt die Anzahl der an der Zusammenarbeit beteiligten Personen nicht ein. In Abhängigkeit vom jeweiligen Einsatz ergeben sich aus der Teilnehmerzahl die Anforderungen an die zu unterstützende Gruppengröße.
Dynamische Gruppen	In dynamischen Gruppen wechseln die Teilnehmer während der Sitzung. Ein verspätetes Hinzukommen bzw. frühzeitiges Verlassen der Co-Browsing-Sitzung muss möglich sein. Je nach Anwendungsgegenstand der Zusammenar-beit entsteht das dynamische Gruppen-verhalten.

Tabelle 10: Anforderungen an die Vermittlung des Gruppenbewusstseins
Quelle: eigene Aufstellung

[310] Vgl. Abschnitt 2.1.3.4

3.1.6 Technische Anforderungen an Co-Browsing-Systeme

Auf der Grundlage der im bisherigen Verlauf untersuchten funktionalen Anforderungen, Rahmenbedingungen und Lösungskonzepte wurden die technologischen Anforderungen an Co-Browsing-Systeme hergeleitet. Die Tabelle 11 listet diese zu stellenden Anforderungen auf.

1. Abbildung eines Benutzer- und Rollenkonzeptes und von (n:m)-Assoziationen
2. Anwendung des Push-Ansatzes oder von Notifikationen in replizierten Verteilungsarchitekturen
3. Bereitstellung von Koordinations- und Moderationsfunktionen sowie die Abbildung verschiedener Modi der Sitzungseröffnung
4. Bereitstellung von Schnittstellen zu ACD-, CRM- und CTI –Komponenten zur Teleweb-Integration
5. Bereitstellung zusätzlicher Kommunikationskanäle
6. Beschränkung des Zugriffs auf das Arbeitsobjekt im Browser
7. Durchführbarkeit mehrerer paralleler, unabhängiger Sitzungen mit jeweils beliebigen Teilnehmerzahlen
8. hohe Fehlertoleranz und Ausfallsicherheit
9. Identifikation und unmittelbare Synchronisierung sämtlicher Benutzer-ereignisse
10. Integration eines Proxy-Servers
11. Maximale Skalierbarkeit und möglichst verzögerungsfreies Arbeiten
12. Maximale Unabhängigkeit von netzwerktechnischen Barrieren (Firewalls, Proxy-Server oder Administrationsrechte)
13. Minimale notwendige Bandbreite
14. Minimale Nutzungsbarrieren
15. Minimaler Einführungs- und Wartungsaufwand durch Verzicht auf plattformabhängige Installation
16. Umfangreiche Sicherheitsmechanismen
17. Umfassendes Sitzungsmanagement und Unterstützung von Sitzungen mit schwankenden Teilnehmerzahlen
18. Unterstützung des Gruppenbewusstseins zwischen den Sitzungsteilnehmern
19. Unterstützung sämtlicher gängiger Formate und Protokolle des WWW
20. Unterstützung von relaxtem und strengem WYSIWIS

Tabelle 11: Technologische Anforderungen
Quelle: Winkler, T.: 2004, Abschnitt 2.5

Co-Browsing-Sitzungen im Service und Support aus Web-Anwendungen heraus müssen sofort durchführbar sein, ohne das technische Umfeld beim Nachfrager zu berücksichtigen. Selbst mit geschulten Agenten würde eine notwendige Installation von Software beim Kunden viel Zeit in Anspruch nehmen und wäre nicht überall durchführbar. Außerdem spielt das verstärkte Sicherheitsbewusstsein von Nutzern eine große Rolle, die u. a. sensibilisiert durch die Medien, jeder Installation von Software auf ihrem Personal Computer skeptisch gegenüberstehen. Wenn der Nachfrager aus einem Unternehmensnetzwerk heraus agiert, sind zusätzliche Installationen aufgrund eingeschränkter Rechtevergaben nicht zugelassen. Die installationsfreie Nutzung ist ein entscheidender Vorteil von Co-Browsing und unterstützt das Ziel, die web-basierte Kooperation großen, vorher nicht bekannten Nutzerzahlen bei maximaler Plattformunabhängigkeit zu ermöglichen.

3.2 Co-Browsing-Technologie

Auf Grundlage der im Abschnitt 3.1 gestellten Anforderungen werden in diesem Abschnitt verschiedene Verteilungsarchitekturen und Architekturmodelle diskutiert und ein auf die jeweiligen Anforderungen abgestimmtes Lösungskonzept erarbeitet.

3.2.1 Verteilungsarchitekturen

Ein Co-Browsing-System ist ein verteiltes System und besteht aus zwei grundsätzlichen Komponenten, der dezentralen Benutzerschnittstelle und einer zentralen Komponente. Die erste Komponente ist eine dezentrale Benutzerschnittstelle,[311] welche den Zugriff auf das Co-Browsing-System ermöglicht, das Arbeitsobjekt abbildet und bearbeitbar gestaltet. In der Benutzerschnittstelle muss weiter gewährleistet werden, dass alle durch den Benutzer ausgelösten Ereignisse erfasst, verarbeitet und an eine zentrale Komponente übermittelt werden. Die Benutzerschnittstelle unterstützt somit die Abbildung des Arbeitsobjektes und initiiert den Aktualisierungs- und Modifikationsvorgang, die über eine zentrale Komponente durchgeführt werden. Die zweite Komponente des Co-Browsing-Systems ist ein zentrales System und verantwortlich für die Auswertung der übertragenen Ereignisse auf einem spezifischen Arbeitsobjektzustand für die Erhaltung der Konsistenz.[312]

Anhand allgemeiner technischer Parameter lassen sich Co-Browsing-Systeme in drei Klassen unterteilen. Die Funktionalität der Synchronisierung kann serverseitig, clientseitig oder als Mischform als eigenständiges System zwischen Server und Client implementiert werden. In jeder Klasse gibt es wiederum verschiedene technologische Umsetzungskonzepte. Die drei Klassen sind folgende:

1. Zentralisierte Verteilungsarchitektur,
2. Vollständig replizierte Verteilungsarchitektur und
3. Semi-replizierte Hybrid-Architektur.

Die gemeinsame Synchronisierung, Steuerung und Kontrolle kann zentralisiert oder durch Replikation realisiert werden.[313] In der Literatur werden auch semi-replizierte Hybrid-Architekturen diskutiert, welche zumeist als Mischformen aus den zentralisierten und vollständig replizierten Verteilungsarchitekturen umgesetzt

311 Bei dedizierten Co-Browsing-Systemen kann der Webbrowser als dezentrale Benutzungsschnittstelle angesehen werden.

312 Vgl. Schümmer, J.; Schuckmann, C.: 2001, S. 297 ff.

313 Vgl. Steinmetz, R.: 2000, S. 543

werden.[314] Nachfolgend werden die möglichen Verteilungsarchitekturen für Co-Browsing-Systeme kurz beschrieben. Diese Beschreibungen orientieren sich an der von **Phillips**[315] durchgeführten Untersuchung und Abgrenzung, mit dem Ziel, die verschiedenen Vor- und Nachteile zur Ableitung der technologischen Anforderungen herauszuarbeiten.

3.2.1.1 *Zentralisierte Verteilungsarchitektur*

In einer zentralisierten Verteilungsarchitektur läuft auf den beteiligten dezentralen Systemen nur eine Instanz, welche das entsprechende Abbild präsentiert, die Benutzerereignisse erkennt und an die zentrale Anwendungsinstanz überträgt. Es werden die einzelnen Benutzereingaben zu der entsprechenden Anwendung übertragen und dann die folgende Ausgabe an die Benutzer zurück gesendet. Die Anwendungsinstanz ist, wie in Abbildung 20 gezeigt, die zentrale Komponente des Systems. Sie erkennt Benutzerereignisse und überträgt diese an die zentrale Anwendungsinstanz, welche die entsprechende Verarbeitung und Aktualisierung vornimmt. Auf einer zentralisierten Verteilungsarchitektur entworfene Co-Browsing-Systeme übertragen das Abbild einer einzigen zentralen Anwendungsinstanz des Webbrowsers an alle anderen beteiligten Systeme. Sämtliche Benutzereingaben sowie die veränderten Ausgaben werden von der zentralen Instanz an die beteiligten Benutzer übertragen, so dass Änderungen des Arbeitsobjektzustandes unmittelbar sichtbar werden.

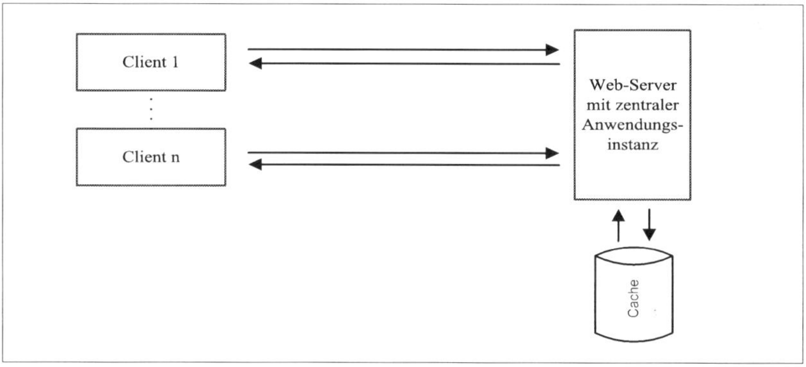

Abbildung 20 Zentralisierte Verteilungsarchitektur

Quelle: eigene Darstellung

Der größte Vorteil einer zentralisierten Verteilungsarchitektur liegt darin, nur eine einzige Anwendungsinstanz verwalten zu müssen, welche das Arbeitsobjekt verändern kann. Dies garantiert mit wenig Aufwand die Konsistenz des Arbeitsobjektzustands. Ein erheblicher Nachteil ergibt sich aus dem sehr umfangreichen Kommunikationsaufwand, der zu einer sehr hohen Netzauslastung

[314] Vgl. Greenberg, S.; Roseman, M.: 1996, S. 3

[315] Siehe ausführlich Phillips, W. G.: 1999, S. 33

sowie Serverlast führt. Die Geschwindigkeit der Anfragebeantwortung wird durch den Cache verbessert. Die Voraussetzung für eine zentralisierte Verteilungsarchitektur ist eine Infrastruktur mit hohen Bandbreiten. Ein weiterer Nachteil ist die schlechte Skalierbarkeit, welche besonders bei der Zusammenarbeit mehrerer Benutzer kritisch ist. Nachteile ergeben sich des Weiteren bei der Anwendung in heterogenen Netzwerken, da sämtliche Plattformen unterstützt werden müssen. Dies betrifft sowohl die Kompatibilität zwischen unterschiedlichen Versionen eines Betriebssystems als auch die Kompatibilität zwischen unterschiedlichen Betriebssystemen. Dieses Problem kann nur durch die Entwicklung plattformunabhängiger dezentraler Komponenten umgangen werden.

3.2.1.2 *Vollständig replizierte Verteilungsarchitektur*

In einer vollständig replizierten Verteilungsarchitektur werden die Benutzereingaben über eine zentrale Komponente an alle beteiligten Systeme verteilt und von den dezentralen Instanzen verarbeitet, (s. Abbildung 21). Auf jedem beteiligten System wird eine eigene Instanz der gemeinsam zu nutzenden Anwendung als dezentrale Komponente ausgeführt. Da die entsprechenden Ausgaben der Anwendung nicht übertragen werden müssen, wird nur eine sehr geringe Netzlast produziert. Dadurch wird das Antwortverhalten gegenüber zentralisierten Verteilungsarchitekturen stark verbessert. Ein weiteres Problem ist die Notwendigkeit der Verarbeitung verteilter Benutzereingaben sowie die Erhaltung der Konsistenz des Arbeitsobjektes. Weitere Nachteile ergeben sich aus der Notwendigkeit einer einheitlichen Ausführungsumgebung auf allen beteiligten Systemen. Somit ist die Verwendung in heterogenen Netzwerken kritisch.[316]

Abbildung 21 Vollständig replizierte Verteilungsarchitektur
Quelle: eigene Darstellung

Co-Browsing-Systeme, die auf einer vollständig replizierten Verteilungsarchitektur aufbauen, benötigen bei jedem einzelnen Benutzer eine eigene Webbrowser-Instanz. In den einzelnen Instanzen werden Zustandsänderungen des Arbeitsobjektes als Ereignisse registriert und an die anderen Instanzen übertragen. Das empfangene Ereignis wird von den anderen Instanzen verarbeitet und die Zustandsänderung entsprechend abgebildet. Zustandsänderungen des Arbeitsobjektes können beispielsweise die Anzeige eines neuen Arbeitsobjektes, das Ausfüllen von Formularen oder verschiedene Javascript-Ereignisse sein. Der Nachteil der Notwendigkeit einer einheitlichen Ausführungsumgebung auf allen beteiligten Systemen für vollständig replizierte Verteilungsarchitekturen kann aufgrund der

[316] vergleichbar mit dem Problem beim Einsatz zentralisierter Verteilungsarchitekturen

Verwendung eines Webbrowsers relativiert werden, da dieses auf jedem internetfähigen Rechnersystem vorausgesetzt werden kann.

3.2.1.3 *Semi-replizierte Hybrid-Architekturen*

Aufgrund steigender Anforderungen und der Notwendigkeit der Bereitstellung möglichst flexibler Groupware-Systeme sind zunehmend Mischformen der zentralisierten und vollständig replizierten Verteilungsarchitektur zu finden. Bei der Entwicklung erfolgt die Entscheidung über die Verteilung, was zentralisiert laufen soll oder was repliziert wird, abhängig vom jeweiligen Anwendungszweck. Aus diesem Grunde können Vor- und Nachteile nicht allgemeingültig angegeben werden. In Verbindung mit der Untersuchung von Co-Browsing-Systemen steht die gemeinsam genutzte Anwendung eines Webbrowsers oder eine Anwendung mit entsprechender Funktionalität im Vordergrund.

Die in Abbildung 22 dargestellte Hybrid-Architektur verdeutlicht die funktionale Verteilung der Co-Browsing-Funktionalitäten in diesem Szenario. Die meisten Funktionen der Synchronisation werden auf dem Co-Browsing-Server umgesetzt. Auf dem Webserver muss lediglich der Call-Back-Button eingefügt werden. Auf der Seite des Clienten wird die benötigte Funktionalität ausschließlich über das in der Website enthaltene HTML und Java-Script ermöglicht.

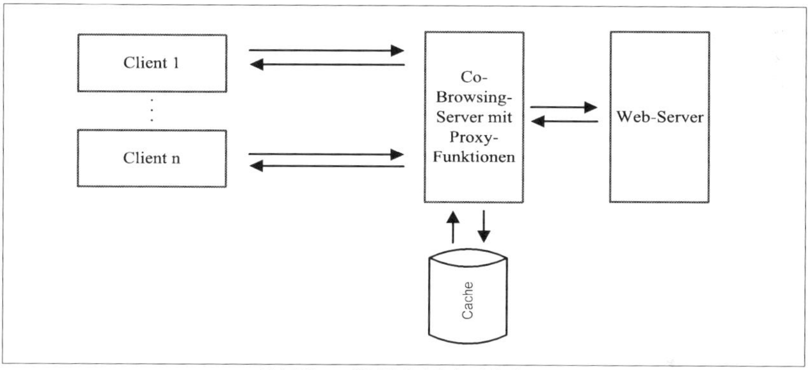

Abbildung 22: Hybrid-Architektur
Quelle: eigene Darstellung

3.2.2 Architekturmodelle

Die Architektur „bildet die Vorlage für konkrete Software-Systeme …".[317] Sie präsentiert die Lösung zu einem speziellen Problem[318], indem sie nicht nur die grundlegende Struktur sowie die Methoden zur Konstruktion eines Software-Systems definiert, sondern auch die Informationen zum sinnvollen Einsatz und entsprechende Konsequenzen bereitstellt.[319] Vor der Beschreibung des für Teleweb (s. Abschnitt

---

317 Vgl. Dustdar, S.; Gall, H.; Hauswirth, M.: 2003, S. 74

318 Vgl. Phillips, W. G.: 1999, S. 4

319 Vgl. Dustdar, S.; Gall, H.; Hauswirth, M.: 2003, S. 74f.

3.5) geeigneten Co-Browsing-Lösungskonzeptes (s. Abschnitt 4.1.5) von **Winkler** werden die verschiedenen grundsätzlichen Architekturstile betrachtet. Aus dem daraus gewonnenen Verständnis wird die für Teleweb geeignete Architekturform abgeleitet.

An dieser Stelle werden ausschließlich relevante Architekturstile für internetbasierten Service und Support beschrieben. Für die Umsetzung von Co-Browsing-Systemen eignen sich aufgrund ihrer Charakteristika die „unabhängigen Komponenten-Architekturen" sowie verschiedene heterogene Architekturen. Eine weitergehende Auflistung und Beschreibung allgemeiner Architekturstile haben **Dustdar**, **Gall** und **Hauswirth**[320] erarbeitet.

3.2.2.1 *Client-Server-Architektur*

Die Client-Server-Architektur wird bei der Beschreibung von verteilten Systemen in der Literatur am häufigsten erwähnt und ist als wichtigster Architekturstil einzuschätzen.[321] Die Prozesse eines verteilten Systems werden in zwei Gruppen, Client und Server, eingestuft. „Ein Server ist ein Prozess, der einen bestimmten Dienst implementiert, beispielsweise einen Dateisystemdienst oder einen Datenbankdienst. Ein Client ist ein Prozess, der einen Dienst von einem Server anfordert, indem er eine Forderung sendet und dann auf die Antwort des Servers wartet".[322] Aus diesem Grunde wird häufig von einem Anforderungs-/Antwortverhalten gesprochen. Die entsprechenden Regeln und Formate, die die Prozesse zur gemeinsamen Kommunikation verwenden, werden als Protokolle bezeichnet.[323] Sie können entweder verbindungslos oder verbindungsorientiert implementiert werden.[324] Übertragen auf die bisher verwendeten Terminologien, werden Clients im Folgenden als dezentrale und Server als zentrale Komponenten eines verteilten Systems verstanden.[325]

Beim Client-/Server-Prinzip löst der Client eine Server-Operation aus[326] und wartet auf das Ergebnis. Erst mit dem Ergebnis des Servers wird die eigene Arbeit fortgesetzt. Der Server-Prozess kann wiederum der Client-Prozess eines anderen Server-Prozesses sein. Die Client-/Server-Architektur ist allgemein bekannt und soll hier nicht weiter untersucht werden.[327] Das weltweit größte Client-/Server-System ist das WWW. Wie bereits beschrieben, erfolgt die Kommunikation zwischen Webbrowser und Webserver strikt nach dem Anfrage-/ Antwortverfahren. Der Webbrowser fragt Informationsobjekte beim Webserver an, verarbeitet die Antwort

---

320 Vgl. ebenda

321 Vgl. Zusammenfassung in Wijegunaratne, I.; Fernandez, G.: 1998, S. 9 ff.

322 Vgl. Tanenbaum, A.; van Steen, M.: 2003, S. 62

323 Vgl. Coulouris, G.; Dollimore, J.; Kindberg, T.: 2002, S. 101

324 Vgl. Tanenbaum, A.; van Stehen, M.: 2003, S. 62

325 Client-Prozesse werden im WWW-Kontext als Webbrowser bezeichnet, Server-Prozesse als Webserver.

326 Vgl. Borghoff, U.; Schlichter, J.: 2000, S. 19

327 Siehe ausführlich in Wijegunaratne, I.; Fernandez, G.: 1998; Borghoff, U.; Schlichter, J.: 2000; Tanenbaum, A.; van Steen, M.: 2003; Coulouris, G.; Dollimore, J.; Kindberg, T.: 2002

weiter und bildet sie ab. Ohne eine Antwort vom Webserver kann der Webbrowser nicht weiter arbeiten. Demnach müssen Co-Browsing-Systeme Informationsobjekte auf der Grundlage des Client-/Server-Prinzips von einem Webserver abfragen und entsprechend der Verteilungsarchitektur, wie in Abbildung 23 verdeutlicht, an sämtliche Benutzer verteilen.

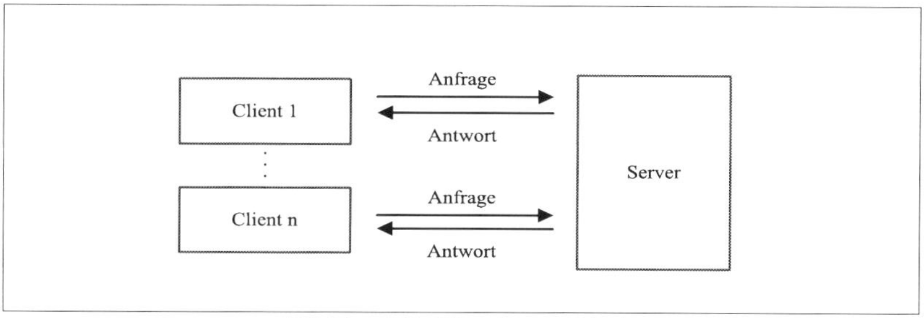

Abbildung 23: Client-Server Prinzip
Quelle: eigene Darstellung

3.2.2.2 *Peer-to-Peer-Architektur*

In Peer-to-Peer-Architektur-Anwendungen arbeiten sämtliche Prozesse gleichrangig zusammen. Es wird keine Unterscheidung zwischen Client- und Server-Prozessen vorgenommen.[328] Nach **Dustdar**, **Gall** und **Hauswirth** agiert jeder Netzknoten sowohl als Client auch als Server. Damit stellen sie einen Teil der im gesamten Peer-to-Peer-System vorhandenen Information bzw. Funktionalität zur Verfügung.[329] Die Vorteile dieser Form der Organisation von Komponenten in verteilten Systemen sind vor allem die hohe Flexibilität und Fehlertoleranz. Der Nachteil ist ein erhöhter Aufwand für Suchoperationen, Knotenorganisation und -interaktion und Sicherheit,[330] was zu einer deutlichen Steigerung der Komplexität bei der Umsetzung führt. Aufgrund der Flexibilität können Peer-to-Peer-Systeme in die vier Kategorien „distributed computing“, „file sharing“, „platforms“ und „collaboration“ unterteilt werden. Nach dieser Kategorisierung ermöglichen kollaborative Peer-to-Peer-Systeme dem Benutzer, ohne Abhängigkeit von einem zentralen Server verteilt zusammenzuarbeiten sowie Informationen zu sammeln und bereitzustellen.[331]

Die folgende kurze Beschreibung verschiedener Formen der Peer-to-Peer-Architektur orientiert sich an der sehr detaillierten Untersuchung dieses Architekturstils durch **Dustdar**, **Gall** und **Hauswirth**[332]. Peer-to-Peer-Architekturen werden entweder zentralisiert oder dezentralisiert entworfen. Zentralisierte Peer-to-Peer-Architekturen basieren auf der Verwendung eines globalen Indexes an einer zentralen Stelle zur

328 Vgl. Coulouris, G.; Dollimore, J.; Kindberg, T.: 2002, S. 55

329 Vgl. Dustdar, S.; Gall, H.; Hauswirth, M.: 2003, S. 162

330 Vgl. ebenda S. 163

331 Vgl. Milojcic, D. S.; Kalogeraki, V. et al.: 2002, S. 7 ff.

332 Vgl. Dustdar, S.; Gall, H.; Hauswirth, M.: 2003, S. 161 ff.

Lokalisierung von Informationsobjekten. Nach der Lokalisierung im globalen Index werden Informationsobjekte direkt zwischen einzelnen Netzknoten ausgetauscht. Bei dezentralen Peer-to-Peer-Architekturen wird kein derartiger globaler Index verwaltet. Es gibt keine zentrale koordinierende Stelle, vielmehr bestimmt sich das globale Systemverhalten aus der Kombination der jeweiligen lokalen Interaktion. Netzknoten interagieren in dezentralen Peer-to-Peer-Architekturen über dynamisch aufgebaute Ketten von Mediatoren oder über virtuelle Baumstrukturen direkt miteinander.

In einem Peer-to-Peer-Netz sind alle Computer gleichberechtigt und können sowohl Dienste in Anspruch nehmen als auch Dienste zur Verfügung stellen, wie in Abbildung 24 verdeutlicht.

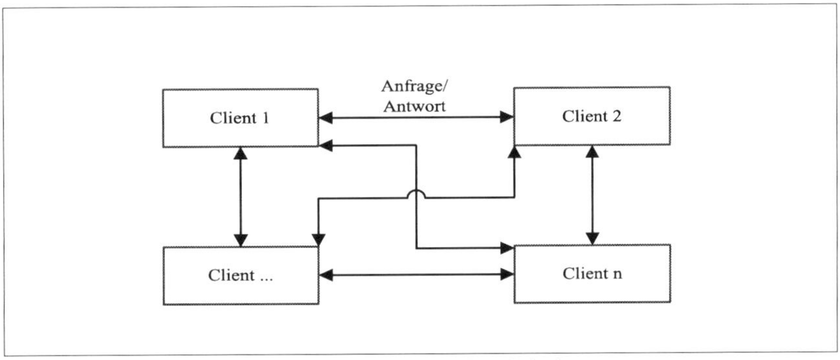

Abbildung 24: Peer-to-Peer Prinzip
Quelle: eigene Darstellung

Co-Browsing-Systeme können die beschriebenen Formen von Peer-to-Peer-Architekturen in unterschiedlichen Ausprägungen nutzen. Als Hauptanwendung kann jedoch der direkte Informationsaustausch zwischen den einzelnen Benutzersystemen identifiziert werden, so dass ein Co-Browsing-System im einfachsten Falle ohne eigenständigen Server-Prozess auskommt. Die Umsetzung eines direkten Kommunikationskanals zwischen den einzelnen Benutzersystemen ist jedoch technisch nur eingeschränkt möglich. Weiter muss zur Nutzung von Peer-to-Peer eine Client Software installiert werden. Da das eine Nichterfüllung einer Grundvoraussetzung von internetbasiertem Service und Support ist, wird dieser Ansatz nicht weiter verfolgt.

3.2.2.3 *Push- und Event-Architekturen*

Mit Push- und Event-Architekturen werden Informationen aktiv verteilt. Die bisher beschriebenen Architekturstile bauen darauf auf, dass ausschließlich ein aktiver Prozess Informationen von einem anderen Prozess abfragt. Push- und Event-Architekturen kehren das herkömmliche Anfrage-/Antwortverhalten von Client-/Server- und Peer-to-Peer-basierten Systemen um. Das Interaktionsmuster von Anfrage-/Antwortsystemen der Push- und Event-Architekturform ist asynchron. Der

Empfänger signalisiert Empfangsbereitschaft und Informationen werden genau dann verteilt, wenn diese in einer Instanz verfügbar sind.[333] Ohne den Zustand der Empfangsbereitschaft wird eine verteilte Information nicht entgegen genommen und ohne das Ereignis des Aufkommens einer neuen Information, die versendet wird, kann keine Nachricht empfangen werden. Dieser Zusammenhang wird in Abbildung 25 verdeutlicht.

Abbildung 25:Push- und Event-Prinzip
Quelle: eigene Darstellung

Es werden zwei verschiedene Formen der Informationsverteilung unterschieden, die Push- und die Event-basierten-Systeme. Die Push-basierten-Systeme verteilen Informationen effizient und zeitgerecht genau dann, wenn diese verfügbar sind. Dieses Verhalten der Informationsverteilung ist auf Co-Browsing direkt übertragbar, so dass Zustandsänderungen des Arbeitsobjektes unmittelbar verteilt werden können.

Das zentrale Entwurfskonzept Event-basierter-Systeme (EBS) liegt vor, wenn asynchron auftretende Ereignisse (engl. „event") gegeben sind.[334] Diese können jederzeit auftreten und das Gesamtsystem in Abhängigkeit vom aktuellen Zustand zu einer Reaktion veranlassen. „In einem EBS interagieren die beteiligten, verteilten Komponenten, indem sie Events erzeugen und empfangen, ohne dass eine direkte Verbindung zwischen ihnen existiert."[335] Sämtliche Ereignisse werden nach der Erzeugung an die EBS-Infrastruktur übergeben, über die eine Verteilung erfolgt. Es werden keine vollständigen Arbeitsobjekte übertragen, sondern ausschließlich Ereignisse, welche die dezentralen Komponenten über Zustandsänderungen informieren. Ein entsprechendes Ereignis kann in einem Co-Browsing-System die Abfrage des aktualisierten Zustands eines Arbeitsobjektes veranlassen. Auf diese Weise wird es möglich, nur dann Informationen zu übertragen, wenn sie verfügbar sind.

Die Verarbeitung der nach dem Ereignis übertragenen Informationen liegt in der Verantwortung des Empfängers.[336] Aufgrund der beschriebenen Charakteristika sind Push- und Event-Architekturen für die Umsetzung von Co-Browsing-Systemen sehr interessant und werden in der Praxis zunehmend eingesetzt.

3.3 Aufbau und Ablauf des Co-Browsing

Ziel dieses Abschnittes ist das Entwickeln eines allgemeinen Drei-Phasen-Modells für das Co-Browsing. Bei der Betrachtung von möglichen Restriktionen wird auf keine spezifischen Anwendungen eingegangen.[337]

---

333 Vgl. Dustdar, S.; Gall, H.; Hauswirth, M.: 2003, S. 230 ff.

334 Vgl. Dustdar, S.; Gall, H.; Hauswirth, M.: 2003, S. 241

335 Vgl. ebenda

336 Nur auf diese Weise kann z. B. relaxtes WISIWYS technologisch umgesetzt werden.

337 Vgl. Rosemann, M.: 1996, S. 33

Bostom et al.[338] bezeichnen die Phasen einer Telefonkonferenz als „pre-meeting-setup“, „during-meeting-activities“ and „post-meeting“. Beim Co-Browsing kann eine ähnliche Unterteilung in drei Phasen vorgenommen werden. Jede Phase hat eine gesonderte Zielstellung. Entsprechend wird der Co-Browsing-Prozess in die drei aufeinander folgenden Phasen Kontaktphase, Sitzungsphase und Schlussphase gegliedert.[339] Damit entsteht die grobe Vorgabe für den Ablauf der Sitzung wie in Abbildung 26 dargestellt.

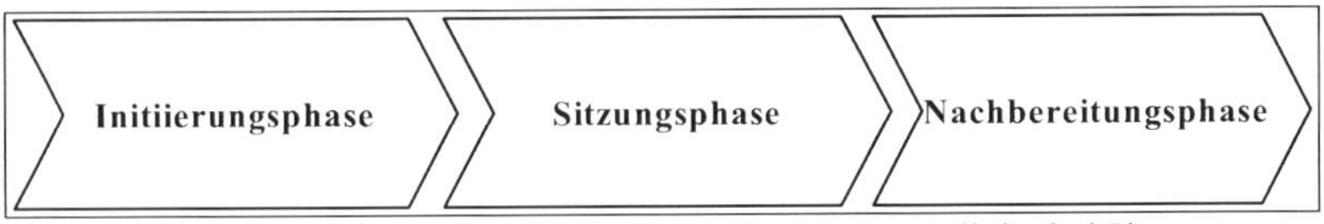

Abbildung 26: Allgemeiner Co-Browsing-Prozess unterteilt in drei Phasen

Quelle: eigene Darstellung

Diese drei Phasen werden im Folgenden vertieft untersucht.

3.3.1 Initiierungsphase

Die Initiierungsphase[340] ergibt sich aus dem Ziel, alle beteiligten Personen in den Zustand einer synchronen Sitzung zu überführen. Hier müssen die für eine erste Kontaktaufnahme grundlegenden Eigenschaften der Sitzung und ihrer möglichen Teilnehmer festgelegt werden. Danach können alle Sitzungsteilnehmer verbunden werden und die Sitzung kann beginnen. Für diese Phase sind demnach folgende Aufgaben umzusetzen:

- Kontaktaufnahme,
- Festlegen der Sitzungsparameter und
- Starten der Co-Browsing-Sitzung.

3.3.1.1 *Kontaktaufnahme*

Bei der Kontaktaufnahme findet das erste Kontaktieren der gewünschten Sitzungsteilnehmer mittels synchroner oder asynchroner Kommunikation statt. Ausgangspunkt für eine Co-Browsing-Sitzung ist der Bedarf des Nachfragers. Aus diesem Bedarf und den weiteren Vorstellungen leiten sich die in der Folge festgelegten Parameter der Sitzung ab. Gängige Formen der Kontaktaufnahme sind: E-Mail, Callback-Button, Formulare oder das Telefon.

---

338 Vgl. Bostom, R.; Anson, R.; Clawson, V.: 1993, S. 146-168

339 Vgl. Böttcher, M.; Farnach, L.; Winkler, T.: 2002, S. 35

340 Vgl. Steinmetz, R.: 2000, S. 540

Der **Callback-Button** ist eine Möglichkeit, auf einem Hypertextdokument über das Internet einen Rückruf anzufragen. Im Zusammenhang mit dem Einsatz von Co-Browsing wird dann von Web-Callback[341] gesprochen.

3.3.1.2 *Festlegen der Sitzungsparameter*

Für die aufzubauende Sitzung werden so genannte Sitzungsparameter von den möglichen Teilnehmern zur Charakterisierung der Co-Browsing-Sitzung benötigt. Abhängig von der konkreten Anwendung haben sie einen unterschiedlichen Umfang.

Allgemeine Sitzungsparameter sind:

- Informationen über die Teilnehmer,
- Sitzungsinhalt bzw. Bedarf der Sitzung und
- Zu verwendender sprachfähiger Kommunikationskanal.

Im Rahmen des aufgebauten Rechte- und Rollenkonzepts sind die Rollen und die Rechte der Teilnehmer festzulegen bzw. zu wählen. In der Regel gibt es die Rolle des Koordinators bzw. Moderators und die des Teilnehmers. Angepasst an die gegebenen Rahmenbedingungen werden diese wie folgt bezeichnet:

- Moderator als Tutor, Berater, Experte,... und
- Teilnehmer als Kunde, Käufer, Interessent... .

Dabei müssen, neben den technischen Voraussetzungen der Ablauf und die Funktionsweise des Co-Browsing allen Teilnehmern verständlich sein oder entsprechend verdeutlicht werden.[342] Es ist darauf zu achten, die Ressourcenanforderung und damit die Einstiegsbarrieren an die einzelnen Teilnehmer möglichst gering zu halten. Am besten sollten die gleichen Nutzungsvoraussetzungen wie für das gewöhnliche, autonome Nutzen der entsprechenden Internet-Anwendung gelten.

Da es beim Co-Browsing vergleichbar zu einer Telekonferenz ist, in der die Teilnehmer zu einem Zeitpunkt zusammengeführt werden, muss es im Prozess eine Startzeit geben. Der Startpunkt wird durch ein Hypertextdokument realisiert, das für alle Teilnehmer über eine URL erreichbar ist.[343] Der Zeitpunkt der Sitzungseröffnung kann durch einen abgestimmten Termin geplant werden oder direkt (ad-hoc) beim Auftreten eines Bedarfs liegen.

3.3.1.2.1 Ad-hoc-Co-Browsing-Sitzung

Die ad-hoc-Sitzungen werden von einem Nachfragenden durch seinen Bedarf angestoßen und direkt nach dem Festlegen der Sitzungsparameter gestartet. Bedingung hierfür ist, dass die gewünschten Sitzungspartner verfügbar bzw. bereit sind und die benötigten Ressourcen direkt zur Verfügung stehen.[344] Die ständige

---

[341] Siehe Abschnitt 3.4.2

[342] Vgl. Ritschel, F.: 2003, S. 16

[343] Vgl. Esenther, A. W.: 2001

[344] Vgl. Steinmetz, R.: 2000, S. 542

Verfügbarkeit der benötigten Rahmenbedingungen auf der Seite des Leistungserbringers lässt sich am besten über ein Call Center[345] organisieren. Wenn ein sofortiger Kontakt zwischen den Sitzungsteilnehmern nicht möglich ist, kann über E-Mail, Webkalender oder ähnliche Werkzeuge ein Termin vereinbart werden. Die Co-Browsing-Sitzung wird dann zu einer geplanten Sitzung.

3.3.1.2.2 Geplante Co-Browsing-Sitzung

Bei der geplanten Sitzung werden die Sitzungsparameter im Voraus bestimmt. Der Zeitpunkt der gewollten Zusammenarbeit kann beliebig nach der Kontaktaufnahme gewählt werden. Das Wichtigste dabei ist das Koordinieren des Starttermines und das Festlegen wie bzw. wo die Sitzung eröffnet wird.[346] Die zukünftigen Teilnehmer können mittels asynchroner Kommunikation, beispielsweise per E-Mail, detailliert über Inhalt, Starttermin und Startpunkt informiert und koordiniert werden.[347]

Allgemeine Sitzungsparameter sind:

- Teilnehmer und teilnehmerbezogene Daten,
- Starttermin und Startpunkt der Sitzung,
- Sprachlicher Kommunikationskanal,[348]
- Inhalt der Sitzung (Sitzungsbedarf),
- Rechte und Rollen der Teilnehmer und
- Zusätzliche anwendungsspezifische Parameter.

3.3.1.3 *Starten der Co-Browsing Sitzung*

Nach der Parametrisierung und entsprechend der verfügbaren Ressourcen kann die Sitzung zum vereinbarten Startterminautomatisch oder manuell durch jeden Teilnehmer initiiert werden.

Die Sitzungsteilnehmer können sich an dem bekannten Startpunkt über eine Authentifizierung bzw. Berechtigungsprüfung an der Co-Browsing-Sitzung anmelden.[349] Der als erster angemeldete Teilnehmer startet automatisch die Co-Browsing-Sitzung. Entsprechend des festgelegten Konzepts erfolgt die Rollen- und Rechtevergabe an die Teilnehmer. Nach der erfolgreichen Initiierung der Sitzung beginnt die Sitzungsphase und damit die synchrone Zusammenarbeit der Teilnehmer.

3.3.2 Sitzungsphase

Die Sitzungsphase motiviert sich aus dem Bedarf zur verteilten Zusammenarbeit der Teilnehmer. Sie ist das eigentliche Ziel der Co-Browsing-Sitzung. Diese stützt sich dabei auf die in Abschnitt 2.1.3 dargestellten Ausprägungen der Kommunikation,

---

345 Vgl. Abschnitt 2.4

346 Vgl. Engel, A.; Kaiser, S.; Mayer, A.: 2001, S. 225 f.

347 Vgl. ebenda, S. 225

348 Vgl. Abschnitt 3.1.2

349 Vgl. Rivera, J. H. et al.: 2001; Cabri, G. et al.: 1999, S. 130

Koordination und Kooperation. Der Ablauf kann entsprechend den Erfordernissen aus der Anwendung statisch oder dynamisch vollzogen werden.

Die **statische Sitzung** hat einen vordefinierten Ablauf, der als Workflow vor bzw. während der Kontaktphase als Parameter festgelegt oder ausgewählt wird. Entsprechend erfolgt die Koordination der Sitzung über einen vorgegebenen Workflow-Prozess. Die Koordination kann sowohl technisch durch entsprechende Workflow-Systeme als auch organisatorisch durch den Moderator durchgeführt werden.

Die **dynamische Sitzung** entwickelt sich durch die Aktivitäten der Sitzungsteilnehmer erst während der Sitzung. Sie ist nur formalisierbar und nicht standardisierbar. Jeder Teilnehmer kann, entsprechend den Regelungen im Berechtigungskonzept, die Aktionen anderer Teilnehmer verfolgen bzw. selbst agieren.[350] Die Handlungen umfassen dabei die Kommunikationsprozesse, die sich mit den aufgabenbezogenen Arbeitsprozessen befassen, sowie die Koordinationsprozesse, die mit der Sitzung einhergehen.[351]

Die Koordination der Interaktionen erfolgt dabei selbst bestimmend über den sprachfähigen Kommunikationskanal. Die Anzahl der Sitzungsteilnehmer ist dynamisch gestaltbar.[352]

3.3.3 Nachbereitungsphase

Nach der synchronen Zusammenarbeit erfolgt die Trennung der Teilnehmer und es beginnt die Nachbereitungsphase. Die abgelaufenen Handlungen und Ergebnisse werden ausgewertet bzw. nachbearbeitet. Die Sitzung wird entweder individuell oder durch den Moderator beendet.

Das Ergebnis und der Verlauf der Sitzung sind Teil der Nachbearbeitung. Je nach konkreter Umsetzung des Co-Browsing ist dieser Teil stärker oder geringer ausgeprägt. Die Auswertung kann durch die Protokollierung, mit der alle Sitzungsaktionen gesichert werden, erfolgen. Ergebnisse (z. B. Auftragsbestätigung oder Reports) der Nachbearbeitung sollten an die Sitzungsteilnehmer versendet werden.

3.4 Aufbau und Ablauf des Mehrkanalsupports im Call Center

3.4.1 Mehrkanalkommunikation

In diesem Abschnitt wird untersucht, wie Service und Support auf mehreren Kanälen im Call Center[353] genutzt und durch Co-Browsing geeignet unterstützt werden können. Es ist festzustellen, dass gegenwärtig etwa die Hälfte der Call Center in Deutschland, Österreich und der Schweiz (DACH-Region) zwei der möglichen

---

350 Vgl. Greenberg, S.; Gutwin, C.; Roseman, M.: 1996, S. 18

351 Vgl. Teufel, S. et al.: 1995, S. 61

352 Vgl. Haake, J.; Holmer, T.; Streitz, N.: 2001, S. 181 f.

353 Vgl. Abschnitt 2.4

Kommunikationsdienste Telefonie, Fax und E-Mail nutzen.[354] Dabei wächst die Nutzung des E-Mail-Dienstes derzeit am stärksten. Nach einer Studie von Aspect Communications/Strateco 2005 hat der E-Mail-Dienst den Fax-Dienst bereits überholt.[355] Für den Begriff Mehrkanalservice und -support oder auch Multichannel wird hier weiter abkürzend der Begriff Mehrkanalsupport eingeführt.

Mehrkanalsupport bedeutet, dem Nachfrager alle sinnvollen Kommunikationswege zur Kontaktaufnahme anzubieten und die vorgenommenen Kontaktaufnahmen möglichst ohne Medienbrüche zu bedienen. Dabei können mehrere Kommunikationskanäle parallel genutzt werden.

Der Mehrkanalsupport mit Webunterstützung ist momentan im Call Center nur sehr selten zu finden. Gerade bei Anfragen aus dem Web bietet sich bei Berücksichtigung der Kundenbedürfnisse[356] die parallele Kommunikation über Web und Telefonie an.

Im folgenden Abschnitt 3.4.2 wird das bisher in einigen Call Centern angewandte Web-Callback untersucht.

3.4.2 Der Web-Callback-Prozess im Call Center

Das **Web-Callback** ist eine Anfrage an den Service oder Support aus einem internetbasierten Hypertextdokument, worauf mit einem Rückruf durch den Leistungserbringer reagiert wird. Dabei wird das Internet nicht weiter für Kommunikation und Interaktion genutzt.

CTI-Systeme können beim Web-Callback viele Teilprozesse automatisieren. Derzeit wird eine Web-Callback-Anfrage in der Regel manuell von einem Agenten ohne CTI über das Telefon eines Agenten durchgeführt.

In der Abbildung 28 wird der gesamte Web-Callback Prozess in eine eEPK dargestellt. Der Web-Callback Prozess ist das Ausgangsmodell für die Modellierung des um die Aktivitäten des Co-Browsing erweiterten Teleweb-Prozesses. Die Nummerierung der Aktivitäten soll die Orientierung in der Tabelle 13 unterstützen. Hier sind die erweiterten Aktivitäten des Teleweb mit ihren Merkmalen dargestellt.

Mit Hilfe eines HTML-Formulars kann eine Rückrufanfrage in einer Webseite über das HTTP-Protokoll zum Webserver des Call Centers gesendet werden. Fast alle Webclients bzw. Webbrowser können außer der Beschreibungssprache HTML weitere Sprachen, wie Java Script und Standard Generalized Markup Language (SGML) darstellen und interpretieren. Mittels Plugin kann auch, im weiteren Sinne aus einer Webseite heraus, ein anderes Übertragungsprotokoll genutzt werden. Die am häufigsten verwendeten HTML-Erweiterungen sind Java Script, Java Applets und Macromedia Flash, die die Nutzung anderer Internet-Dienste und Übertragungsprotokolle ermöglichen. Mit Hilfe eines Java-Applets kann zum Beispiel die Rückrufanfrage als E-Mail über das Simple Mail Transfer Protocol (SMTP) verschickt oder über die Java Remote Methode Invocation (RMI) zum

354 Vgl. One to One; Dialog über alle Medien: Ausgabe 2, 2005

355 Vgl. Seidel, B.: Weg von der Gießkanne – IsReport: Ausgabe 1/2 2005

356 Vgl. Abschnitt 3.1.1

Server gesendet werden. Diese Protokolle verwenden alle TCP/IP und sind somit über das Internet verfügbar.

Mit allen erwähnten Methoden wird das gleiche Ergebnis erzielt. Der Server nimmt die Anfrage entgegen und leitet diese innerhalb der Call Center-Struktur weiter. In der Praxis wird die Anfrage häufig noch ausgedruckt und von einem Agenten ohne IT-Unterstützung bearbeitet. Mit Hilfe von CTI-Lösungen könnte hier wesentlich effizienter gearbeitet werden.

Die Teilprozesse des Web-Callback-Prozesses mit den Aktivitäten sind in Abbildung 27 dargestellt:

1. Serviceanfrage: Daten eingeben und Anfrage senden,
2. Kontaktierung: Call-Job erstellen und Rückruf durchführen,
3. Vermittlung: Gespräch zuweisen,
4. Servicegespräch: Gespräch führen und Gespräch weiterleiten und
5. Nachbereitung: Gespräch nachbearbeiten.

Abbildung 27: Der Web-Callback-Prozess im Service und Support
Quelle: eigene Darstellung

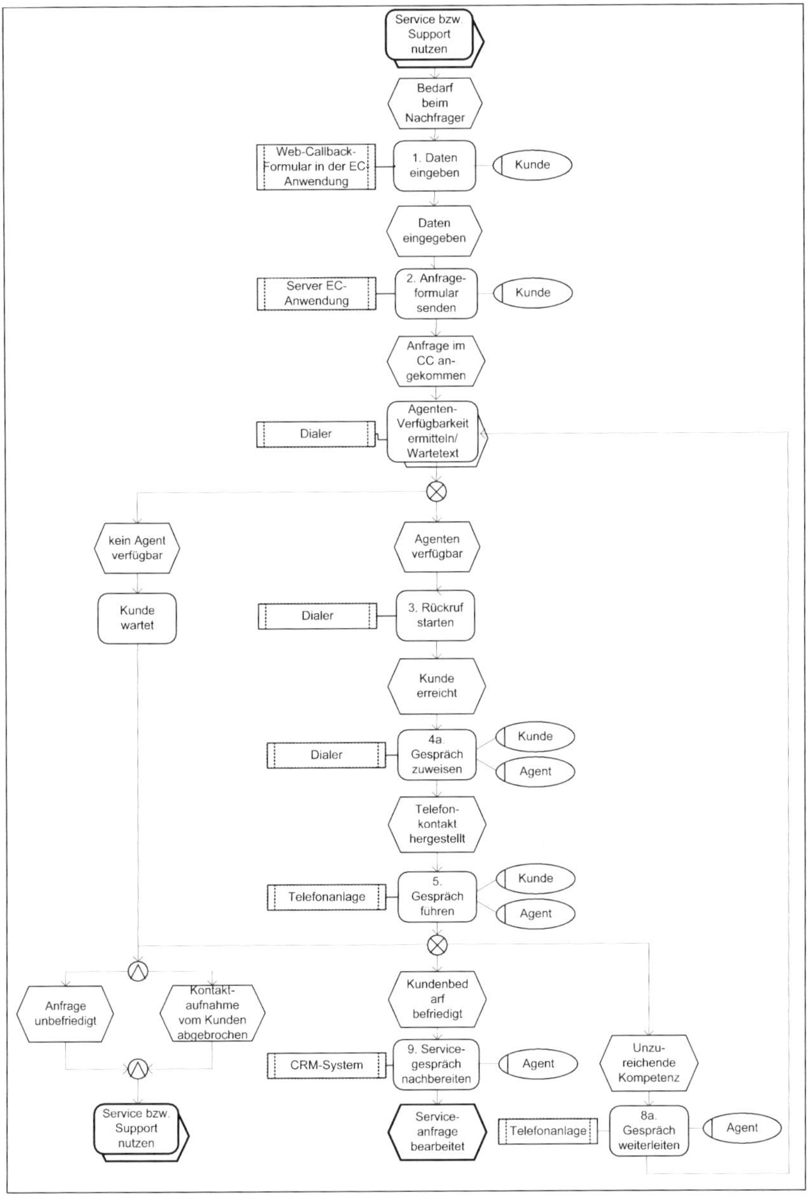

Abbildung 28: eEPK für den Web-Callback Prozess
Quelle: eigene Darstellung

3.4.2.1 *Serviceanfrage*

Wünscht ein Nachfrager oder Kunde, der die EC-Anwendung eines Anbieters nutzt, weitere Informationen und Beratung, kann er auf einer vorbereiteten Webseite den Web-Callback-Link anklicken. Es öffnet sich ein Webformular für das Web-Callback. Auf dieser Seite werden weitere Zusatzinformationen für das Web-Callback dargestellt. Zum Beispiel kann die momentane Auslastung des Call Centers, mit der voraussichtlichen Antwortzeit oder den Vorschlägen für eine Terminvereinbarung, angezeigt werden. In modernen ACD-Anlagen wird die Wartezeit für den nächsten freien Agenten in regelmäßigen kurzen Abständen ermittelt. Transparente Prozesse, in diesem Fall eine für den Kunden sichtbare und zumutbare Warteschlange, fördern die Kundenzufriedenheit.

Im Service und Support muss sich der Anbieter entscheiden, ob die von ihm erbrachte Sekundärleistung vom Kunden extra bezahlt werden soll oder ob es sich um eine kostenfreie Zusatzleistung handelt. Eventuelle Gebühren, die für eine Beratung berechnet werden sollen, müssen angezeigt werden. Da bei Web-Callback wie auch beim herkömmlichen Callback das Gespräch nicht über die Telefonrechnung abgebucht werden kann, ist es in diesem Fall notwendig, ein Bezahlsystem für ein kostenpflichtiges Beratungsangebot direkt auf dieser Anfrageseite zu implementieren. Beispielsweise sind bei beratenden Verkaufsgesprächen Modelle denkbar, in denen die Beratungsleistungen über Provisionen finanziert werden.

Da der erste Eindruck prägend sein kann, sollte schon das Web-Callback-Formular aussagekräftig sein. Es kann beispielsweise Information über das Thema der Serviceanfrage, die bisher durchgeführten Aktionen oder über Fehlermeldungen, aufbereitet in einer Textbox, anzeigen. Damit wird für den Nachfrager Transparenz geschaffen. Der Agent verfügt über diese Information schon, wenn er die Serviceanfrage annimmt.

Weitere Transparenz kann erreicht werden, wenn nach dem Senden der Anfrage weitere Informationen zu möglichen Kundenfragen direkt bereitgestellt werden, wie z. B.:[357]

- Information zur Eingangsbestätigung im Call Center,
- Information über den Rückrufzeitpunkt des Call Centers,
- Information über die nächsten Schritte oder
- Die Anfrage über die mögliche Trennung der Internet-Verbindung.

3.4.2.2 *Kunden kontaktieren*

Mit der Übergabe der Anfrage vom Webserver an den CTI-Server wird ein Call-Job für die weitere Verarbeitung im Call Center generiert. Im CTI-Server wird der Call-Job mit so genannten Routing-Scripten weiterverarbeitet,[358] wobei der Outbound-Job an den Predictive Dialer übergeben wird. Dieser versucht, den Kunden zu

357 Vgl. Einleitung zu Abschnitt 3.4.2

358 Vgl. Tenovis business communication GmbH: MCC-Advanced, 2001, S. 14

kontaktieren. Die Vorteile des Predictive Dialers sind in diesem Zusammenhang die hohe Live-Speaker-Erkennungsrate von hergestellten „echten“[359] Kundenkontakten und die geringe Drop-Rate. Die Drop-Rate gibt die Anzahl der erreichten Kunden an, die nicht zu einem Agenten durchgestellt werden können, da zu diesem Zeitpunkt kein freier Agent zur Verfügung steht und vom Dialer initiiert getrennt wurden.[360] Weitere Kennzahlen sind die Abandon-Rate und Lost-Rate. Die Abandon-Rate gibt an, wie viele Kunden auflegen, bevor sie mit dem Agenten verbunden werden konnten.[361] Die Abandon-Rate sollte vom Dialer in die Vorausberechnung der Agentenverfügbarkeit einbezogen werden. Die Lost-Rate gibt an, wie viele Verbindungen zum Kunden verloren wurden. Dabei ist es nicht relevant aus welchem Grund die Verbindung zum Kunden verloren ging. Ursachen können sein: ein ungeduldiger wartender Kunde hat aufgelegt, ein technischer Defekt hat den Kunden getrennt oder der Kunde wurde auf Grund von Überlastung getrennt.[362] Die Lost-Rate setzt sich demnach aus der Abandon-Rate und der Drop-Rate zusammen. In der Variablen Abandon-Rate sind auch die technischen Abbrüche enthalten, welche somit in die Drop-Rate eingehen.

Die Aufgabe eines Predictive Dialers ist es, über statistische Vorausberechnungen zu ermitteln, wann Kunde und Agent zum gleichen Zeitpunkt verfügbar sind, um sie zu verbinden. Dabei wird im Millisekundentakt berechnet, wie viel neue Gespräche aufgebaut oder zu viel aufgebaute Gespräche wieder getrennt werden müssen, möglichst bevor ein Kunde erreicht wurde. Dabei passt sich der Dialer ständig den durchschnittlichen Gesprächszeiten von jedem einzelnen Agenten an und berechnet gleichzeitig die zu erwartende Erreichbarkeit auf dem Datenpool der Kampagne zur jeweiligen Tageszeit.

Die Live-Speaker-Erkennungsrate sagt aus, wie viel Prozent der natürlichen Personen als solche erkannt wurden. Die Anrufbeantworter-Erkennungsrate gibt an, bei wie viel Prozent der verbundenen Gespräche tatsächlich ein Mensch oder eine Maschine am anderen Ende der Leitung erreicht werden könnte.

Folgende Kennzahlen sind beim Predictive Dialer zu beachten:

- ***Anrufbeantworter-Erkennungsrate (ABER):*** ***ABER = TK / EK***
- ***Live-Speaker-Erkennungsrate (LSER):*** ***LSER = EK / TS***
- ***Drop-Rate (DR):*** ***DR = 1 - (EK-AD) / EK***
- ***Abandon-Rate (AR):*** ***AR = 1 - (EK-AK) / EK***
- ***Lost-Rate (LR):*** ***LR = AR + DR***

359 Ein echter Kundenkontakt besteht, wenn ein Gespräch zwischen Kunde und Agent tatsächlich aufgebaut ist.

360 Vgl. Henn, H.; Kruse, J. P.; Strawe O. V.: 1999, S. 435

361 Vgl. Mindermann, A.; Prümm K. ; Schubert, C.: 1999, S. 493

362 Vgl. ebenda, S. 515

Dabei bedeuten:

EK:	Anzahl als natürliche Person erkannte Gespräche
TK:	Anzahl tatsächliche Kunden durchgestellt
TS:	Anzahl tatsächlich aufgebaute Gespräche zu Kunden
AD:	Abbrüche vom Dialer und technische Abbrüche
AK:	Auflegende Kunden

EK=0 ist nicht definiert. Wenn EK gleich null ist, also keine natürlichen Personen erreicht wurden, gibt es keine Drop-Rate oder Abandon-Rate, da in einem solchen Fall keine natürliche Person erreicht wurde, mit welcher der Prozess hätte abgebrochen werden können.

Nachdem der CTI-Server eine Anfrage vom Webserver erhalten hat, wird ein Outbound-Job erzeugt und an den Dialer,[363] mit den notwendigen Parametern aus dem Webformular, weitergeleitet. Bei den dann laufenden Versuchen des Dialers, eine Verbindung zum Kunden herzustellen, sollten folgende Kriterien in der Aktivität „Agenten Verfügbarkeit ermitteln“,[364] beachtet werden:

- Gewünschter Rückrufzeitraum,
- Aktuelle Auslastung der Agenten,
- Annahmerate der Kunden,
- Bestehende Kundenkontakte über andere Kommunikationskanäle und
- Verfügbarkeit von weiteren Agenten aus dem Inbound im Auslastungsfall.

Ein Dialer kann im Call Center neben anderen Inbound-Kanälen parallel genutzt werden. In den meisten Anwendungsfällen hat der Kunde neben dem Callback-Angebot auch die Option direkt anzurufen. Diese Informationen über den Kunden sollten bei einem zweiten Kontakt mittels Rückruf vorliegen.

Wenn der Dialer nicht sofort eine Verbindung herstellen kann, wird der Outbound-Call-Job in eine Warteschlange abgelegt. Die Warteschlangen können verschieden aufgebaut sein. Es gibt Warteschlangen, die nach der Zeit oder nach Prioritäten gesteuert werden, nach denen die Outbound-Jobs abgearbeitet werden. Bei einer zeitgesteuerten Vorgehensweise wird der am längsten in der Warteschlange befindliche Kunde als erstes verbunden sobald ein Agent frei wird. Wird der Kunde in der priorisierten Warteschlange abgelegt, bestimmt sich der Rückrufzeitpunkt eines Outbound-Jobs durch die Kundeneingabe, die Anzahl der vorhergehenden Fehlversuche oder nach der Wichtigkeit (z. B. viel Umsatz) des Kunden. Beide Modelle können auch gemischt verwendet werden.

Sobald der Dialer freie Kapazitäten hat (Agenten und Leitungen verfügbar sind), wird der Outbound-Job mit der höchsten Priorität ausgeführt. Im Unterschied zu einem Power Dialer berechnet der Predictive Dialer die freie Kapazität anhand verschiedener statistischer Einflussgrößen, wie der Agentenanzahl, der durchschnittlichen Gesprächszeit, der Kundenerreichbarkeit und weiterer Kriterien.

---

363 Vgl. Abschnitt 2.4.3.5

364 Vgl. Abbildung 28

Der Power Dialer[365] beginnt damit, den Rückruf aufzubauen, sobald ein Agent frei ist. Das kann auch fehlschlagen, weil der Agent zu dem Zeitpunkt, wenn der Kunde erreicht wird, nicht mehr frei ist. Der Power Dialer kann keine Gespräche ohne einen freien Agenten aufbauen.

Bei der zeitgesteuerten Warteschlange wird der Outbound-Job ausgeführt, wenn der Rückrufzeitpunkt erreicht ist. Der Dialer versucht die Verbindung zum Kunden herzustellen. Ist das Erreichen des Kunden fehlgeschlagen und die Kundenverbindung wieder getrennt, wird der Outbound-Job mit einem neuen Rückrufzeitpunkt wieder in die Wiedervorlageliste übergeben. Im Falle einer erfolgreichen Verbindung wird im CTI-Server das Zuweisen des Gesprächs gestartet.

3.4.2.3 *Gespräch vermitteln*

Wenn der Dialer ein Gespräch zu einem Kunden hergestellt hat, wird der CTI-Server benachrichtigt und das Gespräch zu einem freien Agenten durchgestellt. Der CTI-Server hat eine zentrale Stellung in der IT des Call Centers. Er benachrichtigt den Customer-Relationship-Management-Server (CRM-Server).[366] Der CRM-Server ist die Serverkomponente des CRM-Systems, welche auch die Daten zentral verwaltet. Der CRM-Client ist die Nutzerkomponente des CRM-Systems, in welcher der CRM-Nutzer die Daten angezeigt bekommt und neue Informationen eingegeben werden können.

Der CRM-Server stellt auf dem CRM-Client beim Agenten die zugehörigen Kundendaten zu dem Gespräch bereit. Das Durchstellen des Gesprächs zum Agenten und das Ermitteln und Anzeigen der zugehörigen Kundendaten erfolgen synchron. Dieser Vorgang ist sehr zeitkritisch, weil der Kunde auflegt, wenn kein Agent antwortet oder der Kundendialog schlecht beginnt für den Fall, dass keine Kundeninformationen bereit stehen. Der Vorgang sollte deshalb innerhalb von einer Sekunde, im Höchstfalle von drei Sekunden durchgeführt werden. In ausgewählten Fällen kann an dieser Stelle auch ein Interactive-Voice-Response-System dazwischen geschaltet werden, um zum Beispiel weitere Kundendaten zu erfassen.

3.4.2.4 *Gespräch führen*

Wenn der Kunde erfolgreich mit dem Agenten verbunden ist, ist der kritischste Teil für das Call Center TK/IT-System geleistet. Der Agent führt das Kundengespräch, welches der Kern der Wertschöpfung ist. Der Agent wird während des Gespräches durch das CRM-System unterstützt und kann Informationen aus diesem an den Kunden weitergeben oder neue Informationen wieder in das System einpflegen. Die Aktionen neben dem Kundengespräch haben unterstützenden Charakter, um den Kernprozess effektiv und zur Zufriedenheit des Kunden zu gestalten sowie den Agenten möglichst optimal auszulasten.

Das Gespräch in dieser Phase weiter zu leiten, ist in den meisten Anwendungsszenarien die Ausnahme. Es soll trotzdem betrachtet werden, da

---

365 Vgl. Abschnitt 2.4.3.5

366 Im Dienstleistungs-Call Center wird das CRM-System oft durch spezialisierte Kampagnenmanagementsoftware ersetzt oder ergänzt.

Eskalationsmechanismen zu dem Geschäftsprozess eines Mehrkanalsupports dazu gehören. Es gibt Anwendungsfälle, bei denen hauptsächlich die Weiterleitung der Kundenverbindung zu einem Experten Gegenstand ist. Das Gespräch kann über den CTI-Client weitergeleitet werden. Der Kunde wird in eine Warteschleife der ACD-Anlage geführt und wird, sobald wie möglich, mit dem nächsten Agenten aus der benötigten Gruppe verbunden. Bei einem mehrstufigen Support findet häufig das Verbinden an den 2nd-Level-Support statt, wenn ein zentrales Front Office die Frage nicht klären konnte.[367] Das Front Office soll Standardfragen beantworten und die Ressourcen der Experten schonen.

3.4.2.5 *Gespräch nachbereiten*

Wenn der Agent während des Gespräches nicht alle erfassten Daten eintragen bzw. nicht alle notwendigen Aktionen durchführen konnte, hat er nach dem Gespräch die Möglichkeit, diese Aufgaben zu erledigen. Die Teamleiter achten darauf, dass die Möglichkeit der Gesprächsnachbereitung von den Agenten nicht für unerlaubte Pausen genutzt wird.

3.5 Teleweb für die parallele Kommunikation in Call Centern

Im Service- und Supportprozess ist es einem Agenten gegenwärtig nicht möglich, den Kunden parallel zum Telefongespräch über eine interaktive webbasierte Kommunikation zu beraten. Nutzer benötigen in Online-Webprozessen oft Unterstützung, möglichst an genau der Stelle, wo sie sich gerade befinden. Diese Hilfestellung lässt sich mit Hilfe von Co-Browsing erbringen.[368] Die Einbeziehung des Internets in die Kommunikation mit dem Kunden steht im Vergleich zu Ländern, wie den USA, in Deutschland noch am Anfang.[369] Entsprechend einer Studie zu den Kommunikationstrends von „novomind“ werden die internetbasierten Kommunikationskanäle immer wichtiger.[370] Interaktive Dienste, wie das Co-Browsing, werden zunehmen. Weiterhin werden aus den Call Centern multimediale Multichannel Communication Center hervorgehen.[371] Eine aktuelle Aufgabe für die Call Center besteht darin, neue Kommunikationskanäle in die Kommunikation zu integrieren.[372] Dafür muss das Internet in die aktuellen Kommunikationslösungen der Call Center eingebunden werden.[373]

---

367 Vgl. Schmid, C.; Jendro, L.: 2001, S. 35 ff.

368 Vgl. Manhart, K.: Februar 2005

369 Vgl. ebenda

370 Vgl. Samuelsen, P.: Call Center & CRM, Ausgabe 1, 2005

371 Vgl. Grewenig, I.: 2002, S. 308

372 Vgl. Grävemeyer, A.: Call Center & CRM, Ausgabe 1, 2005

373 Vgl. Fajga, K. W.: Call Center & CRM, Ausgabe 1, 2005

Wird im Co-Browsing als parallele interpersonelle Kommunikation die Telefonie genutzt, spricht man von **Teleweb**.[374]

Wenn Co-Browsing mit einem synchronen Kommunikationskanal wie der Telefonie in einem Call Center kombiniert eingesetzt werden soll, hat das Forrester Research Institute den Begriff „Teleweb-System"[375] eingeführt. In Anlehnung an **Lassmann, T.** wird ein Teleweb-System wie folgt definiert.

Ein **Teleweb-System** ist eine Technologie das die Kommunikationskanäle Telefonie und Internet über Co-Browsing unter Nutzung der Kommunikationsdienste des Internet und des PSTN über einen CTI-Server integriert und mindestens von zwei Personen parallel benutzt werden kann.[376]

Abhängig von der Initiierung des Kontaktes zwischen Kunde und Agent gibt es unterschiedliche Begriffe für verschieden Rückrufszenarien wie Callback oder Web-Callback. Angewendet auf Teleweb kann auch Telewebback oder Web-Telewebback verwendet werden.[377]

In der Tabelle 12 werden die verschiedenen Sitzungsbegriffe den Kommunikationstechnologien und ihren Kommunikationsnetzen zugeordnet. Betrachtet werden in dieser Arbeit nur die Initiierungsformen aus dem PSTN und dem Web.

Kommunikations-technologie	Kommunika-tions-netz	Dienst	Initiierung aus dem PSTN	Initiierung aus dem Web
Telefonie	PSTN	ISDN	**Call Callback**	**Web-Call, Web-Callback**
Co-Browsing	Internet	Web, E-Mail	-	Link senden oder **Mail-Teleweb**
Teleweb	PSTN und Internet	Web und Telefonie	**Teleweb, Telewebback**	**Web-Teleweb Web-Telewebback**

Tabelle 12: Möglichkeiten der Kommunikationsinitiierung
Quelle: Weiterentwicklung von Lassmann, T. 2005, S. 9

In diesem Zusammenhang bedeutet der Begriff **Mehrkanalkommunikation**, dass mindestens zwei Kommunikationskanäle parallel eingesetzt werden.

---

374 Vgl. Abbildung 41

375 Vgl. Schmid, C.; Jendro, L.: 2001, S. 258

376 Vgl. Lassmann, T.: 2005, S. 8 f.

377 Siehe Anhang B

Da in dieser Arbeit die Integration von Co-Browsing und der Telefonie im Vordergrund stehen, wird allgemein der Begriff Teleweb entsprechend der Definition in diesem Abschnitt verwendet, unabhängig davon, wie die Initiierung des Kontaktes durch den Agenten oder den Kunden erfolgt.

3.5.1 Anforderungen an ein Teleweb-System

Die Einschätzung der Anwender über die Güte eines Systems ist für den Erfolg oder den Misserfolg eines IT-Systems wichtig. So ist es von Bedeutung, dass der Teleweb-Prozess für den Nutzer nachvollziehbar und transparent durchgeführt wird. Ein Teleweb-System ist auch für das parallele Bereitstellen der Kundendaten und Sitzungsdaten der Teleweb-Sitzung zuständig.[378] Vergleichbar mit einem CTI-System wird durch das Teleweb-System dem Gespräch eine Co-Browsing-Sitzung zugeordnet. Der Initiierungsprozess von Co-Browsing im Teleweb-System ist der Initiierung im Web-Callback[379] ähnlich.

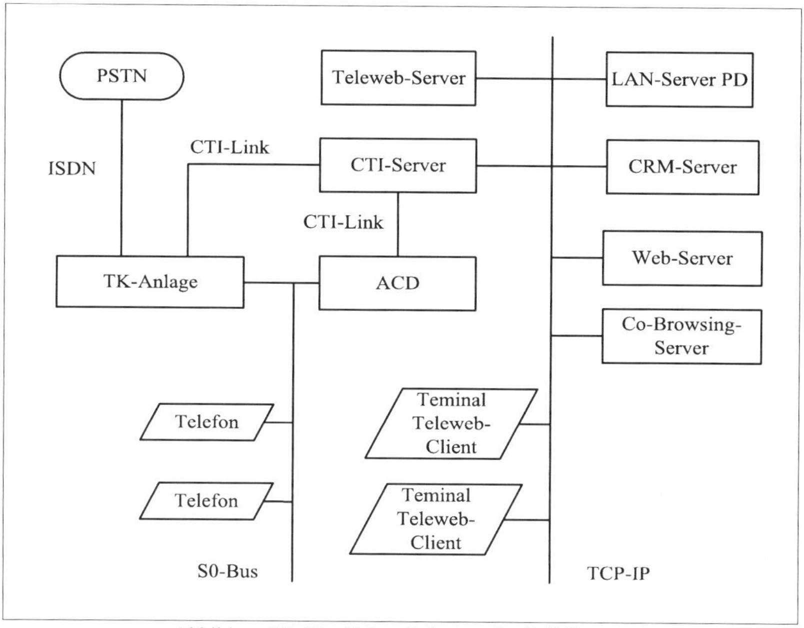

Abbildung 29: Das Teleweb-System im Call Center
Quelle: Lassmann, T.: 2005, S. 14

Der Web-Callback-Prozess muss ergänzt werden, um den parallelen Aufbau der Telefonverbindung zu der Co-Browsing Sitzung mit denselben Teilnehmern zu organisieren.

378 Vgl. Mindermann, A.; Prümm, K. ; Schubert, C.: 1999, S. 495

379 Vgl. Abbildung 28

Abbildung 29 gibt einen Überblick über die in Call Centern vorrangig eingesetzten Systeme und zeigt eine Integrationsmöglichkeit von Teleweb auf.

Durch ein Teleweb-System sollen die beiden Kommunikationstechnologien Co-Browsing und Telefonie auf automatischem Wege verbunden werden. Das Teleweb-System ist das Steuersystem, welches die Teilsysteme Co-Browsing und Telefonie verbindet. Damit ist nach **Henn** et al.[380] das Teleweb-System ein CTI-Enabler-System und somit eine Erweiterung des CTI-Servers. Über einen CTI-Server werden die CTI-User-Technologien miteinander verbunden. Eine Co-Browsing-Sitzung wird direkt aus den in eine Warteschlange geführten Anfragen über das Agententerminal initiiert. Beim Teleweb sollte, unter Nutzung eines Dialers, automatisch der Kunde parallel zurückgerufen werden.

Zum Teleweb-System gehört ein Teleweb-Client als Benutzerschnittstelle zum Teleweb-System. Die notwendige Teleweb-Client-Funktionalität kann über ein Application Programing Interface (API) in die vorhandenen CRM-Anwendungen integriert werden. Die Unterstützung der verteilten Teleweb-Abläufe ist ein zentraler Bestandteil des Systems. Das Teleweb-System muss Informationen vom CTI-Server und vom Co-Browsing-Server verarbeiten, darstellen und zwischen diesen beiden Systemen vermitteln. Zu einem Teleweb-System gehören auch Schnittstellen zur Kommunikation mit anderen Systemen und den Nutzern.

Das Teleweb-System steuert die Initiierung, die Weiterleitung und die Trennung des Sprachkanals sowie des Co-Browsing. Es greift dabei auf die im Call Center vorhandenen Systeme zurück. Das Teleweb-System hat eine koordinierende Funktion. Die Umsetzung erfolgt innerhalb der jeweiligen Systeme im Call Center. Dafür muss das Teleweb-System permanent über alle Zustände der Co-Browsing-Sitzungen und der zugehörigen Telefongespräche informiert sein. Hierfür benötigt das Teleweb-System die Kenntnis über die Zustände der Fremdsysteme und die entsprechenden Änderungen in einem eigenen Zustandsmodell. Beide Kanäle werden technisch von eigenständigen Systemen gesteuert.

Die sich daraus ergebenden einzelnen Anforderungen werden im Folgenden aus verschiedenen Sichten hergeleitet.

3.5.1.1 *Anwenderanforderungen*

Die Anwender und Nutzer des Teleweb-Systems sind die Nachfrager, Agenten, IT- und TK-Administratoren sowie das Management des Call Centers.

3.5.1.1.1 Nachfrager

Die Nachfrager kontaktieren das Teleweb-System nicht direkt. Der Aufbau der Teleweb-Sitzung erfolgt, indem der Agent den Nachfrager bei Bedarf in diese Sitzung überführt. Weitere Anwendergruppen können Nutzer verschiedener Webportale sein, welche beim Navigieren, beim Bedienen oder Suchen Unterstützung benötigen.

380 Vgl. Henn, H.; Kruse, J. P.; Strawe O. V.: 1999, S. 349 f.

Es ist vertrauensbildend, den Kunden ständig über den Zustand seiner Anfrage und der Sitzung zu informieren. Dazu benötigt das Teleweb-System ein Zustandsmodell[381], von welchem es diese Informationen beziehen kann. Zur weiteren Vertrauensbildung sollten auch Hinweise zur Sicherheit bei der Benutzung des Systems gegeben werden. Für einen Kunden sollte es möglich sein, weitere spezifizierende Informationen zu seiner Anfrage zu geben. Diese Kundenangaben müssen vom Teleweb-Server berücksichtigt und ausgewertet werden können.

Aus den Anforderungen an das Co-Browing aus Abschnitt 3.1 sind folgende allgemeine Kundenanforderungen ableitbar:

- Ständige Information des Kunden über den aktuellen Zustand,
- Information über die Sicherheit,
- Eingabemöglichkeit weiterer spezifizierender Informationen zum Kundenbedarf,
- Ergonomie, Layout und Performance und
- Parallele Funktion von Co-Browsing und Telefonie.

3.5.1.1.2 Agent

Die zweite große Anwendergruppe ist die der Agenten. Sie arbeiten neben dem Co-Browsing direkt mit dem Teleweb-Client. Über den Teleweb-Client können sie Funktionen des Teleweb-Systems, aber auch Angaben über den Status der Verbindung, Bearbeitungsrechte, Synchronisation, Dauer, Stufe im Bearbeitungsprozess bzw. Sitzungsanfang und Sitzungsende nutzen.

Die wesentliche Erwartung der Agenten ist die Erleichterung der Gesprächsführung. Dabei sind folgende Anforderungen zu berücksichtigen:

- Stabilität des Teleweb-Systems,
- Performance des Teleweb-Systems,
- Beherrschbarkeit für den Agenten,
- Einfacher Umgang mit dem Abbruch einer Co-Browsing-Sitzung und
- Höherer Leistungsanspruch an den Agenten.

Diese Punkte müssen bei der Einführung eines Teleweb-Systems berücksichtigt und durch Schulungen vertieft werden.

3.5.1.1.3 Call Center Management

Für das Management im Call Center zählt in erster Linie die Wirtschaftlichkeit des Teleweb-Systems: d. h. lässt sich durch die Nutzung von Teleweb die Service- und Support-Qualität so verbessern, dass sich die Kundenbindung erhöht, die Abbruchrate sinkt und die Kauf-Umwandlungsrate steigt?

Wenn diese Verbesserungen durch den erhöhten Aufwand nicht kompensiert werden, ist die wirtschaftliche Bedingung für das Management erfüllt.

---

[381] Vgl. Abschnitt 4.1.3

Neben der Frage der Wirtschaftlichkeit[382] zählen weiterhin sekundäre Nutzens-komponenten,[383] wie die Zuverlässigkeit und die Fehlerfreiheit von Teleweb. Ein Monitoring des Telewebs mit entsprechenden Auswertungsfunktionen unterstützt das Management bei der künftigen Planung.

Zusammengefasst sollen folgende Erwartungen erfüllt werden:

- Erhöhte Wirtschaftlichkeit, Kundenbindung sowie Kauf-Umwandlungsrate,
- Bessere Service- und Support-Qualität,
- Effiziente Teleweb-Prozesse zur Aufwandsminimierung,
- Monitoring sowie
- Stabilität und Fehlerfreiheit des Teleweb-Systems.

3.5.1.1.4 IT-ADMINISTRATOREN

Die vorrangige Aufgabe der Administratoren im Call Center besteht in der Konfiguration des Teleweb-Systems nach den Vorgaben des Managements.

Eine weitere Anforderung betrifft eine hohe Sicherheit. Das ist deshalb von großer Bedeutung, da über Co-Browsing ein neuer Kanal zum Kunden geöffnet wird.

Daraus leiten sich die folgenden Administratoranforderungen ab:

- Überschaubarer Installations- und Pflegeaufwand,
- Hohe Stabilität des Teleweb-Systems und
- Hohe Sicherheit des Teleweb-Systems.

3.5.1.2 *Funktionale Anforderungen*

Die funktionalen Anforderungen des Teleweb-Systems ergeben sich aus den Funktionalitäten von Co-Browsing[384] und Telefonie[385] sowie den aus der Integration der beiden Systeme entstehenden Funktionalität. Es besteht die Aufgabe des Teleweb-Servers, zu einem Gespräch, das von dem CTI-Server verwaltet wird, zusätzlich eine Co-Browsing-Sitzung zwischen den am Gespräch beteiligten Personen aufzubauen. Umgekehrt soll die Zuordnung eines Gespräches zu einer Co-Browsing-Sitzung möglich sein. Das Teleweb-System muss deshalb die Parameter der Co-Browsing-Sitzungen und der Telefongespräche auswerten und berücksichtigen.

---

382 Vgl. Abschnitt4.4

383 Vgl. Abschnitt 2.2

384 Vgl. Abschnitt 3.1

385 Vgl. Abschnitt 2.4.3

Weitere Anforderungen für den Verlauf der Teleweb-Sitzung sind:

- Sitzungsweiterleitung zu einem anderen Agenten,
- Rückführung einer Sitzung zum ursprünglichen Agenten,
- Teleweb-Sitzung mit mehreren Personen und
- Übernahme eines Gesprächs, das bisher nicht von der Teleweb-Sitzung verwaltet wird.

Das Teleweb-System steuert diese Aufgaben. Die Funktionalitäten werden von dem CTI- und dem Co-Browsing-System umgesetzt. Das Teleweb-System hat dabei die Aufgabe, die Überwachung der Zustände und die Koordination der parallelen Kommunikations-Kanäle zu übernehmen.

3.5.2 Teleweb-Merkmale

Wenn der Web-Callback-Prozess verbessert oder verändert wird, ändern sich auch die Merkmalsausprägungen der Teleweb-Aktivitäten. Es entsteht ein neuer Teleweb-Prozess.

Die Tabelle 13 enthält zu jeder Teleweb-Aktivität die entsprechende Merkmalsausprägung.

Die gegenüber dem Web-Callback-Prozess neu hinzu gekommenen Aktivitäten sind durch eine graue Hinterlegung erkennbar. Die Aufgliederung der Nummerierung in a und b bedeutet, dass diese Aktionen parallel durchgeführt werden.

Für den zusätzlichen interaktiven Kommunikationskanal werden zu den Web-Callback-Aktivitäten[386] die Co-Browsing-Aktivitäten integriert. Es werden die Aktivitäten „Gespräch zuweisen“ und „Gespräch weiterleiten“ parallel mit den Aktivitäten „Co-Browsing-Sitzung zuweisen“ und „Co-Browsing-Sitzung weiterleiten“ gestartet. Die Aktivität „Gespräch nachbearbeiten“ kann dadurch so automatisiert werden, dass der Kunde und der Agent die Ergebnisse in der Sitzung gemeinsamen erarbeiten können. In der Regel können die Daten aus den Formularen der Webanwendung bzw. im EC fast vollständig ausgefüllt in das jeweilige ERP-System übernommen werden. Durch die erhöhte Automatisierung erhöht sich die Wertschöpfung wesentlich.

Die Aktivität „Gespräch nachbereiten“ wird zur Aktivität „Teleweb-Sitzung nachbearbeiten“ mit veränderten Merkmalen. Neben den neuen Aktivitäten bleiben alle anderen Web-Callback-Aktivitäten erhalten.

Aus den zusätzlichen Aufgaben entstehen für den Agenten neue Aktivitäten. Diese verändern durch ihre Merkmale den Prozess. Hervorzuheben sind die neuen Aktivitäten, die zu einer höheren Wertschöpfung des Teleweb im Vergleich zum Web-Callback beitragen. Das sind hauptsächlich die Aktivitäten in den Zellen (7;16) und (9;16) der Tabelle 13.

---

[386] Vgl. Abschnitt 3.4.2

Kriterium (j)	Ablauf			Automatisierungsgrad			Initiierungsrichtung		Kundenbeteiligung			Notwendigkeit		Planbarkeit		Wertschöpfungsgrad			Zeitfaktor	
	1	2	3	4	5	6	7	8	9	10	11	12	13	14	15	16	17	18	19	20
Aktivität (i)	seriell	asynchron	synchro	voll	halb	null	Inbound	Outbound	direkt	indirekt	nicht	obligatorisch	optional	planbar	nicht planbar	hoch	mittel	gering	kritisch	unkr tisch
1 Daten eingeben	X			X			X		X			X			X		X			X
2 Anfrage senden	X			X			X			X		X			X			X		X
3 Kunde kontaktieren	X			X				X	X			X		X				X		X
4a Gespräch zuweisen			X	X			X			X		X		X				X	X	
4b Co-Browsing-Sitzung zuweisen			X	X			X			X			X	X				X		X
5 Gespräch führen			X			X	X	X	X			X			X	X				X
6 Co-Browsing-Sitzung verifizieren			X		X		X		X				X		X			X		X
7 Co-Browsing-Sitzung führen			X		X		X		X				X		X	X				X
8a Gespräch weiterleiten		X			X		X			X			X		X			X	X	
8b Co-Browsing-Sitzung weiterleiten		X		X			X			X			X		X			X	X	
9 Teleweb-Sitzung nachbearbeiten	X			X	X		X				X	X		X		X	X			X

Tabelle 13: Teleweb-Merkmale
Quelle: in Anlehnung an Lassmann, T.: 2005, S. 36

Bei der Teleweb-Kommunikation entstehen im Sitzungsverlauf viele neue Informationen. Diese können analysiert und als Grundlage für die Entscheidungen zur Verbesserung der Angebote genutzt werden. Das sind z. B. Verbesserungen der EC-Anwendung, der Informations- oder Produktangebote. Vertragsabschlüsse, die vom Agent und dem Kunden gemeinsam in einem Web-Formular erzielt wurden, können direkt in die CRM-Software übernommen werden. Dadurch steigert die Erweiterung mit Co-Browsing die Wertschöpfung der Nachbearbeitung erheblich.

Eine Teleweb-Sitzung kann auch für verteilt arbeitende Call Center eingesetzt werden. Dazu müssen alle Standorte über eine entsprechende Anbindung verfügen.

Damit wird aus den um Co-Browsing bereicherten Web-Callback-Aktivitäten ein Teleweb-Prozess, welcher im nachfolgenden Abschnitt 3.6 beispielgebend modelliert wird.

3.6 Modellierung des Teleweb-Prozessablaufes

Ausgehend von dem Web-Callback-Prozess in Abschnitt 3.4.2 wird in diesem Abschnitt der Teleweb-Prozess als eEPK modelliert.

Das Teleweb-System muss den Zustand des Sprachkanals und des Co-Browsing-Kanals permanent überwachen. Zur Unterstützung des Agenten soll der agentenspezifische Teleweb-Sitzungszustand, unter Beachtung des jeweiligen Workflows im Call Center, am Arbeitsplatz des Agenten angezeigt werden. Diese Information muss über eine Schnittstelle an den Teleweb-Client des Agenten transportiert werden, die es der vorhandenen Software erlaubt, die Funktionalitäten von Teleweb zu verwenden.

Damit das Teleweb-System auch unabhängig vom CRM-System nutzbar ist, sollte ein minimal ausgestatteter, für diese Aufgabe dedizierter Agenten-Client entwickelt werden. Diese Vorgehensweise ist auch bei CTI-Clients üblich. Bei einem Ausfall des Teleweb-Systems darf die Telefonie der Agenten nicht automatisch gleichzeitig ausfallen und umgekehrt. Bei dem Ausfall der Telefonie könnte für die Teleweb-Sitzung der Textchat als paralleler Kommunikationskanal benutzt werden. Bei der Implementierung muss demnach darauf geachtet werden, dass die einzelnen Kommunikationskanäle unabhängig voneinander funktionieren.

Der komplexeste Teil der Steuerung ist die Initiierung einer Teleweb-Sitzung. Sie wird in Abschnitt 3.6.1 genauer untersucht

Das zu entwickelnde Teleweb-Prozessmodell bezieht sich auf die weitgehend automatisierte Initiierung und die anschließende Nutzung des Teleweb-Systems. Der Teleweb-Prozess unterteilt sich in drei aufeinander folgende Phasen:

1. Initiierungsphase,
2. Leistungsphase und
3. Nachbereitungsphase.

Die größte Vielfältigkeit gibt es in der Initiierungsphase. Deshalb wird diese Phase in den folgenden Abschnitten ausführlich dargestellt.

Initiierungsmöglichkeiten einer Teleweb-Sitzung sind:

1. Initiierung aus dem Web
2. Initiierung aus einem Sprachdienst (PSTN)
3. Initiierung aus einer E-Mail

Weitere mögliche Initiierungswege wie Chat, SMS oder Video sollen hier nicht weiter betrachtet werden. Sie geben Raum für weitere Forschungsarbeiten.

Teleweb kann aus verschiedenen Konstellationen heraus entstehen. Prozesse mit Teleweb unterscheiden sich u. a. in ihren Charakteristika anhand des Initiierungsdienstes. In Abbildung 30 sind mögliche Initiierungsdienste zur Kommunikation eines Multichannel-Call Centers dargestellt.

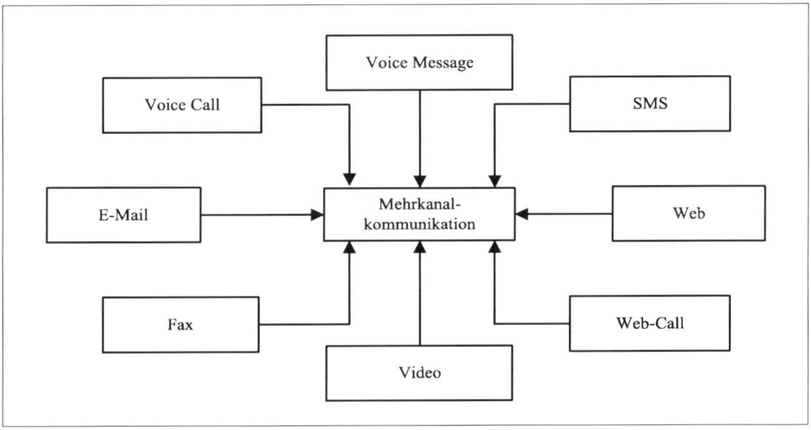

Abbildung 30: Multichannel Kommunikationsdienste
Quelle: eigene Darstellung

Die hier untersuchten Bedarfsentstehungen für Service und Support entwickeln sich aus der Nutzung entsprechender Webanwendungen. Aus dem im Abschnitt 2.2.4 und 2.3 formulierten Servicegedanken in den Phasen des Kaufprozesses heraus, soll dem Kunden an jenen Stellen geholfen werden, wo sein Bedarf entsteht. Daraus lässt sich ableiten, dass der vorrangig zu betrachtende Fall der Initiierung einer Teleweb-Sitzung die Initiierung aus dem Web heraus ist. Die Varianten einer aus dem Web initiierten Teleweb-Sitzung werden in Tabelle 12 aufgeführt.

Aus diesem Grunde wird nachfolgend der aus dem Web initiierte Prozess der Teleweb-Sitzung entwickelt.

Viele Aktivitäten des Web-Callbacks[387] können für den durch den Kunden initiierten Teleweb-Prozess übernommen werden. Das heißt, dass einige Teilprozesse komplett übernommen oder ergänzt werden können. Ausgehend von den in Tabelle 13

387 Vgl. Abschnitt 3.5.2

aufgeführten Aktivitäten kann der Teilprozess „Kunden kontaktieren“ vollständig herangezogen werden. Die Abläufe der Aktivität „Sitzung nachbereiten“ sind nur leicht zu verändern. Alle anderen Prozesse werden um Co-Browsing-Aktivitäten erweitert. Das neu entwickelte Teleweb-Prozessmodell wird in Abbildung 31 als eEPK modelliert.

3.6.1 Initiierung des Teleweb

Die Initiierung des dialogorientierten Kommunikationsprozesses ist, wie im vorherigen Abschnitt 3.6 aufgezeigt, verschieden zu realisieren. Gleichzeitig ist dies der kritischste Prozessschritt des Teleweb-Prozesses. Wenn es während dieser Phase zu Verzögerungen beim Aufbau oder zu falschen Zuweisungen des Telefongespräches bzw. der Co-Browsing-Sitzung kommt, bricht der Kundenkontakt ab. Ein Abbruch wirkt immer negativ auf die Vertrauensbildung beim Kunden und verhindert den Informationsaustausch, die Unterstützung oder die Transaktion.

Der Aufbau der Initiierungsprozesse sollte weitestgehend automatisiert verlaufen.

Wird der dialogorientierte Kommunikationsprozess durch den Anbieter begonnen, sind im Verlauf des Prozesses viele Schritte gleich zur Initiierung durch den Nachfrager. Die wesentlichen Unterschiede bestehen im Initiierungsprozess selbst. Bei der Initiierung von Teleweb durch den Kunden handelt es sich um ein Rückrufsystem mit einem sehr hohen Niveau der Dienstleistungsqualität. Die Art und Weise der Initialisierung des Rückrufes ist vergleichbar mit der in einem reinen Outbound-Prozess. Der Outbound-Prozess ist somit ein Subprozess des gesamten Prozesses im Rückrufsystem. Im konkreten Anwendungsfall muss der reine Outbound-Prozess an die Anforderungen angepasst werden, was hier nicht weiter untersucht werden soll. Die Möglichkeiten bei einer solchen Anpassung sind ähnlich den nachfolgend beschriebenen Initiierungsarten.

Für den Agenten sollte durch die Nutzung des zusätzlichen Datenkommunikationskanals wenig Mehraufwand, verglichen mit seinem Arbeitsablauf ohne Teleweb, entstehen. Das Co-Browsing-System muss, wie jeder andere CTI-User, über den CTI-Server oder im Fall des unabhängigen Aufbaus, vom Teleweb-Server gesteuert werden. Damit wird Co-Browsing aus der Sicht der Teleweb-Prozessintegration ebenso automatisiert abgearbeitet wie ein Telefongespräch oder eine E-Mail-Anfrage. Aus Effektivitätsgründen sollte es vermieden werden, den Agenten in die Warteschlange der Teleweb-Anfragen direkt eingreifen zu lassen. Die manuelle Auswahl ist zwar einfach umzusetzen, verlängert aber den Initiierungsprozess an einer kritischen Stelle. Darüber hinaus können Agenten diesen Schwachpunkt in der Prozessorganisation für „künstliche“ Pausen nutzen. Diese Aufgabe ist von dem Teleweb-CTI-System zu leisten.

3.6.1.1 *Initiierung über das Web*

Die Initiierung des dialogorientierten Kommunikationsprozesses über das Web erfolgt mittels des Teleweb-Prozesses. Der Ausgangspunkt ist eine Electronic Commerce-Anwendung im Web. In dieser Anwendung muss dem Nachfrager ein elektronisches Formular angeboten werden, in welchem er seinen Bedarf signalisieren kann.

Typische Informationen, die in diesem Formular abgefragt werden können, sind folgende:

- Telefonnummer für Rückruf, wenn nicht hinterlegt,
- Gewünschter Zeitpunkt der Sitzung (sofort oder Terminvereinbarung),
- Problemspezifizierung (Auswahl aus Kategorien oder Freitext) und
- Name des Nachfragers.

Dem CTI-Server bzw. dem Teleweb-Server muss es möglich sein, den Kunden eindeutig zu identifizieren, um so die Zuweisung durchzuführen und zwei parallele Kommunikationskanäle für Telefonie und Co-Browsing aufbauen zu können. Es existieren zwei grundsätzliche Möglichkeiten, einen Kunden eindeutig zuzuordnen.[388]

1. Der Nachfrager ist dem Anbieter als Kunde bekannt. Über den vom Kunden selbst vergebenen Benutzernamen und Passwort hat er eine eindeutige Identifizierung. Die Registrierung ermöglicht dem Anbieter das Sammeln umfangreicher Daten über den Nachfrager, welche neben den Vorteilen von personalisiertem Service- und Support auch für Bonifikationen, Mehrleistungen oder Cross- und Upselling-Möglichkeiten genutzt werden können. Diese Daten des Kunden werden im CRM-System verwaltet. Ist der Kunde im Moment des Servicebedarfs noch nicht registriert, kann ihm dies im Zuge der Prozessinitiierung an dieser Stelle angeboten werden. Die Dateneingabe wird vom CRM-System verifiziert.
2. Ist der Nachfrager nicht registriert und möchte dies auch nicht werden, sondern nur das Beratungsangebot in Anspruch nehmen, kann ihm die Möglichkeit angeboten werden, die für eine Teleweb-Sitzung minimal benötigten Daten in ein einfaches Formular einzugeben. Folgende Daten sind mindestens für die Initiierung notwendig:
    - Name oder Alias des Nachfragers und
    - Telefonnummer für den Rückruf.

    Für weiterführende Routing-Strategien kann es sinnvoll sein, darüber hinaus optional folgende Informationen abzufragen:
    - PLZ des Nachfragers,
    - E-Mail-Adresse oder
    - Sonstige Informationen über ein Freitextfeld.

    Die Plausibilität der eingegebenen Daten kann im Formular des Webportals mittels Java-Script geprüft werden.[389]

---

388 Die Identifikation über eine Registrierung im Webportal wird von den meisten Anbietern bevorzugt, um die Möglichkeiten aus der Personalisierung zu nutzen.

389 Plausibilität bedeutet in diesem Zusammenhang die Prüfung der Eingabe auf mögliche Korrektheit der Syntax. Es kann nicht überprüft werden, ob die Angaben der Wahrheit entsprechen.

Unabhängig von der Art der Identifikation müssen mit dem Formular auch die Sitzungsdaten der Webanwendung mit versendet werden. Diese Informationen beinhalten, wo in der Webanwendung sich der Kunde gerade befindet und wie der Bearbeitungsstatus ist (ausgefüllte Formulare u. s. w.). Diese sind notwendig, damit die Co-Browsing-Sitzung genau an der Stelle im Teleweb-Prozess aufgebaut werden kann, wo der Nachfragerbedarf entstanden ist.

Es ist wichtig während der Eingabe gegenüber dem Nachfrager Transparenz über den Ablauf des Prozesses, den Zeitaufwand, die Benutzerführung und über evtl. entstehende Kosten zu schaffen.[390] Aus dem gleichen Grunde wird dem Kunden nach der Eingabe seiner Daten in das Formular, eine Bestätigung über den erfolgreichen Versand der Daten gegeben.[391] Die Hürden zur Initiierung des Kommunikationsprozesses sind so gering wie möglich zu halten, weshalb die abgeforderten Eingaben auf ein Minimum beschränkt werden sollten.

Das kollidiert jedoch mit dem Ziel des Anbieters, Daten über den Nachfrager zu sammeln. In bestimmten Anwendungsfällen kann hierzu im Vorfeld des Sitzungsaufbaus ein IVR-System genutzt werden, um eine Einordnung des Nachfragerbedarfs vornehmen zu können. Weitere Informationen werden im Verlauf des dialogorientierten Kommunikationsprozesses in das CRM-System eingepflegt.

Nachdem die Anfrage mit den entsprechenden Daten in der Warteschlange eines Call Centers vorliegt, kann grundsätzlich nach zwei organisatorischen Vorgehensweisen unterschieden werden.[392] Die Abarbeitung kann manuell erfolgen, indem sich ein frei werdender Agent die nächste Anfrage zur Bearbeitung nimmt oder durch automatische Anwahlverfahren. Das eingesetzte Verfahren hängt von der Art des gewünschten Supports ab. Die beiden wichtigsten Wählverfahren Preview oder Predictive Dialing sind in Abschnitt 2.4.3.5 beschrieben.

Das CTI-System als Schnittstelle ermittelt unter Berücksichtigung der vorhandenen Routing-Skripte den für diesen Kunden passenden Agenten. Parallel muss der Dialer die Verfügbarkeit der einzelnen Agenten kennen. Dann baut ein Dialer im Hintergrund eine Gesprächsverbindung zum Nachfrager auf und verbindet im Falle der Kontaktherstellung den Nachfrager und den Agenten. Vor dem Verbinden kann ein IVR-System zwischengeschaltet werden. Die Aktivitäten 4a und 4b aus Abbildung 31 des Teleweb-Prozesses laufen parallel ab, um beide Kanäle möglichst gleichzeitig zum Agenten durchzustellen. Gleichzeitig wird vom Teleweb-System im CRM-System das Anzeigen der zugehörigen Kundendaten auf dem jeweiligen Agentenarbeitsplatz angestoßen. Wenn aufgrund mangelnder Agentenverfügbarkeit der Rückruf nicht sofort erfolgen kann, ist es notwendig, den Nachfrager über eine evtl. Verzögerung zu informieren. In diesem Falle kann dem Kunden die Möglichkeit gegeben werden, einen präferierten Rückruftermin und eine Rückrufnummer zu hinterlassen, um sich weitere Wartezeit zu ersparen.

390 Befördert den Aufbau eines Vertrauensverhältnisses, Vgl. Abschnitt 2.2.4.1

391 Vgl. Raskin, J.: 2001, S. 43 f.

392 Vgl. Mindermann, A.; Prümm K. ; Schubert, C.: 1999, S. 340 ff. und Bauer, N.: 2002, S. 17 ff

In Anwendungsfällen mit wenig Service- und Supportanfragen kann der Teleweb-Prozess mit Einsatz eines Dialers im Aufwands-Nutzen-Verhältnis ungünstig sein. In diesen Fällen kann der Rückruf auch vom Agenten manuell durchgeführt werden. Nach erfolgreichem Verbindungsaufbau zum Kunden wird im zweiten Schritt die Co-Browsing-Sitzung aufgebaut. Dies kann dann über eine Initiierung der Co-Browsing-Sitzung per E-Mail oder manueller Übernahme aus der Warteschlange durch den Agenten erfolgen.

Parallel zum Herstellen der Sprachverbindung wird die Co-Browsing-Sitzung zwischen dem Kunden und dem Agenten aufgebaut. Bei einer Co-Browsing-Anfrage aus dem Webclient wird vom Co-Browsing-Server eine Verbindung zum Client gehalten. Diese Anfrage dient beim Teleweb zugleich als Callback-Anfrage. Aus Sicht des Kunden wird die Co-Browsing-Sitzung an dieser Stelle gestartet. Die Webseite, die der Kunde nach dem Senden der Anfrage sieht, muss eine nahezu unbegrenzte Gültigkeit haben, da von der Anfrage der Teleweb-Sitzung bis zum Rückruf des Call Centers etwas Zeit liegen kann und der Kunde seine Internetverbindung bis zum Rückruf möglicherweise trennt. Auf der Seite des Call Centers muss zum gewünschten Zeitpunkt bekannt sein, welcher Agent zugeordnet werden soll.

Ein Gespräch und parallel dazu Co-Browsing zu initiieren, ist mit Hilfe der VoIP-Technologie möglich. Der Kunde verlangt aus seinem Webclient heraus gleichzeitig eine Co-Browsing-Sitzung und eine Sprachverbindung über das Internet. Die Initiierung von Teleweb über VoIP wird hier in die Web-Initiierung und nicht in die Sprachinitiierung eingeordnet, da es bei einer-VoIP Anfrage möglich ist, gleichzeitig über dasselbe Netzwerk eine Co-Browsing-Sitzung anzufordern. Für einen CTI-Server mit VoIP spielt es aus Prozesssicht keine Rolle, ob der Kunde den Sprachkanal über einen PSTN-CTI-User oder VoIP-CTI-User aufgebaut hat.

Der Dialog zwischen Anbieter und Nachfrager ist initiiert, d. h. zwischen beiden Dialogpartnern ist eine Verbindung über das Teleweb-System hergestellt. Es besteht damit eine auditive Verbindung über das Telefon oder VoIP sowie parallel eine visuelle Co-Browsing-Verbindung über die Inhalte des Webportals zwischen den Dialogpartnern.

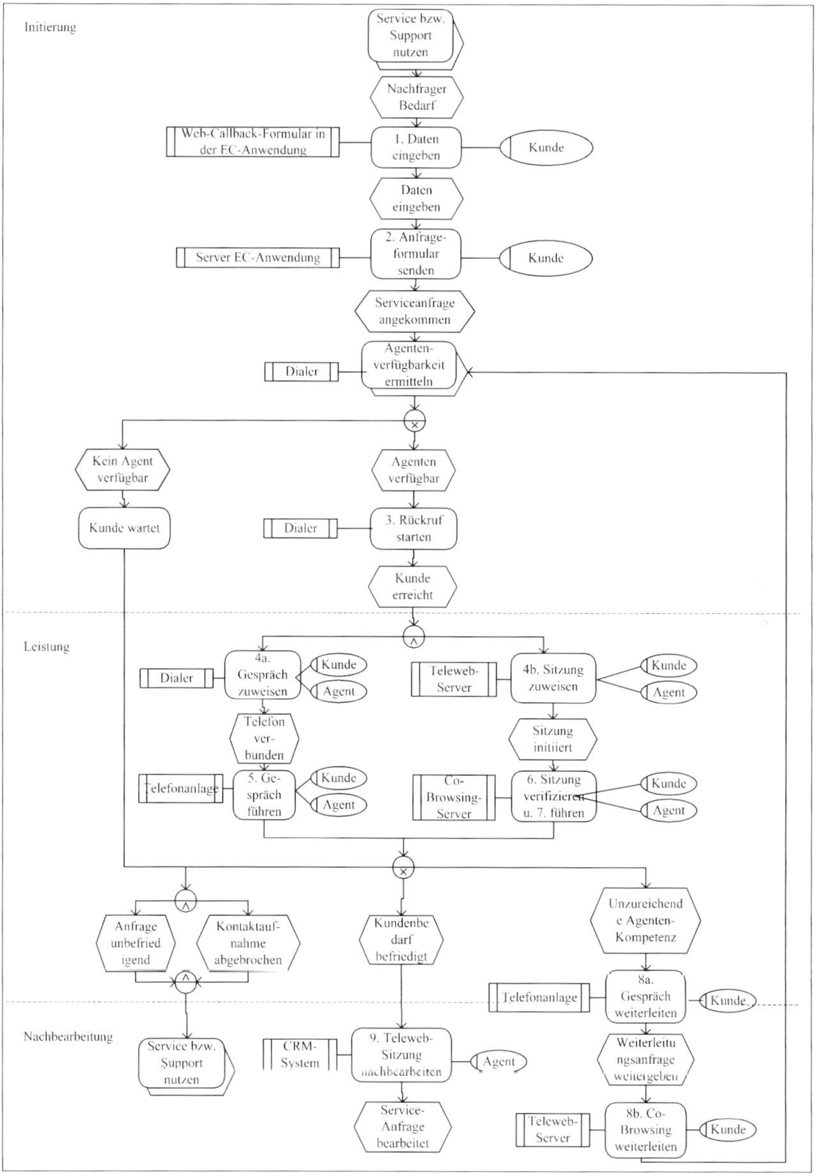

Abbildung 31: Modell des Teleweb-Prozesses (Anfrage von Nachfragern im Web)
Quelle: eigene Darstellung

3.6.1.2 *Initiierung über das Telefon*

Bei dieser Art der Initiierung wird ein Gespräch über einen Sprachdienst, wie Integrated Services Digital Network (ISDN), aufgebaut. Während des Gespräches entsteht der Bedarf, zusätzlich eine Co-Browsing-Sitzung herzustellen. Grundsätzlich kann jedes Gespräch, das mit einem Kunden geführt wird, in eine Teleweb-Sitzung überführt werden.

Um das Co-Browsing parallel zu starten, muss die Co-Browsing-URL übermittelt werden. Im einfachsten Falle per Durchsage am Telefon. Es ist allerdings oft fehleranfällig, dem Kunden eine URL-Adresse über einen Sprachkanal zu übertragen. Einfacher ist es, dem Kunden eine E-Mail mit der URL zu senden. Hier entsteht wiederum der Aufwand, dass der Kunde i. d. R. dem Agenten seine E-Mail-Adresse über den Sprachkanal übermitteln muss.

Alternativ könnte der Prozess unterstützt werden, in dem in der Webanwendung ein einfacher Co-Browsing-Button integriert wird. Beim Klicken dieses Buttons öffnet sich ein kleines Eingabefeld, in welches der Kunde nur eine kurze, über das Telefon durchgesagte, ID des Agenten eingibt und dann auf Senden klickt. Mit dem Senden-Klick wird die Co-Browsing-URL an den Agenten verschickt, welcher damit die Co-Browsing-Sitzung eröffnet.

Ein erhöhter Aufwand kann durch die Verlängerung der Gesprächszeit und durch die benötigte Zeit zur Initiierung entstehen. Die Gesprächszeit beim zusätzlichen Einsatz von Co-Browsing verändert sich in Abhängigkeit vom Komplexitätsgrad des zu unterstützenden Inhaltes. Bei einem komplexen Problem kann die Gesprächszeit durch den Einsatz von Co-Browsing deutlich gesenkt werden. Ist das zu klärende Problem vom Support auch ohne Co-Browsing-Einsatz einfach zu lösen, wird durch die Nutzung von Co-Browsing die Gesprächszeit unnötig verlängert.

Es muss stets abgewogen werden, ob die Art der Anfragen sowie der Wert dieser Information den zusätzlichen Aufwand durch den Einsatz von Co-Browsing rechtfertigt.

3.6.1.3 *Initiierung per E-Mail*

Wenn Teleweb über andere Dienste, z. B. E-Mail, Chat oder SMS angefragt wird, kann die Teleweb-Sitzung in Abhängigkeit des Dienstes und des Supportprozesses den Kunden zu einer der beiden obigen Varianten lenken oder zu Kombinationen davon. Nutzt der Kunde einen Dienst, in dem es möglich ist, nur diesem Kunden zu antworten, könnte der Kunde auf eine Co-Browsing fähige Web-Seite gelenkt werden. Der Kunde nutzt daraufhin Teleweb. Wird in diesem Supportszenario über das Medium eine Rückrufnummer übertragen, kann der Kunde, wie in Abschnitt 3.6.1.1 aufgezeigt, Teleweb nutzen.

Damit ergeben sich zwei wesentliche Szenarien, wie der Teleweb-Prozess aufgebaut werden kann. Zum einen die Erweiterung des klassischen Telefongesprächs um Co-Browsing und zum Anderen können Webseiten mit der Funktionalität von Teleweb unterstützt werden.

3.6.2 Leistungsphase

Nachdem der dialogorientierte Kommunikationsprozess zwischen Nachfrager und Agenten initiiert ist, beginnt mit den Aktivitäten Fünf und Sieben der eigentliche Serviceprozess.[393] Von der Güte des Dialoges zwischen Agent und Nachfrager hängt bei diesen Aktivitäten die angestrebte Kundenzufriedenheit bzw. langfristige Kundenbindung ab. Im Sinn einer Informationspartnerschaft und eines gemeinsam angestrebten Kommunikationsergebnisses bildet der Dialog des Nachfragers mit einem Agenten bzw. Berater eine Innovation.[394] Im Verlauf der Teleweb-Sitzung gilt es, ein von beiden Dialogpartnern angestrebtes Kommunikationsergebnis zu erreichen. Der untersuchte synchrone Dialog zwischen den Dialogpartnern ist sehr effektiv, da diese durch die permanente wechselseitige auditive und visuelle Kommunikation unklare Inhalte verdeutlichen können. Während des Dialoges unterstützt das CRM-System den Agenten. Eine weitere Möglichkeit der Unterstützung sind vorgefertigte Skripte als Gesprächsleitfäden,[395] was aber dem angestrebten wechselseitigen Dialog unter dem Aspekt einer Informationspartnerschaft entgegen stehen kann.

Im Verlaufe der Teleweb-Sitzung kann es notwendig werden, ein Gespräch zu einem anderen Agenten weiter zu leiten. In vielen Supportszenarien sind diese Weiterleitungen durch Stufenkonzepte im Prozess vorgesehen. Weniger qualifizierte Berater beantworten einfache Fragen und leiten schwierige Anliegen an Experten im 2nd- oder 3rd-Level Support weiter. Die Weiterleitung muss dem Nachfrager vom Expedienten vorgeschlagen und von diesem angenommen werden, da dies für den Nachfrager mit einer Wartezeit und einer neuen Ungewissheit verbunden ist und er evtl. diese Weiterleitung nicht akzeptiert.

Die Kommunikation durch Teleweb wird in folgenden fünf Punkten verbessert:

1. Alle an der Teleweb-Sitzung beteiligten Personen sehen die gleiche Webseite mit gleichem Inhalt.
2. Der sichtbare Webseitenausschnitt ist durch synchrones Scrollen für alle gleich.
3. Aktionen, wie das Ausfüllen von Formularen auf der Webseite, sind für alle sichtbar und synchronisiert.
4. Durch den Einsatz eines Telepointers kann die Aufmerksamkeit auf eine bestimmte Stelle der Webseite gelenkt werden.
5. Durch permanente wechselseitige auditive und visuelle Kommunikation können unklare Inhalte verdeutlicht werden.

Tabelle 14: Kommunikationsvorteile Teleweb
Quelle: eigene Aufstellung

393 Vgl. Tabelle 13

394 Vgl. Abschnitt 2.2.6.2

395 Vgl. Henn, H.; Kruse, J. P.; Strawe, O.: 1999, S. 531

Unabhängig von der Weiterleitung ist die Leistungsphase mit Erreichung eines gemeinsam getragenen Kommunikations-ergebnisses beendet. Im Anschluss besteht die Möglichkeit, den Nachfrager nach seiner Kundenzufriedenheit zu befragen.

3.6.3 Nachbereitung

Zur permanenten Qualitätsverbesserung kann im Anschluss an die Teleweb-Sitzung ein Feedback vom Nachfrager erfragt werden.[396] Der Kunde muss dabei über Ablauf und Aufwand in Kenntnis gesetzt werden. Das Feedback kann durch einen anderen menschlichen Dialogpartner als auch ein IVR-System eingeholt werden. Wenn es schwierig ist, von dem Kunden das freiwillige Feedback zu bekommen, können Anreizsysteme eingeführt werden. Wenn notwendig, pflegt der Agent in der Nachbereitung des Kommunikationsprozesses weitere Daten aus der Teleweb-Sitzung in das CRM-System ein, beendet eventuell noch offene Prozesse oder erweitert die Datenbank um den soeben gelösten Fall. Am Ende der Nachbereitung meldet sich der Agent wieder für die nächste Sitzung bereit.

Die während der Teleweb-Sitzung in der Webanwendung gemeinsam aufgenommenen Daten müssen nicht nachgepflegt werden. Sie können automatisch von der Webanwendung oder dem CRM-System weiter verarbeitet werden. Es ist möglich, den Verlauf der Webseiten der Co-Browsing-Sitzung zur Nachbearbeitung zu nutzen oder die Daten eines Vertragsabschlusses zu den Kundendaten zu speichern und so die Bestellung auszulösen. Im Support können die Fehlermeldung aus der Web-Anwendung automatisiert übernommen werden. In der Praxis kann die Automatisierung über die genannten Beispiele hinausgehen.

3.7 Zusammenfassung

Im Zentrum der Betrachtungen steht der Nachfrager.

Der Anbieter von Dienstleistungen stellt eine bestimmte Dienstleistungsqualität zur Verfügung und kann über zusätzliche Sekundärleistungen Alleinstellungsmerkmale gegenüber Mitbewerbern generieren oder verlieren. Die Dienstleistungsqualität definiert sich über Service- und Supportprozesse als eine Qualitätsdimension des Dienstleistungsprozesses. Wie die bisherigen Ausführungen verdeutlichen, ist es für die Anbieter sinnvoll, die Service- und Supportstrukturen des EC als Qualitätsdimension im Rahmen des Dienstleistungsprozesses zu betrachten.

Einen Schwerpunkt dieser Serviceprozesse bildet der wechselseitige dialogorientierte Kommunikationsprozess zwischen Anbieter und Nachfrager. Ziele sind ein gemeinsam getragenes Kommunikationsergebnis und folgende Verbesserungen:

- Ausgleichen fehlender sozialer Präsenz,
- Dem Informationsparadoxon[397] entgegenwirken und
- Das Erreichen einer Vertrauensbasis zwischen Anbieter und Nachfrager.

---

[396] Dieses Feedback bietet gleichzeitig die Möglichkeit für ein Beschwerdemanagement.

[397] Vgl. Abschnitt 3.6

Böttcher[398] hat in seiner Arbeit eine Vielzahl von hemmenden Faktoren vorgestellt, die auf den hier fokussierten Dienstleistungsprozess ebenfalls zutreffen. Die fehlende soziale Präsenz bzw. unzureichend definierte Kommunikationsmöglichkeiten mit einem menschlichen Dialogpartner und die Vertrauensbildung stehen im Mittelpunkt seiner Betrachtungen. Zusätzlich ist die ungenügende Informationsversorgung ein Hindernis für die Vertrauensbildung während aller Phasen des Dienstleistungsprozesses in einer Web-Anwendung.

Co-Browsing bietet viele neue Möglichkeiten und Anwendungsszenarien für das gemeinsame Arbeiten. Die Teleweb-Integration unterteilt sich in zwei grundsätzliche Möglichkeiten. Bei der ersten wird ausgehend von einem Telefongespräch bei Bedarf zusätzlich eine parallele Co-Browsing-Sitzung initiiert. Die zweite Möglichkeit besteht darin, den Kunden während der Benutzung des Webs, beim Auftreten eines Problems direkt zu unterstützen. Das kann über Teleweb und ein Call Center erreicht werden. Mit dem entwickelten Prozessmodell für Teleweb werden die hemmenden Faktoren gemildert oder beseitigt.

Der Aufbau eines Teleweb-Systems im Call Center besteht aus der Integration von Co-Browsing in die bestehenden Telefonie- und Geschäftsprozesse des Call Centers und der Verbindung des Teleweb-Servers mit dem CTI-Server. Die parallele Nutzung von Co-Browsing erweitert die Kommunikation und ist somit eine weitere wichtige Technologie für ein modernes Call Center.

Der Web-Callback-Prozess eignet sich als Grundlage zur Erweiterung für die Entwicklung des Teleweb-Prozesses. Die Aktivitäten von Web-Callback können dabei verwendet und um die Co-Browsing-Aktivitäten in den Teilprozessen erweitert werden.

Eine eindeutige Abgrenzung zwischen den Inbound- und den Outbound-Prozessen ist beim Teleweb nicht sinnvoll.

Bei der Entscheidung zur Verwendung von Teleweb ist das Verhältnis von Aufwand und Nutzen[399] zu prüfen. Dabei können die Bewertungen des Technologienutzens bei konkreten Leistungen bzw. Produkten den Entscheidungsweg unterstützen.

---

[398] Vgl. Böttcher, M.: 2004 Abschnitt 3.4.1 ff. und 3.5.4

[399] Vgl. Nutzenbetrachtung im Abschnitt 4.4

4 Co-Browsing Integration in internetbasierte Service- und Supportprozesse

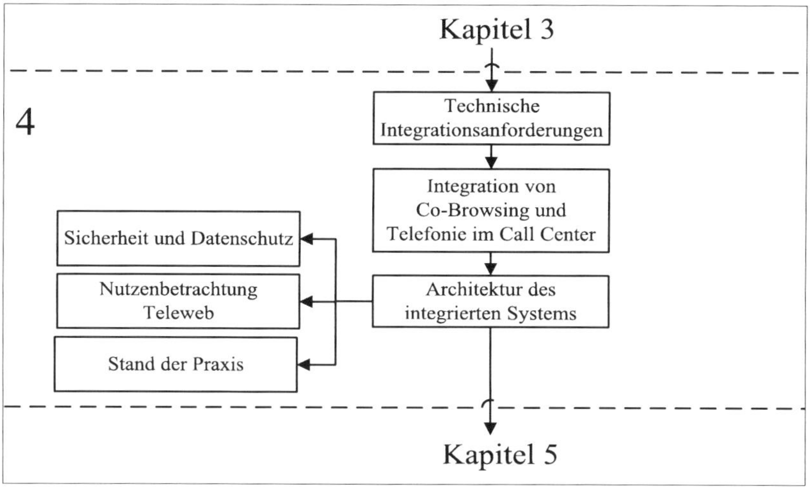

Abbildung 32: Aufbau von Kapitel 4

Im vierten Kapitel werden die beiden Systeme Co-Browsing und Telefonie auf der technischen Ebene zu dem Teleweb-System zusammen geführt. Das im dritten Kapitel entwickelte Lösungskonzept für Co-Browsing und die Teleweb-Prozesse bilden die Grundlage für die technischen Anforderungen an das Teleweb-System. Die Anforderungen an ein Teleweb-System werden aus den verschiedenen Sichten behandelt. Darauf aufbauend wird die Integration von Co-Browsing in bestehende Systeme hin zu einem Teleweb-System vorgenommen und spezifiziert. Im Abschnitt 4.2 dieses Kapitels wird aufgezeigt, wie das Teleweb-System in die vorhandene Infrastruktur im Call Center integriert werden kann. Es wird eine geeignete Hard- und Softwarearchitektur mit den Schnittstellen zwischen den verschiedenen Systemen erarbeitet und dargestellt.

4.1 Technische Integrationsanforderungen für Teleweb

Aufbauend auf den technologischen Rahmenbedingungen aus dem Abschnitt 3.2 und den Prozessanforderungen des Telewebs von Abschnitt 3.5.1 werden in diesem Abschnitt 4.1 die Integrationsanforderungen aus dem bestehenden Umfeld im Call Center erarbeitet.

Der Teleweb-Server ist hauptsächlich für den Austausch von Nachrichten und Kommandos zwischen dem CTI-Server, dem Co-Browsing-Server und den Teleweb-Clients zuständig. Zur Steuerung dieser Prozesse benötigt er ein Zustandsmodell.

Dazu speichert der Teleweb-Server für jeden Teleweb-Job die Zustände des Co-Browsing- und des Telefonie-Systems.

In den folgenden Abschnitten werden nach **Balzert**[400] die vier Sichten auf das System betrachtet:

- Funktionssicht,
- Datensicht,
- Dynamik[401] und
- Benutzerschnittstelle.

4.1.1 Funktionsseitige Anforderungen

Die Funktionssicht betrachtet und analysiert die Geschäftsprozesse, mit dem Ziel, die benötigten Funktionen für die Umsetzung abzuleiten. Die die Modellierung des neuen Teleweb-Prozesse ist in Abbildung 31 erfolgt. Darauf aufbauend werden in diesem Abschnitt die wichtigen Funktionen für das System abgeleitet. Eine Teleweb-Sitzung durchläuft drei allgemeine Phasen:

- Die Initiierung,
- Die Leistungsphase und
- Das Beenden der Sitzung.[402]

Im Folgenden werden die Funktionen der drei Phasen zu den im Abschnitt 3.6.1 vorgestellten Initiierungsmöglichkeiten behandelt. Die zugehörigen Daten werden in der Datenschicht in Abschnitt 4.1.2 aufgeführt.

4.1.1.1 *Initiiere Teleweb-Sitzung*

Eine Co-Browsing-Sitzung wird nach der Definition[403] mit paralleler, expliziter, interpersoneller Kommunikation verwendet. Im Falle der Co-Browsing-Anfrage wird die Co-Browsing-Sitzung zwischen dem Teleweb-System und dem Kunden hergestellt und gehalten. Das heißt, zuerst gibt es die Co-Browsing-Sitzung und erst danach wird die Telefonie über Teleweb aufgebaut. Dies entspricht der Funktion: „initiiere Teleweb-Sitzung auf Co-Browsing-Anfrage".

Wenn die Teleweb-Sitzung nicht von der Co-Browsing-Sitzung aus startet, wird von den Funktionen ein Gespräch initiiert oder von der Teleweb- Sitzung übernommen. Wenn der Agent eine Teleweb-Sitzung ohne Kundenkontakt initiiert, wird gleichfalls am Anfang ein Gespräch aufgebaut. Die drei Funktionen sind:

- Initiiere Teleweb-Sitzung auf Co-Browsing-Anfrage,
- Initiiere zusätzlich zum Gespräch und
- Initiiere Teleweb-Sitzung auf Agenten-Anfrage.

---

400 Vgl. Balzert, H.: 2000, S. 123 ff.

401 Die Dynamik wird über ein Zustandsmodell abgebildet.

402 Vgl. Abschnitt 3.6

403 Vgl. Abschnitt 2.5.2

Diese nutzen zuerst ein Gespräch und bauen danach parallel dazu eine Co-Browsing-Sitzung auf. Diese Funktionen werden zum großen Teil durch den Kunden indirekt angestoßen und über das Telefonie- oder Co-Browsing-System zum Teleweb-Server übertragen. Beim Teleweb wird die dritte Funktion verwendet, wobei diese von einer Serviceanfrage des Kunden ausgelöst wird.

4.1.1.2 *Unterstützte Leistungserbringung der Teleweb-Sitzung*

In der Phase der Leistungserbringung gibt es hauptsächlich Funktionen die vom Agenten verwendet werden. Die aktiven Funktionen die der Agent über den Teleweb-Client nutzt sind folgende:

- Weiterleiten der Teleweb-Sitzung,
- Weiterleiten der Teleweb-Sitzung mit Rückgabe und
- Verbinde zusätzlichen Teilnehmer mit Teleweb-Sitzung.

Zusätzlich kann dem Agenten die Funktion „visualisiere Zustand der Teleweb-Sitzung“ zur Verfügung gestellt werden. Das ist eine passive Funktion, die der Agent nutzen kann.

4.1.1.3 *Ende der Teleweb-Sitzung*

Die Teleweb-Sitzung kann durch das Co-Browsing-System, das Telefonie-System oder den Teleweb-Client beendet werden. Den Sprach- und Datenkanal gleichzeitig zu beenden, ist nur über den Teleweb-Client möglich. Wenn einer der beiden Kanäle unvorhergesehen und nicht über den Teleweb-Client beendet wird, sollte für diesen Fall das Teleweb-System die Funktionen zum Beenden des entsprechenden anderen Kanals bereitstellen.

Die Funktionen sind folgende:

- Beende Teleweb-Sitzung,[404]
- Beende Co-Browsing-Sitzung und
- Beende Telefonie.

4.1.2 Datenseitige Anforderungen

Daten entstehen in beiden Teilen des Teleweb-Systems sowohl auf dem Teleweb-Server zur Steuerung als auch auf den Teleweb-Clients zur Interaktion. Im Teleweb-Client werden unter anderem Steuerdaten erzeugt und in Form von Ereignissen an den Teleweb-Server gesendet. Des Weiteren visualisiert der Teleweb-Client die für den Agenten und den Kunden relevanten Informationen. Der Teleweb-Server sendet in gleicher Weise Ereignisse an den Teleweb-Client. Abgesehen von den Daten der unterstützten Web-Anwendung werden hauptsächlich Zustandsdaten erzeugt. Der Teleweb-Server führt die zentrale Koordination durch. Die Entscheidungen basieren auf den Steuerdaten der mit ihm verbundenen Systeme. Für diese Entscheidungen nutzt der Teleweb-Server Konfigurationsdaten. Für eine vollständige Integration müssen alle vom Teleweb-System geführten Daten nach außen über Schnittstellen

---

[404] Beende Co-Browsing und Telefonie

zugänglich sein. Die Spezifikation der einzelnen Datenfelder erfolgt in der Schnittstellenbeschreibung in Abschnitt 4.2.4.

Die folgende Abbildung 33 zeigt eine Übersicht der Daten eines Teleweb-Systems mit ihrer Entstehung und Verwaltung.

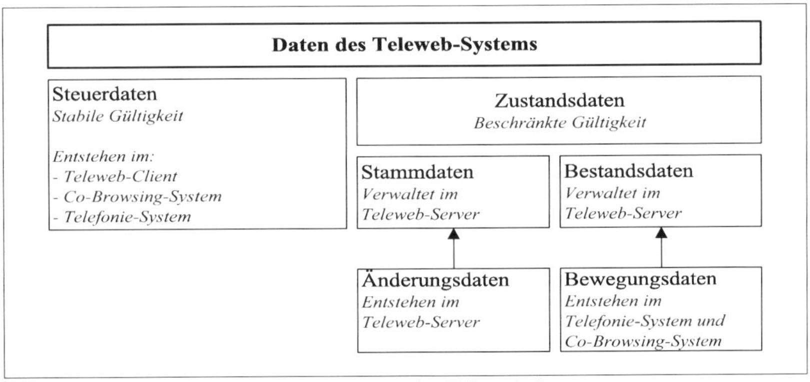

Abbildung 33: Daten des Teleweb-Systems
Quelle: eigene Darstellung

4.1.2.1 *Daten des Teleweb-Client*

Während der Interaktion des Teleweb-Client mit dem Agenten werden weitere Steuerdaten erzeugt. Diese werden über die Schnittstelle an den Teleweb-Server übertragen und dort vom Server ausgewertet. Die Steuerdaten beschreiben den Zustand folgender vom Teleweb-Client angeforderter Funktionen des Teleweb-Servers:

- Welche Co-Browsing-Sitzung gehört zu welchem Gespräch,
- Weiterleitung der Teleweb-Sitzung und
- Teilnehmer einer Teleweb-Sitzung.

Der Teleweb-Server sendet seine Zustandsdaten über eine definierte Schnittstelle als Ereignis an den Teleweb-Client. Die Ereignisse werden als Daten zwischen Teleweb-Server und Teleweb-Client übertragen und in den Teleweb-Clients visualisiert. Dem Nachfrager müssen in seinem Teleweb-Client nicht alle Zustandsinformation angezeigt werden. Folgende datenerzeugenden Ereignisse werden vom Teleweb-Client visualisiert:

- Gespräch zugewiesen,
- Co-Browsing-Sitzung zugewiesen,
- Gespräch verbunden,
- Co-Browsing-Sitzung verbunden,
- Gespräch getrennt und
- Co-Browsing-Sitzung getrennt.

Die Steuerdaten des Teleweb-Clients werden nach der Bearbeitung vom Teleweb-Server nicht mehr benötigt. Einige dieser Daten können für eine spätere Auswertung oder das Monitoring in einem Logfile gespeichert werden.

4.1.2.2 *Daten des Teleweb-Servers*

Der Teleweb-Server benötigt für seine Arbeit die Steuer- und Bewegungsdaten von den beteiligten Systemen. Die beteiligten Systeme sind:[405]

- Der Co-Browsing-Server,
- Der Teleweb-Client und
- Der CTI-Server, über den die Telefonanlage und der ACD-Server gesteuert werden.

Die zur Steuerung notwendigen Daten werden vom Co-Browsing-System und vom Telefonie-System erzeugt und an den Teleweb-Server übertragen. Der Teleweb-Server wertet diese aus und sendet die entsprechenden Steuerdaten an die anderen Systeme.[406] Über diese Daten werden die Ereignisse in beide Richtungen gesendet und die jeweiligen Funktionen aufgerufen.

Vom Co-Browsing-System und vom Telefonie-System werden Bewegungsdaten an den Teleweb-Server übertragen. Diese erzeugen und verändern die folgenden Bestandsdaten:

- Rückrufzeitraum,
- Kundenrufnummer,
- Agenten-ID,
- Gesprächs-ID,
- Co-Browsing-Sitzungs-ID und
- Verbindungszustände.

4.1.3 Zustandsmodell

In modernen Call Centern ist die Telefonie über einen CTI-Server mit anderen CTI-Usern, wie CRM, ACD, IVR, Email-Server und anderen Systempunkten verbunden. Daraus folgt, dass der CTI-Server um die Anbindung mit der CTI-User-Technologie Co-Browsing erweitert werden muss. Ein alternativer Ansatz ist eine eigenständige Implementierung des Teleweb-Systems parallel zum CTI-Server. Da der Teleweb-Server die Steuerung des Co-Browsing und des CTI Systems übernimmt, muss er über ein Zustandsmodell verfügen.

Die Dynamik des Teleweb-Systems wird durch seine Zustände bestimmt. Die Zustände der beiden Systeme sind im Zustandsmodell ständig zu führen

> Das **Zustandsmodell** bildet den jeweils aktuellen Status der Funktionen nach dem Eintreten von bezogenen Ereignissen ab.

[405] Vgl. Abbildung 39 und Abbildung 40

[406] Vgl. Abbildung 29

Zustände für das Co-Browsing sind:

- Verbunden,
- Getrennt,
- Wartend und
- Verbinde.

Die zu führenden Zustände des Sprachkanals sind die gleichen wie beim Co-Browsing (Verbunden, Getrennt, Wartend und Verbinde), da weitere im ISDN-Protokoll vorgesehene Zustandsbeschreibung (wie Nummer nicht vorhanden oder Anrufbeantworter) für die Steuerung vom Teleweb-Server nicht benötigt werden.

Es muss ein möglichst allgemeingültiges Zustandsmodell definiert werden, welches die vorhandenen Szenarien unterstützt. Bewegungsdaten sind abwicklungsorientierte Daten:[407]

- Angefragt,
- Wird verbunden,
- Verbunden,
- Wird getrennt und
- Getrennt.

Die Zustände „wird verbunden" und „wird getrennt" sind für den Teleweb-Server notwendig, da die Kanäle nicht direkt gesteuert werden. Der Teleweb-Server bekommt eine Rückkopplung vom Co-Browsing-System und vom Telefonie-System. Die Zustände werden von außen beeinflusst und beeinflussen sich gegenseitig. Die Beziehungen werden in der Abbildung 34 durch die gerichteten Pfeile verdeutlicht und zeigen den Informationsfluss mit den möglichen Ereignissen. Die modellierten Zustände sowie die erfolgte allgemeine Spezifikation und Konzeption bilden die Grundlage für die Implementierung eines Zustandsmodells.

[407] Vgl. Hansen, H. R.; Neumann, G.: 2005, S. 9

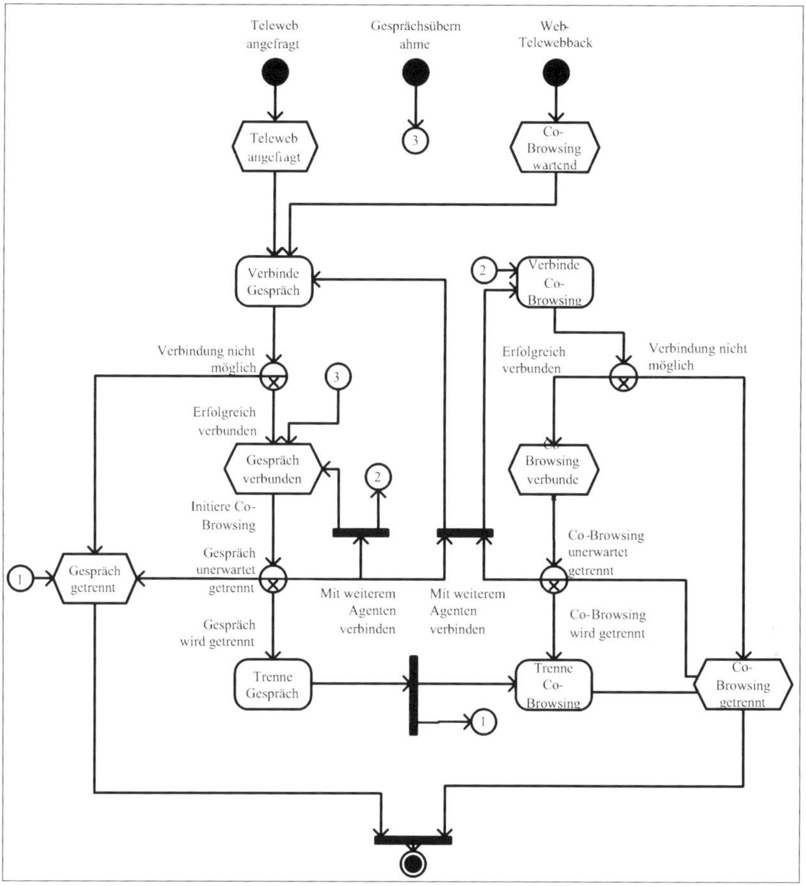

Abbildung 34: Zustandsmodell des Teleweb-Systems
Quelle: Lassmann, T.: 2005, S. 53

4.1.4 Benutzerschnittstelle

Eine direkte Interaktion des Teleweb-Systems mit dem Nutzer gibt es nur über den Teleweb-Client. Er kann sowohl in ein CRM-System integriert werden als auch über eine Anwendung im Webbrowser. Die Anzahl der Nutzer ist nicht festgelegt. Sie ergibt sich aus dem Prozess. Die im Abschnitt 4.1.2 besprochenen Zustandsdaten müssen für den Agenten in der Benutzerschnittstelle visualisiert werden, ebenso die Bedienelemente (wie Buttons, Auswahlfelder oder Statusanzeigen) zur Verlaufssteuerung für den Agenten.

Der Teleweb-Client hat eine einfache API und wird meistens in der Call Center eigenen Terminalsoftware bzw. der CRM-Software implementiert. Einige Funktionen können von der Terminalsoftware automatisiert aufgerufen werden.

Die wenigen Funktionen eines Teleweb-Clients für die Interaktion mit dem Nutzer können in einem eigenständigen Client bereitgestellt werden. Das UI sollte sich an die allgemein üblichen Standards halten. Der eigenständige Teleweb-Client zeigt die Zustände an und stellt dem Agenten die entsprechenden Funktionen zum Ändern dieser Zustände zur Verfügung. Des Weiteren sind die Schnittstellen des Teleweb-Systems zu implementieren. Darüber kommuniziert das Teleweb-System mit den benachbarten Systemen (Co-Browsing-Server, der Teleweb-Client und der CTI-Server). Es ist über Hardwarekomponenten bzw. über ein Netzwerk mit diesen verbunden. Die Kommunikation erfolgt über TCP/IP-Protokolle.

Die Prozesse und die Anwendungen, wie auch die Anwendungsschnittstellen setzen mit diesen Protokollen nach dem OSI-Modell auf.[408] Schnittstellen sind für ihre Anwenderdienstleistungen unabhängig von der Implementierung der Funktionalität definiert.[409] Das Teleweb-System kommuniziert über die folgenden drei Schnittstellen:

- Die Teleweb-Client-API,
- Die Teleweb-User-API und
- Die CTI-API nach außen.

Das Teleweb-System hat eine Schnittstelle Teleweb-User-API. Über diese Schnittstelle werden die Telefonie- und Co-Browsing-Systeme koordiniert und ihre Funktionen aufgerufen, wie in Abbildung 40 dargestellt.

Im Falle der CTI-API verläuft der Prozess umgekehrt. Hier muss die Schnittstelle im Teleweb-System angepasst bzw. implementiert werden. Dafür benötigt der Teleweb-Server eine CTI-Wrapper-Softwarekomponente[410]. Dadurch, dass das CTI-System im Normalfall die Koordinierung aller anderen Systeme im Call Center übernimmt, ist die CTI-API für die Implementierung von CTI-Usern, wie z. B. dem Co-Browsing-System, ausgelegt. Besser ist es, wenn das Teleweb-System im CTI-Server integriert wird. Dann kann es seine Funktionalitäten über die CTI-API oder eine ähnliche Schnittstelle anbieten. Aus den in Abschnitt 3.5.1 beschriebenen Gründen ist das Teleweb-System parallel mit eigener Steuerlogik konzipiert. Die Schnittstellenbeschreibung wird im nächsten Abschnitt durchgeführt.

4.1.5 Co-Browsing-Lösungskonzept für den Teleweb-Einsatz

Die fehlende Standardisierung bzw. Unterstützung der Kollaboration durch entsprechende Standards des WWW ist der Grund für die verschiedenen Ansätze und Technologien. Im Hinblick auf Co-Browsing gibt es große Unterschiede vor allem bei den jeweils zu erfüllenden Voraussetzungen, um die Kollaborationssysteme nutzen zu können. **Winkler** hat die Vor- und Nachteile verschiedener

---

408 Vgl. Stahlknecht, P.; Hasenkamp, U.: 2005, S. 94 ff.

409 Vgl. Siedersleben, J.: 2003, S. 817

410 Vgl. Abschnitt 4.2.3.1

Kollaborationssysteme untersucht.[411] Eine allgemeine und uneingeschränkte Empfehlung konnte er nicht geben.

HTTP als strikt Client-/Server-basiertes Pull-Protokoll ist für die Umsetzung synchroner Groupware nur bedingt geeignet.[412] Der Server-Prozess hat keine Möglichkeit, die Kommunikation mit dem Client zu initiieren. Es gibt standardmäßig keine Unterstützung asynchroner Notifikationen zwischen Client- und Server-Prozessen. Um Anforderung 2 aus Tabelle 11 erfüllen zu können, muss der Webbrowser als Client-Prozess um entsprechende Fähigkeiten erweitert werden. Dazu werden zusätzliche Technologien benötigt.

Explizit hervorgehoben wurde von **Winkler** die Technologie des Javascript RPC, aufgrund der minimalen Nutzungsbarrieren für den Anwender. Zusätzlich hat er die Integration der Funktionalität eines Proxy-Servers als eine Grundvoraussetzung an Co-Browsing-Systeme gestellt, da ohne diesen viele Funktionen nicht umsetzbar sind.

Entsprechend der Anforderungen 9, 12 und 13 von Tabelle 11 werden keine vollständigen Inhalte des Web-Browsers übertragen, sondern ausschließlich alle Zustandsänderungen bzw. Ereignisse. Zustandsänderungen bei der Arbeit mit einem Web-Browser können bspw. ein Seitenwechsel, das Scrollen innerhalb des Arbeitsbereichs oder das Ausfüllen eines Formularfeldes sein. Für den Empfang, die Verarbeitung und die Verteilung der Zustandsänderungen zwischen den Sitzungsteilnehmern ist der Co-Browsing-Server zuständig. Dieser basiert auf einem Proxy-Server-Funktionalität als Kern, welcher die HTTP-Kommunikation mit den Sitzungsteilnehmern übernimmt. Gleichzeitig verfügt er über die Verantwortung für die Zugriffskontrolle und die Konsistenzsicherung des Arbeitsbereiches.

Beziehung zwischen ***Web-Server*** und ***Co-Browsing-Server***:

Anfragen, die aus Ereignissen resultieren, werden nicht mehr direkt an den ***Web-Server*** gesendet, sondern an den ***Co-Browsing-Server***. Dieser leitet die Anfrage an den tatsächlichen ***Web-Server*** weiter, welcher diese verarbeitet und dem Co-Browsing-Server die Antwort zurückgibt, der diese dann an den ursprünglich anfragenden Browser-Client weiterleitet. Für die Verteilung zwischen den einzelnen Sitzungsteilnehmern wird zusätzlich eine Mitteilung über eine Zustandsänderung an alle in der Sitzung registrierten Benutzer gesendet, welche daraufhin diese vom Co-Browsing-Server abfragen und für den lokalen Arbeitsbereich umsetzen. Auf diese Weise wird die Last auf dem eigentlichen Webserver nicht erhöht. Die Konsistenz der Daten garantiert der Co-Browsing-Server, da auch HTTP-Post Anfragen nur einmal gesendet werden. Zusätzlich verwaltet die integrierte Proxy-Server-Funktionalität sämtliche persistente Zustände einer Sitzung, wie Authentifi-

411 Vgl. Winkler, T.: 2004, S. 34

412 Vgl. Winkler, T.: 2004, S. 36

zierungsdaten oder HTTP-Cookies, so dass entsprechend der Anforderungen 10 und 16 von Tabelle 11 die gemeinsame Arbeit in mit Passwort geschützten Bereichen möglich ist. Der Proxy unterstützt in diesem Zusammenhang auch die verschlüsselte Kommunikation über HTTPS. Zur Performanceverbesserung wird der Proxy durch einen Cache unterstützt.

Beziehung zwischen ***Webbrowser*** und ***Co-Browsing-Server***:

Bei der Verteilung der Ereignisse werden genau dann Mitteilungen zwischen ***Webbrowser*** und ***Co-Browsing-Server*** übermittelt, wenn diese im Web-Client verfügbar sind. Der Push-Protokoll-basierte Ansatz bietet eine sehr hohe Genauigkeit bei minimalem Kommunikationsaufwand und gewährleistet, dass sich der Arbeitsobjektzustand bei allen Sitzungsteilnehmern gleichzeitig aktualisiert (Anforderung 9 von Tabelle 11). Es wird kein aktives Polling durch den Co-Browsing-Server angewendet.

Das beschriebene Vorgehen hat entscheidende Vorteile gegenüber Application- bzw. Desktop-Sharing-Lösungen. Die notwendige Bandbreite wird nicht durch das Co-Browsing-System festgelegt. Die Inhalte werden dem Benutzer als vom Co-Browsing-Server leicht abgeänderte Quelltexte übermittelt, so dass nur ein geringer Overhead zur normalen Nutzung anfällt. Selbst bei der möglichen Nutzung mit dem Modem ist gewährleistet, dass der Nutzer mit einer von ihm gewohnten Geschwindigkeit arbeiten kann. Darüber hinaus ist auf diese Weise eine nahezu unbegrenzte Zahl von Sitzungsteilnehmern in beliebig vielen parallelen Sitzungen realisierbar (Anforderung 7 von Tabelle 11).

Getestet wurde die entwickelte Technologie mit bis zu 1000 gleichzeitigen Sitzungsteilnehmern ersten mal von der itCampus GmbH bei der Umsetzung eines Online-Scoreboards eines WTA Tennisturniers im Jahr 2003 in Leipzig. Die maximale Anzahl gleichzeitiger Sitzungsteilnehmer wurde durch die vorhandenen Hardware-Ressourcen begrenzt. Das hier beschriebene Co-Browsing-Konzept wurde in den folgenden Jahren von der Firma itCampus Software- und Systemhaus GmbH entwicklungstechnisch umgesetzt und befindet sich bereits im praktischen Einsatz.[413] Die hier modellierte Integration in die Kommunikationsprodukte[414] von itCampus wird noch realisiert.

Innerhalb einer Sitzung werden entsprechend Anforderung 1, 3 und 17 von Tabelle 11 die Berechtigungen der einzelnen Teilnehmer anhand eines im Co-Browsing-Server konfigurierbaren Rollen- und Berechtigungskonzept verwaltet. Die Co-Browsing-Lösung ist somit mandantenfähig und kann zwischen verschiedenen Projekten unterscheiden.

---

413 z. B. bei der TUI interactive GmbH

414 Siehe Elsbeth Communication Center im Anhang H

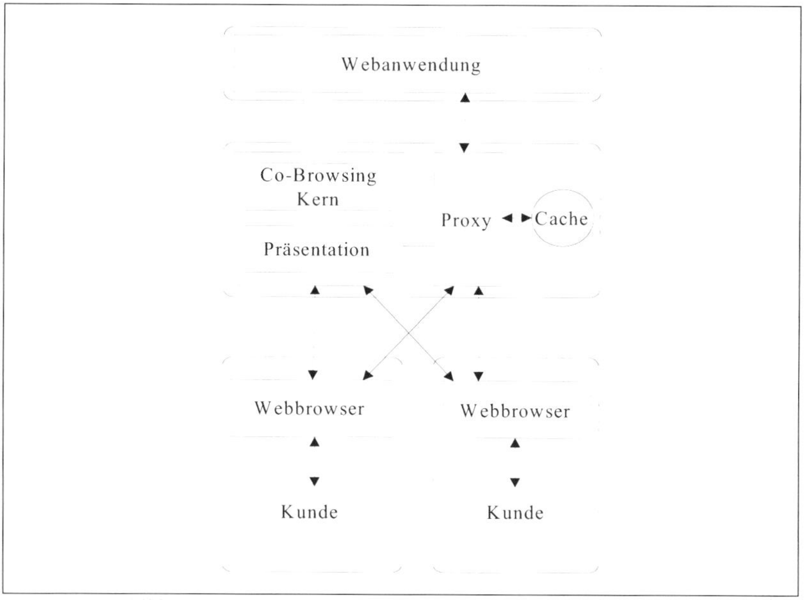

Abbildung 35: Modell zentraler Komponenten mit mehreren Servern
Quelle: in Anlehnung an Roth, Unger 2000

Getestet wurde die entwickelte Technologie mit bis zu 1000 gleichzeitigen Sitzungsteilnehmern ersten mal von der itCampus GmbH bei der Umsetzung eines Online-Scoreboards eines WTA Tennisturniers im Jahr 2003 in Leipzig. Die maximale Anzahl gleichzeitiger Sitzungsteilnehmer wurde durch die vorhandenen Hardware-Ressourcen begrenzt. Das hier beschriebene Co-Browsing-Konzept wurde in den folgenden Jahren von der Firma itCampus Software- und Systemhaus GmbH entwicklungstechnisch umgesetzt und befindet sich bereits im praktischen Einsatz. Die hier modellierte Integration in die Kommunikationsprodukte von itCampus wird noch realisiert.

Innerhalb einer Sitzung werden entsprechend Anforderung 1, 3 und 17 von Tabelle 11 die Berechtigungen der einzelnen Teilnehmer anhand eines im Co-Browsing-Server konfigurierbaren Rollen- und Berechtigungskonzept verwaltet. Die Co-Browsing-Lösung ist somit mandantenfähig und kann zwischen verschiedenen Projekten unterscheiden.

Abbildung 35 ist das Co-Browsing-System in seinem Umfeld zwischen Webserver und Browser-Client dargestellt.

Wie in den Punkten 12, 14 und 15 von Tabelle 11 gefordert, wird mit diesem Konzept im Gegensatz zu Application-Sharing-Lösungen keine plattformabhängige Installation, wie eigenständige Anwendungen (z. B. *.exe), Browser-Plugins oder Laufzeitumgebungen wie Java oder Active X notwendig. Einzige Voraussetzung auf der Seite des Nachfragers ist ein installierter Webbrowser mit aktiviertem Java-Script.

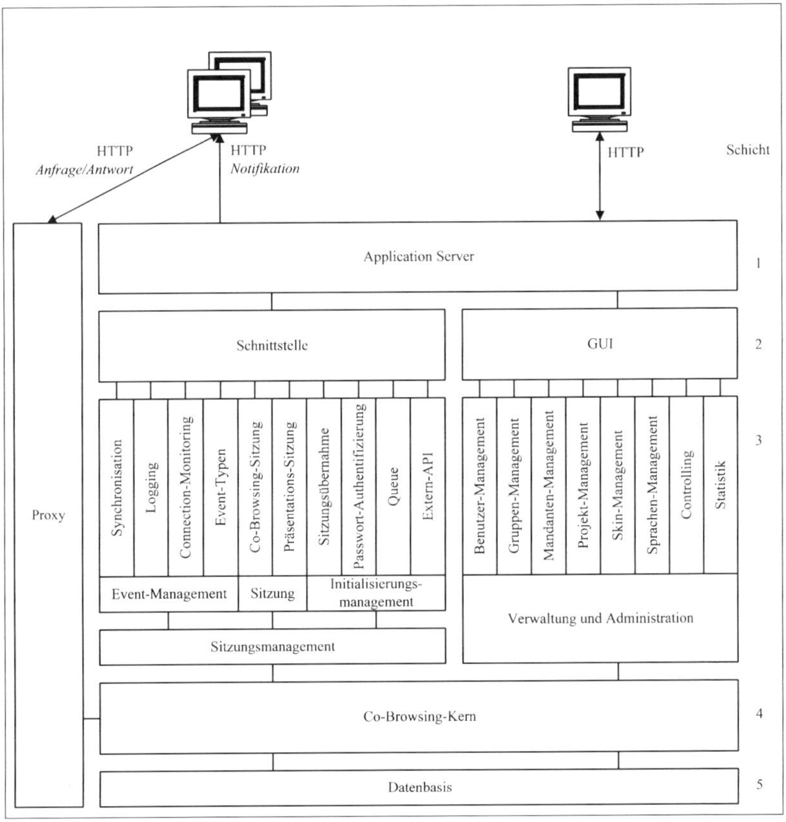

Abbildung 36: Co-Browsing-Schichtenmodell
Quelle: Vgl. Winkler, T.: 2004, S. 67

In Abbildung 36 wird die Systemarchitektur des für Teleweb vorgeschlagenen Co-Browsings beschrieben.

Das dargestellte Architekturmodell zeigt den Aufbau in fünf Schichten:

1. Applikationsserver-Schicht
2. Bedien-Schicht (Schnittstelle oder GUI)
3. Funktions-Schicht
   (Event-Management, Initialisierungsmanagement und Verwaltung)
4. Co-Browsing-Logik-Schicht
5. Daten-Schicht

1. Schicht

Die oberste Schicht bildet der ***Applikationsserver***. Sämtliche Anfragen an das System werden von diesem entgegen genommen.

2. Schicht

Diese Anfragen werden verarbeitet und über eine abstrakte Schnittstelle oder das GUI-Management in der ***Bedien-Schicht*** an die entsprechend verantwortliche tieferliegende Komponente weitergegeben.

3. Schicht

Die ***Funktions-Schicht*** des Systems ist in die beiden abgebildeten Funktionseinheiten unterteilt. Das Event-Management, das Initialisierungsmanagement und die Verwaltung der eigentlichen Sitzung sind in der ersten Funktionseinheit zusammengefasst, dem Sitzungsmanagement. Dieses verwaltet und verarbeitet alle mit einer Co-Browsing-Sitzung verbundenen Ereignisse und Aktivitäten. Die zweite Funktionseinheit bildet die vollständig Web-basierte Verwaltung und Administration, die den Zugriff auf sämtliche Parameter des Systems steuert. Benutzer greifen über HTTP und die übergeordnete Schicht des Applikationsservers auf die Administration zu. Über diese erfolgt, neben dem Zugriff auf Controlling- und Statistikdaten, auch das Sitzungsmanagement bzw. der gesamte Co-Browsing-seitige Teleweb-Initiierungsprozess.

Die weiteren Schichten des Systems sind der Co-Browsing-Kern und die Datenbasis.

4. Schicht

Der ***Co-Browsing-Kern*** stellt sämtliche für die Kollaboration notwendigen Funktionen bereit und bildet die Schnittstelle zur untersten Schicht, der Datenbasis. Das Co-Browsing kann ausschließlich über die Kern-Schicht auf den integrierten Proxy-Server zugreifen und Daten austauschen. Dafür gibt es zwischen Co-Browsing-Kern und dem Proxy-Server eine extra Schnittstelle. Co-Browsing-Sitzungen, die über den Proxy-Server laufen, werden vom Co-Browsing vollständig an diesen abgegeben. Dazu wird eine HTTP-Notifikation an den Webbrowser des Benutzers gesendet, um diesen über eine spezielle URL auf den Proxy-Server umzulenken. Ab diesem Zeitpunkt werden alle Arbeitsobjekte durch den Proxy-Server für alle Sitzungsteilnehmer synchron bereitgestellt.

5. Schicht

Die ***Datenbasis*** ist ein Datenbanksystem, welches für die Persistenz der Projektdaten sowie für die Speicherung der Konfiguration die Funktionssicherheit garantiert.

4.1.6 Anforderungsprüfung

Ausgehend von der Technologiebeschreibung basiert das Co-Browsing-Lösungskonzept auf einer vollständig replizierten Verteilungsarchitektur, die als dezentrale Komponente einen Webbrowser voraussetzt. Um entsprechend der Anforderungen 3, 9 und 17 aus Tabelle 11 fortwährend den Zustand aller Sitzungen überwachen zu können, werden die Daten zentral vom Co-Browsing-System verwaltet und auf Anfrage an den Webbrowser übermittelt und repliziert. Das ist ein hauptsächlicher Grund für die Notwendigkeit einer zentralen Serverkomponente. Im Unterschied zum Peer-to-Peer-Modell, bei dem ein beteiligtes Programm verteilt innerhalb des Netzwerkes gleichzeitig Client und Server darstellt, sind beim Client-Server-Modell die Komponenten Client und Server getrennt in einen zentralen Server und verteilte Clients.

Die klassische Client-Server-Architektur arbeitet mit aktiven Prozessen zur Informationsverteilung. Da beim Co-Browsing Informationen bei ihrem Auftreten verteilt werden müssen, wird die Client-Server-Architektur um Elemente der Push-Architektur ergänzt. Die Zustandsänderungen des Arbeitsobjektes sind mit Javascript RPC gesendeten Notifikationen im Moment des Auftretens verfügbar. Die Abfrage erfolgt zwar streng anfrage-/anforderungsbasiert auf der Grundlage von HTTP, einem Pull-Protokoll, diese Einschränkung wird jedoch durch den Einsatz von Javascript RPC umgangen und arbeitet wie ein Push-Prinzip.[415]

Der Architekturstil ist somit auf der Grundlage der asynchronen Kommunikation über HTTP eine Kombination aus den im Abschnitt 3.2.2.1 und 3.2.2.3 beschriebenen Client-Server- und Push- und Event-Architekturen gestaltet.

Die Peer-to-Peer-Technologie wird in diesem Konzept nicht verwendet, da keine direkte Kommunikation zwischen den dezentralen Komponenten möglich ist.

Bei der Überprüfung der Anforderungen von Tabelle 11 ergibt sich, dass die Erfüllung aller funktionalen Anforderungen möglich ist und alle strukturellen Anforderungen mit dem Lösungskonzept abgebildet sind. Möglich heißt, dass die Funktionen für den jeweiligen Anwendungsfall genutzt, ausgeprägt oder dazu programmiert werden können. Die folgende Tabelle 15 zeigt, welche Anforderungen im Lösungskonzept direkt abgebildet sind und welche in einer konkreten Implementierung möglich sind. Dabei sind einige Anforderungen zwar direkt in der gewählten Architektur umgesetzt, müssen aber in der gewünschten funktionalen Ausprägung implementiert werden.

Direkt abgebildete Anforderungen	1, 2, 4, 5, 6, 7, 8, 9, 10, 11, 12, 13, 14, 15
Implementierbare Anforderungen	1, 3, 16, 17, 18, 19, 20

Tabelle 15: Umgesetzte Anforderungen von Tabelle 11
Quelle: eigene Aufstellung

415 Vgl. Anforderung 2 aus Tabelle 11

4.2 Integration von Co-Browsing und Telefonie im Call Center

Die Infrastruktur im Call Center ist nach den Bedürfnissen der Kunden ausgerichtet.[416] Die Möglichkeiten, ein Call Center zu erreichen, haben sich in den letzten Jahren deutlich erweitert. Aus den Call Centern werden multimediale Communication Center.[417]

Zur Erweiterung des möglichen Angebotes von Diensten zur Kommunikation zwischen Kunden und Dienstleistern werden Co-Browsing und Telefonie zum Teleweb zusammengeführt. Die bestehende Infrastruktur des Call Centers ist bei der Integration zu berücksichtigen. Deshalb wird im Folgenden die häufig vorhandene Infrastruktur betrachtet, bevor die Architektur des integrierten Teleweb-Systems mit seinen Komponenten und Schnittstellen beschrieben wird.

Die aktuellen Veränderungen erfolgen durch den starken Einfluss des Internet auf die Infrastruktur des Call Centers, durch welches sich die beiden Dienste E-Mail und Web, als weitere Kommunikationsstandards durchsetzten. Mit der schnellen Verbreitung von E-Mails überholte die Datenkommunikation die Sprachkommunikation.[418] Auf diesen neuen Trend mussten die Call Center reagieren.

4.2.1 Entwicklungsschritte IT- und TK-Infrastruktur im Call Center

In der Call Center-Infrastruktur haben die nachfolgend aufgeführten Technologien in fünf Infrastruktur-Entwicklungs-Schritten Einzug gehalten:[419]

1. Private Branche Exchange (PBX),
2. ACD,
3. Hybrid-Server,
4. CTI und
5. Communication-Server.

In der Abbildung 37 ist die technologische Entwicklung der Infrastruktur in Verbindung mit der Kommunikationsstrategie dargestellt. Sie verdeutlicht die Beziehungen zwischen den geforderten Unternehmenszielen und der dafür benötigten Infrastruktur.

---

416 Vgl. Schmid, C.; Jendro, L.: 2001, S. 245

417 Vgl. Grewenig, I.: 2002, S. 308

418 Vgl. Bocklund, L.; Bengston, D.: 2004, S. 20

419 Vgl. Bocklund, L.; Bengston, D.: 2004, S. 23 ff.

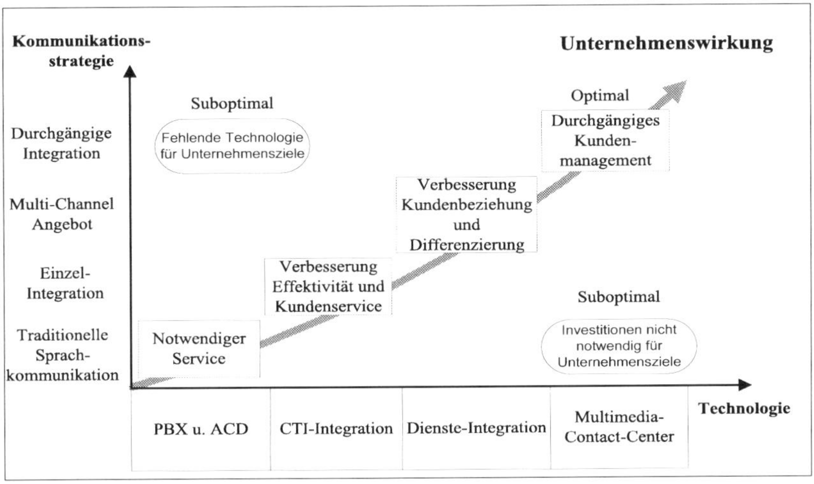

Abbildung 37: TK-Infrastruktur-Strategie im Call Center
Quelle: in Anlehnung an Bocklund, L.; Bengston, D.: 2004, S. 20, S. 293

Im Folgenden werden die Technologien der einzelnen Infrastruktur-Entwicklungsschritte kurz vorgestellt.

4.2.1.1 *Private Branche Exchange*

Der Begriff private Branche Exchange (PBX) stammt aus dem amerikanischen Raum und bedeutet TK-Anlage im Call Center. Eine PBX[420] verwaltet die Telefonverbindungen. Der Transportmechanismus ist Time Division Multiplexing (TDM).

4.2.1.2 *Automated Call Distribution*

Automated Call Distribution[421] (ACD) ist ein speziell für Call Center entwickeltes Gesprächsvermittlungssystem. Im klassischen Szenario arbeiten ACD und PBX zusammen. Moderne Telefonanlagen haben eine integrierte ACD. Sie sind meistens über eine spezielle Verbindung innerhalb von lokalen Netzen oder über Wide Area Network verbunden.

4.2.1.3 *Hybrid-Server*

Um die von den Kunden geforderte erweiterte Funktionalität abbilden zu können, verlangen die Call Center offene Standards von den PBX- und ACD-Systemen. Das heißt, es muss möglich sein, PBX- und ACD-Systeme verschiedener Hersteller einzusetzen. Auf solchen Hybrid-Servern[422] sind die Anwendungslogik, der ACD und PBX getrennt auf jeweils einem eigenständigen Server-System implementiert.[423]

---

420 Siehe Abbildung 56 im **ANHANG** E und Abschnitt 2.4.3.3

421 Siehe Abbildung 57 im **ANHANG** E

422 Siehe

4.2.1.4 *Computer Telephony Integration*

Mit der weiteren Leistungssteigerung von Servern werden die auf den Hybrid-Servern laufenden Kommunikationsprozesse zunehmend mir den Unternehmensprozessen zusammen geführt. Über Schnittstellen arbeiten Computer- und Telefonsysteme zusammen. Diese Computer-Telefonie-Systeme[424] (CTI) sind meist bei der ACD als ein Softwaremodul hinzugefügt.

4.2.1.5 *Dienste-Integration*

Im Communication-Server[425] sind die Telefoniefunktionalitäten auf einem PC-Server implementiert. Von diesem Server werden alle Kommunikationsdienste verwaltet. Über den Einsatz von CTI werden die Vermittlungsfunktionen mit Datenlogik und weiteren Diensten gekoppelt.[426] Beispiele dafür sind CRM-Systeme, Screen Popups, Softwaretelefonie, Data Direct Routing, Predictive Dialing, integriertes Monitoring, Reporting und Multimediaintegration sowie Web-Dienste wie E-Mail oder Chat.

4.2.2 Bestehende Infrastruktur

In einem Call Center können die Systeme und Applikationen anhand ihrer Abhängigkeiten in drei Schichten eingeteilt werden (Abbildung 38). Die einzelnen Systeme wurden im Abschnitt 2.4.3 näher beschrieben.

Abbildung 38: Schichtenmodell Call Center-Systeme
Quelle: eigene Darstellung

4.2.2.1 *Telekommunikationssysteme*

Eine moderne TK-Anlage ist ein spezieller Computer mit einer Central Processing Unit (CPU), einem eigenen Speicher, einem Betriebssystem und der TK-Anlagen-Anwendungssoftware zur Verwaltung von Telefonverbindungen.[427]

TK-Anlagen bilden die unterste Infrastruktur-Schicht. Für die Technologie dieser Schicht gibt es vergleichsweise wenige Hersteller. Deshalb sind die meisten

---

Abbildung 58 im ANHANG E

423 Vgl. Bocklund, L.; Bengston, D.: 2004, S. 20, S. 28 ff.

424 Vgl. Abschnitt 2.4.3.2

425 Siehe Abbildung 59 im ANHANG E

426 Vgl. Bocklund, L.; Bengston, D.: 2004, S. 29

427 Vgl. Bocklund, L.; Bengston, D.: 2004, S. 20, S. 21 ff.

Schnittstellen zur Verbindung mit der Middleware Schicht proprietär. Die wichtigsten Schnittstellen sind in Anhang F aufgelistet.

Die Computer Telecommunications Application (CSTA) ist in Europa die am weitesten verbreitete Schnittstelle.[428] CSTA ist ein für CTI-Lösungen entwickelter Schnittstellen-Standard, der auch für andere Zwecke genutzt werden kann.

4.2.2.2 *Middlewaresysteme*

Die mittlere Schicht enthält den spezialisierten TK-Anlagen nahe Systeme, wie IVR, ACD, QM, Logging sowie Vermittlungssysteme, wie CTI, WFM und andere. Sie arbeiten über die in CTI-Schnittstellen auf den TK-Anlagen. In dieser Schicht ist die Vielfalt der Anbieter deutlich größer. Neben den Lösungen der TK-Anlagenhersteller, gibt es zusätzlich eine große Menge an Firmen, die spezielle Lösungen in diesem Bereich anbieten.

Zur Integration der vielfältigen Anwendungssysteme werden übliche IT-Standards verwendet. Viele Hersteller halten sich an das TCP/IP-OSI-Modell zur Integration ihrer Systeme. Darüber hinaus gibt es vor allem in der Kommunikationssteuerungs- und Anwendungsschicht eine Reihe von herstellerspezifischen Schnittstellen.

4.2.2.3 *Anwendungs-Systeme*

In der obersten Schicht sind die Anwendungs-Systeme mit CRM-, Daten- und Applikationssystemen zu finden. Hier gibt es die größte Vielfalt branchenspezifischer Produkte und Individualsoftware.

Da hier meist auf offene IT-Standards benutzt werden, ist die Integration einer Anwendung in dieser Ebene leichter möglich, als auf der Ebene der TK-Anlagen. Zwischen den Anwendungssystemen bestehen, in Bezug auf das OSI-Modell in der Anwendungsschicht, herstellerspezifische Schnittstellen. Diese Systeme realisieren sehr unterschiedliche und teilweise spezifische Funktionen. Eine komplette Transparenz und Offenheit der Schnittstellen im Call Center ist daher nicht gegeben.

4.2.3 Architektur des integrierten Teleweb-Systems

Mit dem Teleweb-System wird das Web, als ein weiterer Dienst des Internets, im Call Center zur Erweiterung der Kommunikation eingesetzt.

Entsprechend dem im vorigen Abschnitt vorgestellten Schichtenmodell wird das Teleweb-System, nach seiner Abhängigkeit, als ein Middlewaresystem eingeordnet. Es ist, wie in Abschnitt 3.5 hergeleitet, nach seiner Funktion wie ein CTI-System einzustufen.

Das Teleweb wird als ein zusätzliches System in die bestehende Call Center-Infrastruktur eingefügt. In Abbildung 39 ist dargestellt, wie der Teleweb-Server mit dem CTI-Server, dem Co-Browsing-Server und dem Teleweb-Client kommuniziert.

---

[428] Vgl. Murch, R.; Johnson, T.: 1999, S. 224

Der vorhandene CTI-Server wird neben dem Teleweb-Server eingesetzt. Die umfangreiche Funktionalität des CTI-Servers kann vom Teleweb-Server über die Schnittstellen genutzt werden. Darüber hinaus besteht auch die Verbindung zur TK-Anlage und zur ACD. Das Teleweb-System muss somit nicht die kompletten Funktionen des CTI-Systems beherrschen. In künftigen Systemen werden aus Effektivitätsgründen beide Server migrieren. Im Rahmen dieser Arbeit wird der Teleweb-Server parallel zum CTI-Server konzipiert, da in der praktischen Umsetzung die derzeit vorhandene Infrastruktur im Call Center[429] genutzt werden muss. Komplette Neuinvestitionen wären ökonomisch nicht vertretbar.

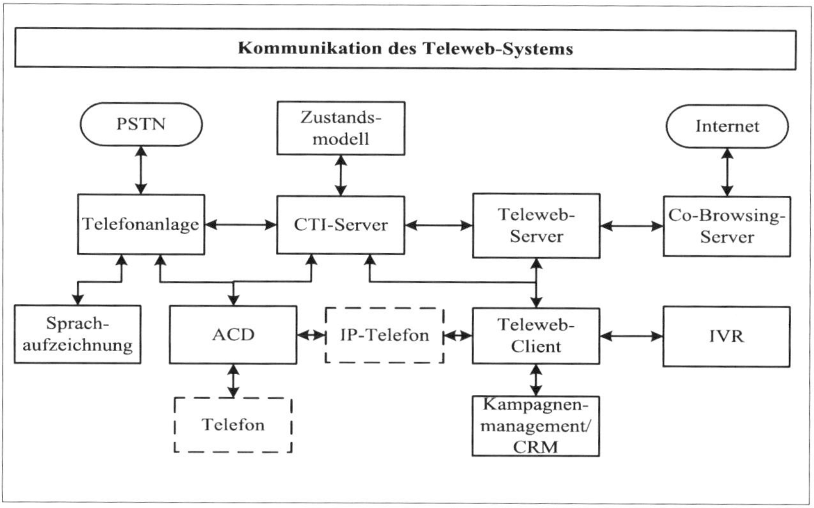

Abbildung 39: Kommunikation des Teleweb-Servers mit Systemen im Call Center
Quelle: eigene Darstellung

Des Weiteren ist eine unabhängige Implementierung des Teleweb-Clients möglich. Damit kann das das Teleweb-System eigenständig genutzt werden und es wird auf dieser Stufe eine hohe Unabhängigkeit der Entwicklung erreicht.

Der Teleweb-Server unterteilt sich in folgende Komponenten:

- Zustandsmodell,
- CTI-Wrapper und
- Teleweb-Prozesslogik.

Die beiden Softwarekomponenten „Zustandsmodell" und „Teleweb-Prozesslogik" bilden die Schalt- und Steuerungszentrale des Systems.

Abbildung 40 zeigt die Architektur mit den Systemkomponenten und den Schnittstellen des Teleweb-Servers.

---

[429] Vgl. Abschnitt 2.4.3

In den folgenden Abschnitten werden die drei Komponenten des Teleweb-Servers beschrieben.

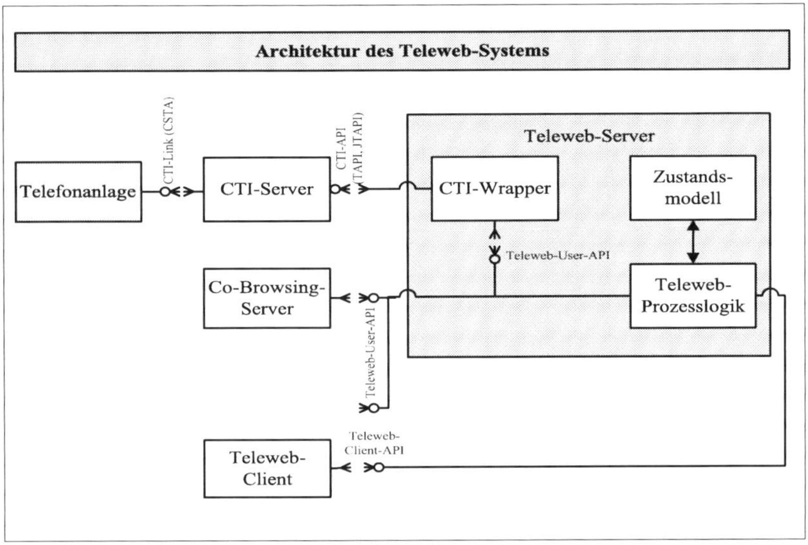

Abbildung 40: Architektur des Teleweb-Systems mit seinen Schnittstellen
Quelle: eigene Darstellung in Anlehnung an Lassmann, T.: 2005, S. 59

4.2.3.1 *CTI-Wrapper*

Der CTI-Wrapper kapselt die Funktionalitäten des CTI-Servers für die Teleweb-Prozesslogik, so dass die für den Teleweb-Server notwendigen Funktionen für diesen direkt zur Verfügung stehen. Die Teleweb-Prozesslogik stellt ihre Anfragen an den CTI-Wrapper, als würde sie mit der CTI-Prozesslogik kommunizieren. Der CTI-Wrapper reicht die notwendigen Funktionsaufrufe an den CTI-Server über die CTI-API weiter. Die umgekehrte Kommunikation des CTI-Servers mit der Teleweb-Prozesslogik funktioniert über den CTI-Wrapper. Für die Kommunikation mit dem CTI-Server wird über den CTI-Wrapper die CTI-API implementiert.

Mit Hilfe des CTI-Wrappers kann die Teleweb-Prozesslogik weitgehend die interne CTI-Server-Umgebung simulieren.

Die Softwarekomponenten werden, wie in Abbildung 40 dargestellt, als eigenständige Modulbausteine gesehen. Somit ist es möglich, die Softwarekomponente Teleweb-Prozesslogik unabhängig von der Integration des Telewebs in einer weiteren Entwicklungsphase im CTI-Server und auch im Teleweb-Server weiter zu entwickeln.

4.2.3.2 *Zustandsmodell*

In dieser Softwarekomponente werden die im Abschnitt 4.1.3 beschriebenen Funktionen implementiert.

Das Zustandsmodell wird von der Teleweb-Prozesslogik mit den fortlaufenden Informationen versorgt. Es hat keinen Kontakt zu den anderen Komponenten. Ändert sich der Zustand vom Sprach- oder Datenkanal, informiert die Teleweb-Businesslogik das Zustandsmodell. Das Zustandsmodell verarbeitet und verwaltet alle Zustände und gibt bei Bedarf die notwendigen Informationen an die Teleweb-Prozesslogik für ihre fortlaufenden Entscheidungen zurück.

4.2.3.3 *Teleweb-Prozesslogik*

Während der CTI-Wrapper über den CTI-Server die Telefonie steuert, übernimmt die Teleweb-Prozesslogik mit der Synchronisation von Co-Browsing und Telefonie die Steuerung des Teleweb-Prozesses. Die Konfiguration der Teleweb-Prozesse erfolgt über Routing-Skripte. Die Routing-Skripte beschreiben die eigentliche Steuerlogik. Über die in Abschnitt 4.1.2 beschriebenen Konfigurationsmöglichkeiten wird die Teleweb-Prozesslogik initialisiert.

Die Teleweb-Prozesslogik ist in der „Model View Control-Architektur" (MVC-Architektur) selbst der „Control". Das Zustandsmodell ist das „Model" und der Teleweb-Client der „View" des Teleweb-Systems.

4.2.4 Schnittstellenbeschreibung

4.2.4.1 *Teleweb-Client Application Programming Interface*

Diese Schnittstelle ist in einer Anwendung[430] implementiert, die auf dem Agenten-Client arbeitet oder einem eigenständigen Teleweb-Client zugewiesen ist. Sie beinhaltet alle notwendigen Funktionen und Parameter um die Telefonie und das Co-Browsing mit ihren Aktivitäten zum Teleweb-Prozess zusammen zu führen.[431]

Folgende Funktionen werden vom Teleweb-Server über die Schnittstelle mit den entsprechenden Parametern ausgeführt:

1. Funktion: initiiere Teleweb
Parameter: Kundendaten und Agent_ID
2. Funktion: initiiere Teleweb
Parameter: Kundendaten und Gespräch_ID
3. Funktion: weiterleiten
Parameter: von A Agent_ID,
zu B Agent_ID,
Trennen,
Trennung von A Agent_ID und
Rücksprung zu A Agent_ID
4. Funktion: beende Agent
Parameter: Agent_ID
5. Funktion: beende Kunde
Parameter: Kunden_ID

---

430 Vgl. Abbildung 40

431 Vg. Abbildung 31 und Tabelle 13

6. Funktion: beende Gespräch Agent
   Parameter: Agenten_ID, Gespräch_ID
7. Funktion: beende Gespräch Kunde
   Parameter: Kunden_ID, Gespräch_ID
8. Funktion: beende Agent Co-Browsing
   Parameter: Agenten_ID, Co-Browsing_ID
9. Funktion: beende Kunde Co-Browsing
   Parameter: Kunden_ID, Co-Browsing_ID

Mit der ersten Funktion baut der Agent eine Outbound-Teleweb-Sitzung auf. Mit der zweiten Funktion wird zusätzlich zu einem Gespräch eine Co-Browsing-Sitzung errichtet. Die dritte Funktion ermöglicht, vom Agenten initiiert, die Weiterleitung oder eine Konferenz. Hier kann eine Konferenz gestartet und über einen Boolschen Parameter die Trennung eines Agenten sowie der Rücksprung zu einem anderen Agenten der Teleweb-Sitzung durchgeführt werden. Die Funktionen vier bis neun geben dem Agenten die Möglichkeit, die Teleweb-Sitzung oder Teile davon zu beenden oder selber aus einer Konferenz oder Weiterleitung auszuscheiden.

Folgende Funktionen führt der Teleweb-Client über die Schnittstelle aus:

10. Funktion: Zustandsänderung Gespräch
    Parameter: Zustand
11. Funktion: Zustandsänderung Co-Browsing
    Parameter: Zustand

Über diese beiden Funktionen kann der Teleweb-Client den Zustand der Teleweb-Sitzung anzeigen.

4.2.4.2 *Teleweb-User Application Programming Interface*

Über diese Schnittstelle werden, abhängig von der Anfragerichtung, Funktionen vom CTI-Server über den CTI-Wrapper oder vom Co-Browsing-Server beim Teleweb-Server aufgerufen. Die Funktionen die der Teleweb-Server über die Schnittstelle ausführt sind folgende:

1. Funktion: initiiere Teleweb
   Parameter: Kundendaten
2. Funktion: Agent initiiere Teleweb
   Parameter: Kundendaten und Agenten_ID
3. Funktion: initiiere Teleweb
   Parameter: Kundendaten und Gespräch_ID
4. Funktion: initiiere Co-Browsing
   Parameter: Kundendaten und Co-Browsing_ID
5. Funktion: Zustandsänderung
   Parameter: Zustand

Die Funktionen eins bis vier werden für die Initiierung einer Teleweb-Sitzung durch einen der beiden Kommunikationskanäle Telefonie oder Co-Browsing benötigt. Die erste Funktion führt eine Teleweb-Anfrage über einen dritten Dienst (z.B.

Webformular) aus. Über die zweite Funktion wird die Sitzung zu einem bestimmten Agenten aufgebaut. Die dritte Funktion startet eine Teleweb-Sitzung. Zusätzlich zum Co-Browsing wird in diesem Falle ein Gespräch aufgebaut. Mit der vierten Funktion wird zusätzlich zum Gespräch vom CTI-Server eine Co-Browsing-Sitzung angefordert. Jede Zustandsänderung in einem Teleweb-Job, im Co-Browsing- und Telefoniesystem, muss dem Teleweb-Server mitgeteilt werden. Weiterleitungen, initiiert durch das Co-Browsing- oder das Telefoniesystem, sind nicht geplant.

Die Funktionen, die der CTI-Server und Co-Browsing-Server über die Schnittstelle ausführen sind folgende:

6. Funktion: verbinde Kunde
   Parameter: Kundendaten
7. Funktion: verbinde Agent
   Parameter: Kundendaten und Agent_ID
8. Funktion: weiterleiten
   Parameter: von Agenten_ID, zu Agenten_ID, mit Trennung von Agent und mit
   Rücksprung zu Agent
9. Funktion: trenne Kunden
   Parameter: Kundendaten
10. Funktion: trenne Agent
    Parameter: Agenten_ID

Mit diesen Funktionen steuert der Teleweb-Server das Co-Browsing- und das Telefoniesystem. Die Rückkopplung der Funktionsausführung erfolgt über die Zustandsfunktion „Zustandsänderung". Beim Verbinden ohne Agenten_ID wird über eine ACD ein Agent ausgewählt. Über die Funktion „verbinde Agent" kann der Teleweb-Server ein Gespräch zu einem bestimmten Agenten aufbauen. Beim Weiterleiten werden die gleichen Parameter wie bei der Teleweb-Client-API Funktion Nummer drei übergeben. Der Teleweb-Server reicht diese Parameter an das Co-Browsing-System und das Telefoniesystem weiter. Die letzten beiden Funktionen beschreiben das Trennen eines der beiden Kanäle. Sie werden z. B. beim Verlassen einer Konferenz benötigt.

4.2.4.3 *Computer Telephony Integration Application Programming Interface*

Der CTI-Wrapper kapselt die CTI-API und die Teleweb-User-API und bildet die zuvor aufgeführten Funktionen der Teleweb-User-API auf der CTI-API ab.

4.3 Sicherheit und Datenschutz

Die Sicherheitsaspekte der Telefonie, vor allem hinsichtlich Abhören, dem Billing und Nummernübertragung sind in der Literatur hinreichend untersucht. Da diese Systeme in der Call Center-Praxis bereits im breiten Einsatz sind, sollen sie in dieser Arbeit nicht weiter betrachtet werden. Untersucht werden soll der hinzu gekommene Kommunikationskanal des Co-Browsing.

Für die uneingeschränkte Funktion der Co-Browsing-Lösung wird ausschließlich ein installierter und den Anforderungen aus Abschnitt 3.1.6 entsprechender Webbrowser vorausgesetzt. Zusätzliche Installationen sind zu keinem Zeitpunkt notwendig. Aus den umgesetzten Entwicklungszielen „Installationsfreiheit" und „Plattform-unabhängigkeit" ergeben sich verschiedene sicherheitsrelevante Vorteile des Lösungskonzeptes.

Wie in Abschnitt 4.1.5 beschrieben, basiert die Kommunikation zwischen den einzelnen Komponenten der Co-Browsing-Lösung auf dem asynchronen Austausch von Ereignissen. Diese werden im Moment ihres Auftretens direkt aus dem Webbrowser an den Co-Browsing-Server übertragen. Dies ist die einzige Funktionalität, die vom „Normalverhalten" der unterstützten Webseite abweicht. Die entsprechende Logik wird durch den Co-Browsing-Server vor der Auslieferung des Hypertextdokuments an den Webbrowser in Form von Java-Script ergänzt. Co-Browsing im Sinne der Definition aus Abschnitt 2.5.2 ist somit auf die spezielle Webbrowser-Instanz beschränkt, aus welcher es ursprünglich aufgerufen wurde. Es ist weder möglich, auf Betriebssystemressourcen noch auf Inhalte anderer Webbrowser-Instanzen bzw. andere eigenständige Anwendungen (z. B. MS Outlook) zuzugreifen oder diese zu manipulieren. Als webbasierte Anwendung, welche weder Active X noch Java Applets verwendet, unterliegt die Co-Browsing-Lösung den Berechtigungen und Sicherheitsrestriktionen des eingesetzten Webbrowsers. Um eine Sitzung dauerhaft zu schließen, genügt es, die Webbrowser-Instanz selbst zu beenden.

Die Kommunikation erfolgt nach dem Client-Server-Prinzip. Peer-to-Peer Kommunikation, wie sie bei vielen Application-Sharing-Lösungen üblich ist, kommt nicht zum Einsatz. Sämtliche Sitzungsteilnehmer kommunizieren ausschließlich mit dem Co-Browsing-Server und erhalten nur von ihm Mitteilungen über Zustandsänderungen. Die übermittelten Zustandsänderungen werden vom Server abgefragt und als neue Ansicht auf dem Arbeitsbereich des Webbrowsers dargestellt.

Als Protokolle kommen HTTP bzw. HTTPS zum Einsatz. Es werden keine zusätzlichen Ports oder Veränderungen an der Einstellung von Firewalls benötigt. Als einzige Voraussetzung benötigt der Co-Browsing-Server, genau wie zur Benutzung der originären Webseite, nur HTTP- bzw. HTTPS- Zugriff auf die Webseite.

Der Co-Browsing-Server kann mit denselben Sicherheitsmaßnahmen abgesichert werden wie der Server der Webanwendung.

Maskierung sensibler Daten

Maskierung sensibler Daten bedeutet das Ausblenden verschiedener Informationen aus einem Arbeitsobjekt entsprechend den Berechtigungen des Benutzers. Die Maskierung ermöglicht eine differenzierte Verteilung z. B. von Passwörtern oder Personendaten zwischen den Teilnehmern einer Co-Browsing-Sitzung. Als sicherheitsrelevantes Ergebnis geht aus der von **Ritschel**[432] durchgeführten SWOT-

---

[432] Vgl. Ritschel, F.: 2003, S. 91

Analyse zu Co-Browsing die fehlende Unterstützung der Maskierung sensibler, vom Co-Browsing-System an alle Sitzungsteilnehmer synchronisierten, Daten hervor.

Die Implementierung entsprechender Mechanismen zur Maskierung in das Co-Browsing ist schwierig. Der Proxy-Server kann anhand der HTML-Repräsentation nicht entscheiden, welche im Co-Browsing-System übertragenen Daten sensibel oder nicht sensibel sind. HTML erlaubt nicht die semantische Analyse der abgebildeten Daten, da ausschließlich die Struktur und die Formatierung des Dokumentes über HTML definiert sind und die enthaltenen Daten nicht beschrieben werden. Nur die Passworteingabefelder werden im HTML-Format eindeutig als solche gekennzeichnet. Damit wird die Synchronisation von Passwörtern vom Co-Browsing-System ohne die Notwendigkeit weiterer Anpassungen verhindert.

Um die Maskierung eventueller anderer sensibler Daten zu unterstützen, müssen entsprechend zu schützende HTML-Elemente der Anwendung markiert werden, so dass der Proxy-Server entweder die Synchronisation verhindert oder die entsprechenden Daten aus dem Arbeitsobjekt filtert. Eine Unterdrückung der Synchronisation kann vor allem beim gemeinsamen Ausfüllen von Formularen von Bedeutung sein.

Ein weiteres Problem ist die Festlegung der Berechtigung. Eine Markierung muss deshalb zusätzlich die Rechte des Sitzungsteilnehmers beinhalten, die diesem zugeordnet sein müssen, um die entsprechenden Daten betrachten zu dürfen. Verfügt der Sitzungsteilnehmer nicht über die notwendigen Berechtigungen, dann werden die Daten vom Proxy Server vor einer Auslieferung vollständig entfernt.

Die Maskierung sensibler Daten kann demnach nur durch die unterstützte Anwendung veranlasst werden, so dass eine unabhängige Integration nicht möglich ist. Wenn die übertragenen Co-Browsing-Daten in der entsprechenden Anwendung als sensibel eingestuft werden, sind Anpassungen der Webanwendung notwendig. Die Entwicklung des semantischen Webs[433] und der verstärkte Einsatz von XML werden in Zukunft die Maskierung auch ohne Anpassungen der Webanwendung ermöglichen.

4.4 Nutzenbetrachtung von Teleweb

In diesem Abschnitt wird der Einfluss der kollaborativen Technologie Co-Browsing im Teleweb auf die Kundenbindung vergleichend zum Web-Callback betrachtet. Für die darauf folgende Bewertung des direkten Kundenbindungseinflusses der kollaborativen Technologie werden die Einflussgrößen extrahiert und auf die Teilprozesse angewendet. Daraus ergibt sich die Wichtigkeit der Teilprozesse in Relation zu den anderen Teilprozessen. Für die im Hinblick auf die Kundenbindung gewichteten Teilprozesse werden dann die Unterstützungsgrade von Web-Callback und Teleweb angegeben und verglichen.

---

433 W3C: http://www.w3c.org/2001/sw/, Oktober 2006.

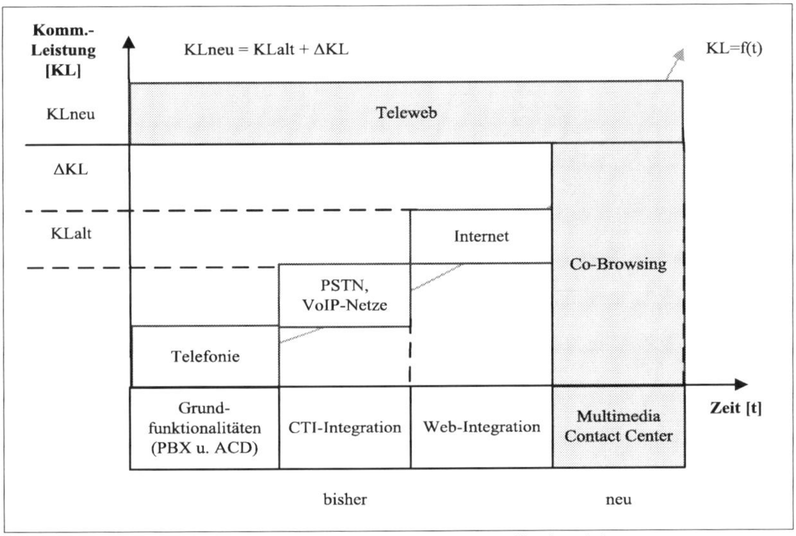

Abbildung 41: Verbesserung der Kommunikationsleistung
Quelle: eigene Darstellung

Die Abbildung 41 zeigt die Entwicklung und den damit erreichten Zuwachs der Kommunikationsleistung [ΔKL] durch Teleweb über die Zeit. Die Kommunikationsleistung wird als Funktion über der zeitlichen Entwicklung der Kommunikationsdienste dargestellt. Die Abszissenbereiche ordnen die zur Entwicklung der Kommunikationsdienste zeitgleich abgelaufenen Entwicklungen der technischen Systeme zur Unterstützung von Service und Support zu. In den grau hinterlegten Bereichen sind die neuen Technologien abgebildet, die zum Untersuchungsgegenstand der Arbeit gehören.

Teleweb erweitert die Möglichkeiten der Kommunikation und deren Effizienz indem es die parallele Nutzung von zwei Kommunikationskanälen ermöglicht.

Es ist zu berücksichtigen, dass für die Übermittlung der Leistungen Transaktionskosten auf Empfänger- und Anbieterseite anfallen. Diese dürfen den eigentlichen Nutzen der Informationen nicht übersteigen. Die Informationen müssen dabei nicht immer die eigentliche Grundlage der Leistungserbringung sein, sondern können auch der Vorbereitung bzw. Unterstützung der primären Leistungserstellung dienen. In einer Adaption auf das Prozessmodell trifft dies auf den Nachfrager und den Anbieter zu, wobei beide als Informationsanbieter und -empfänger fungieren. Damit der Teleweb-Prozess eingesetzt werden kann, sollte der Nutzen unabhängig vom Grad der verbesserten Prozessunterstützung auf beiden Seiten wesentlich höher sein als der Aufwand. Die Ergebnisse aus dem Vergleich können im konkreten Anwendungsfall zur Aufwand-Nutzen-Bewertung herangezogen werden. Darauf basierend, kann dann vom Leistungsanbieter eine Entscheidung getroffen werden, welche Service- und Supportprozesse für den Nachfrager bereitgestellt werden sollten.

4.4.1 Mittelbarer und unmittelbarer Einfluss

Der unmittelbare Einfluss der kollaborativen Technologien auf die Kundenbindung gestaltet sich durch ihren Einsatz für die direkte Kommunikation und Interaktion mit dem Kunden. Sie schaffen einen individuellen Dialog, der den Aufbau einer Kundenbeziehung erst ermöglicht.[434] Dieser ist von großer Bedeutung, da mittels einer individualisierbaren und flexibel gestalteten Kommunikation, welche auf die Bedürfnisse der Kunden bestmöglich eingeht, eine gesteigerte Kundenbindung erreicht werden kann.[435] Eine solche effiziente, direkte und kundenindividuelle Ansprache ist nur durch neue Technologien möglich, da dies mit traditionellen Verfahren zu teuer werden würde.[436] Die kollaborativen Technologien stellen eine Vielzahl von Möglichkeiten zur Kontaktaufnahme zwischen Anbieter und Kunde zur Verfügung. Viele Unternehmen, welche die direkte Kommunikation im Web ablehnen, argumentieren häufig mit unabsehbaren Investitionen im Personalbereich. Die Dialogfähigkeit im Internet unterliegt den massenmarkttypischen ökonomischen Grenzen kritischer Mengen. Eine Automatisierung senkt die Kommunikationskosten erheblich.[437] Gleichzeitig ist sie nur dann günstig einsetzbar, wenn eine große Zahl an Kunden zu bedienen ist, d. h. eine kritische Menge von Kunden muss vorhanden sein, um die beschriebenen Teleweb-Prozesse in einem Call Center wirtschaftlich aufzubauen.

Die Zufriedenstellung der Kunden, speziell bei komplizierteren Anfragen, ist durch einen Mensch-zu-Mensch-Dialog besser zu gewährleisten. Durch automatisierte Standardantworten kann hier keine Problemlösung erfolgen. Es lässt sich diesbezüglich zusätzlich mit dem Kundenwert[438] argumentieren, so dass eine intensive individuelle Kommunikation mittels Teleweb nur für Kunden, deren Bindung sich wirtschaftlich lohnt, einzusetzen ist.

Der Rückfluss aus dem Dialog zwischen Anbieter und Kunde führt zu einer bedarfsgerechten und kostengünstigeren Produktgestaltung und somit zu einer Erhöhung der Kundenzufriedenheit.[439] Eine hohe Kundentreue ist demnach durch ausgeprägte Kundennähe zu erreichen.[440] Zudem ermöglicht diese Nähe eine Erleichterung bei der Identifikation von individuellen Erwartungen und Bedürfnissen der Kunden.[441] Besonders in beratungsintensiven Branchen ist diese Nähe essentiell, da diesen Unternehmen ein großer Teil ihres Umsatzpotenzials durch abgebrochene Bestellvorgänge in der Webanwendung verloren geht. Zusätzlich bietet der Einsatz

---

434 Vgl. Gawlik, T.; Kellner, J.; Seifert, D.: 2002, S. 14

435 Vgl. Reichardt, C.: 2002, S. 208

436 Vgl. Eggert, A.; Fassot, G.: 2001, S. 195 f.

437 Vgl. Gawlik, T.; Kellner, J.; Seifert, D.: S. 75

438 Unter Kundenwert wird hier der wirtschaftliche Beitrag eines Kunden zum Unternehmensergebnis verstanden.

439 Vgl. Peter, S. I.: 1999, S. 249

440 Vgl. Steimer, F. L.: 2000, S. 170

441 Vgl. Schumacher, J.; Meyer, M.: 2004, S. 27

innovativer Technologien, wie sie Online-Beratungstools darstellen, einen positiven Imageeffekt bei den Nachfragern.[442] Auf Kundenseite besteht hier ein deutlicher Bedarf, wie eine Untersuchung der **Boston Consulting Group** bestätigt, welche belegt, dass ein Drittel der Internetnutzer sich über mangelnde Unterstützung und fehlende Beratung im Internet beklagen.[443] So fordern diese beispielsweise Unterstützung bei komplizierten Formularen, wie Anträge für eine Kontoeröffnung oder Versicherung.[444] Bei der Buchung von Reisen über das Web fehlt den Nachfragern das mit einem Reisebüro vergleichbare Beratungsangebot der Expedienten.

Trotz sinkender Loyalität und Markentreue der Kunden, aufgrund steigender Auswahlmöglichkeiten und besserer Markttransparenz, ist bei durchgängig positiven Erfahrungen mit einem Anbieter die Wechselbereitschaft von Kunden gering bis gar nicht vorhanden.[445] Daher gilt es, eine konsequente Ausrichtung der Geschäftsprozesse an den Kundenanforderungen vorzunehmen. Zur Steigerung von Zufriedenheit und Loyalität ist es besonders im Electronic Commerce von großer Bedeutung, dass dem Nachfrager ein Gesamterlebnis geboten wird, welches seine Erwartungen bezüglich Qualität, Service und Preis erfüllt oder übertrifft.[446] Dieses positive Erlebnis muss sich über die gesamte Geschäftsbeziehung erstrecken und somit alle Phasen des Kaufprozesses abdecken.

Der mittelbare Einfluss, den der Einsatz kollaborativer Technologien auf die Kundenbindung ausübt, ist schwer quantifizierbar. Hierzu können nur einige allgemeingültige Aussagen getroffen werden. Da die kollaborativen Technologien die Kommunikation, Koordination und Kooperation innerhalb verteilter Geschäftsprozesse fördern, lassen sich wesentliche Produktivitätssteigerungen erzielen.[447] Kollaborative Technologien stellen eine preiswerte Lösung dar, um in denselben Projekten verteilt zu arbeiten. Das hat betriebsinterne und -externe Effizienzsteigerungen im operativen Tagesgeschäft zur Folge und schlägt sich in einer verbesserten Produkt- bzw. Servicequalität und steigender Mitarbeiterzufriedenheit nieder.

4.4.2 Bewertung der Web-Callback- und Teleweb-Systeme

Die Bewertung der Effektivität der kollaborativen Systeme Web-Callback und Teleweb hinsichtlich ihrer Unterstützung zur Kundenbindung erfolgt in Anlehnung an den Quality Function Deployment (QFD)-Ansatzes. QFD wurde Ende der sechziger Jahre des 20. Jahrhunderts von **Yoji Akao** für Mitsubishi und Toyota konzipiert und beschreibt eine durchgängige Qualitätsplanungsmethodik zur kunden- und marktorientierten Entwicklung von Produkten und Dienstleistungen. Grundlage

---

442 Vgl. ebenda

443 Vgl. ebenda

444 Vgl. ebenda

445 Vgl. Reichardt, C.: 2002, S. 166

446 Vgl. Riemer, K.: 2002, S. 106

447 Vgl. Lassmann, W.: 2006, S. 470

von QFD ist dabei die Trennung der Kundenanforderungen von den technischen Funktionen des Produktes.[448] So sollen Kundenwünsche und Kundenanforderungen in Vorgaben und Aktivitäten für die Entwicklung, Herstellung und Vermarktung konkreter Leistungen eines Unternehmens bzw. in Funktionen eines Produktes umgesetzt werden.

Die Weiterentwicklung des QFD-Verfahrens ermöglicht es, diese Methodik auf Prozesse zu übertragen, wodurch die Verknüpfung von Kundenanforderungen, Geschäftsprozessen und Technologien ermöglicht wird.[449] Durch die methodische Bestimmung von Prozessprioritäten und die systematische Technologiebewertung kann dabei eine kundenorientierte Bewertung der kollaborativen Technologien erfolgen. Dazu werden nachfolgend die ausschlaggebenden Einflussgrößen identifiziert.

4.4.2.1 *Nutzenvergleich*

Die Größen, die zur Technologiebewertung benötigt werden, sind die Anforderungen der Kunden an die Interaktion mit dem Unternehmen, die interaktiven Prozesse des Dialoges innerhalb der Geschäftsbeziehung und die zu bewertenden kollaborativen Technologien, durch die diese direkt unterstützt werden. Die in dieser Arbeit gegenübergestellten kollaborativen Systeme sind **Web-Callback** und **Teleweb**.

Die Betrachtung der Interaktionsprozesse wird über den gesamten Kaufprozess durchgeführt. Er enthält sämtliche Phasen des direkten Kundenkontaktes.[450]

Die für die Nutzenbetrachtung relevanten Teilprozesse aus Kundensicht wurden in Abschnitt 2.2.4 hergeleitet. Die Einflussfaktoren für die Bewertung wurden in Abschnitt 3.1.1 identifiziert.

Mit dem QFD-Verfahren können die aus Kundensicht herausgearbeiteten Teilprozesse mit den gewichteten Einflussfaktoren hinsichtlich ihrer Relevanz auf die Kundenbindung bewertet werden, was in Abbildung 42 erfolgt.

Nach der Bestimmung der Zusammenhänge der Kundenanforderungen und der Prozesse erfolgt die Berechnung der Prozessbedeutungen (siehe Abbildung 42). Die Gewichtung basiert auf den Annahmen des Autors, die sich auf langjährige Erfahrungen der praktischen Tätigkeit als Geschäftsführer der itCampus GmbH und vielen Kundengesprächen stützt. itCampus bietet seit 2003 eigene Kommunikationslösungen für Call Center an.[451] Die empirische Untersuchung und genauere Bestimmung der Gewichtungen bieten Raum für weitere wissenschaftliche Arbeiten.

---

448 Vgl. Akao, Y.: 1990, S. 15

449 Vgl. ebenda, S. 121

450 Vgl. Abschnitt 2.2

451 Siehe Anhang H

Für den Grad der Unterstützung werden die Elemente $e_{ji} \in \{0; 1; 5; 9\}$ für keine, schwache, mittlere oder starke Unterstützung festgelegt.

$j \in \{1, 2, \ldots 16\}$ Zeile

$i \in \{1, 2, \ldots 19\}$ Spalte

K(j): Kundenanforderung j

P(i): Prozess i

Kg(j): Kundenanforderungsgewichtung
$Kg(j) \in \{1, 2, \ldots 10\}$

BPr(j,i): Beziehungsstärke zwischen Kundenanforderung K(j) und Prozess P(i)

PBa(i): Bedeutung des Prozesses absolut

$PBa(i) = \sum_j [BPr(j,i)*Kg(j)]$ Bedeutung des Prozesses absolut

PBa(max): größte absolute Prozessbedeutung der Menge PBa(i)

$PBa(max) = \max_i PBa(i)$

PBr(i): Bedeutung des Prozesses relativ

Durch das Verhältnis von 10 * PBa(i) / PBa(max) kann die relative Bedeutung PBr(i) bestimmt werden:

$PBr(i) = PBa(i)*10/PBa(max)$

Dabei wird PBr(i) auf ganze Zahlen gerundet.

Prozesse P(i)		Informationsphase					Beratungs- und Entscheidungsphase					Kaufphase				Nutzungs-, Bindungs- und Wiederverkaufs-Phase				
Kundenanforderungen K(j)			Informations-Bereitstellung				Online-beratung					Online Bestellung					Berschwerde-management			
	Kundenanforderungsgewichtung Kg(j)	Direkte Kundenansprache	Information on demand	Information on stock	Information on delivery	Feedback Produktentwicklung	Dialogeröffnung	Gesprächsführung	Produktpräsentation	Produktauswahl und -konfiguration	Angebotserstellung	Auftragsübermittlung	Auftragseingang und -bestätigung	Leistungserbringung	Bezahlung	Produktberatung	Beschwerdestimulierung	Beschwerdeannahme	Beschwerdebearbeitung	Update- und Innovationsinformationen
1 Verständlichkeit, Einfachheit	10	9	9	9	9	9	5	9	9	9	9	1	1	1	9	9	0	5	9	9
2 Ständige Erreichbarkeit	10	0	9	9	0	5	9	0	5	5	0	9	9	0	1	9	9	9	0	0
3 Qualität der Informationsübermittlung	9	9	5	1	9	9	1	9	9	9	5	0	1	5	5	9	1	1	9	9
4 Verbreitung	9	9	9	9	9	9	9	0	0	9	0	9	9	1	9	5	9	9	0	9
5 Kurze Reaktionszeit	8	0	9	0	0	5	9	5	5	5	1	0	9	9	0	9	9	9	9	0
6 Kostengünstige Erreichbarkeit	8	0	5	9	0	9	9	0	5	9	0	9	0	0	9	5	9	9	0	9
7 Rechtsgültigkeit	5	1	0	5	5	9	0	1	5	5	9	9	9	9	9	9	0	0	5	5
8 Menschliche Nähe, bekannte Ansprechpartner	5	5	5	0	0	5	9	9	1	5	1	1	1	9	0	9	9	9	9	1
9 Sicherheit	4	0	0	0	5	5	1	0	0	5	9	9	9	9	9	5	0	1	0	0
10 Schneller Dialog	4	0	5	0	5	9	9	9	9	9	5	0	1	5	9	5	9	9	9	0
11 Individualität, Personalisierung	4	9	9	0	9	9	9	9	1	9	9	5	9	9	0	9	5	9	9	5
12 Integration in eine Gemeinschaft	3	5	1	9	9	5	5	5	1	0	0	0	0	0	0	0	9	1	5	5
13 Interaktivität	3	0	1	0	0	9	9	9	0	9	1	0	1	5	1	9	5	9	9	0
14 Prägnanz, Überzeugungskraft	3	9	5	5	9	9	1	9	9	5	9	0	1	1	0	5	9	1	9	9
15 Convenience: kein Medienbruch, Doppeleingabe	2	5	0	1	9	9	1	5	5	9	1	9	5	9	9	9	9	1	9	5
16 Flexibilität	1	0	9	0	5	9	5	9	1	5	9	9	5	9	9	9	9	5	9	0
Prozessbedeutung PBa(i)	absolut	370	529	411	430	672	547	421	412	621	326	386	409	363	445	653	521	535	481	42[illegible]
Prozessbedeutung PBr(i)	relativ	5	8	6	6	10	8	6	6	9	5	6	6	5	7	9	8	8	7	6

Abbildung 42: Zusammenhänge zwischen Prozessen und Kundenanforderungen
Quelle: in Anlehnung an: Müller, A.; von Thienen, L.: 2001, S. 141

Im nächsten Schritt wird die Korrelation der Prozessbedeutungen mit den kollaborativen Technologien Web-Callback und Teleweb bestimmt. Dieser erfolgt analog der letzten Matrix durch die Bestimmung von Beziehungs- und Unterstützungsstärken zwischen Prozess und Technologie.[452] Der Wert wird auf Null gesetzt, wenn keine Beziehung vorliegt. Abbildung 43 zeigt die entsprechende Matrix.

Die Berechnung des jeweiligen Technologienutzens erfolgt analog den Prozessbedeutungen. Es wird also das Produkt der jeweiligen relativen Prozesseffekte mit der entsprechenden Unterstützungsstärke der Technologie gebildet. Zusätzlich zum Punktwert wird der relative Technologienutzen zu jedem Teilprozess angegeben. Für die Prozesse P(i), $i \in \{1, 2, \dots 19\}$ gilt:

WCB(Pi):	Web-Callback Bewertung
WCBa(i):	Web-Callback Bedeutung absolut
WCBr(i):	Web-Callback Bedeutung relativ
TWB(Pi):	Teleweb Bewertung
TWBa(i):	Teleweb Bedeutung absolut
TWBr(i):	Teleweb Bedeutung relativ

$WCBa(i) = PBr(i) * WCB(Pi); \quad WCBa(max) = max_i\ WCBa(i)$

$WCBa(max) = 90$ wenn $PBr(i) = 10$ und $WCB(Pi) = 9$

$WCBr(i) = 10 * WCBa(i) / WCBa(max)$

$TWBa(i) = PBr(i) * TWB(Pi); \quad TWBa(max) = max_i\ TWBa(i)$

$TWBa(max) = 90$ wenn $PBr(i) = 10$ und $TWB(Pi) = 9$

$TWBr(i) = 10 * TWBa(i) / TWBa(max)$

$S_W = \sum_i WCBa(i)$ Summe der absoluten Prozessbedeutung Web-Callback

$D_W = \sum_i WCBr(i)/19$ Durchschnitt der absoluten Prozessbedeutung Web-Callback

$S_T = \sum_i TWBa(i)$ Summe der absoluten Prozessbedeutung Teleweb

$D_T = \sum_i TWBr(i)/19$ Durchschnitt der absoluten Prozessbedeutung Teleweb

Um die Ergebnisse besser vergleichen zu können, wird zu jedem Teilprozess die Differenz der Punkte und die Differenz der relativen Bewertung berechnet.

452 Vgl. Müller, A.; von Thienen, L.: 2001, S. 147

Prozesse P(i)	Informationsphase					Beratungs- und Entscheidungsphase					Kaufphase				Nutzungs-, Bindungs- und Wiederverkaufsphase					
Technologieunterstützung		Informations-Bereitstellung				Online-beratung					Online Bestellung				Service Berschwerde					
	Direkte Kundenansprache	Information on demand	Information on stock	Information on delivery	Feedback Produktentwicklung	Dialogeröffnung	Gesprächsführung	Produktpräsentation	Produktauswahl und -konfiguration	Angebotserstellung	Auftragsübermittlung	Auftragseingang und -bestätigung	Leistungserbringung	Bezahlung	Produktberatung	Beschwerdestimmulierung	Beschwerdeannahme	Beschwerdebearbeitung	Update- und Innovationsinformationen	Summe S, Durchschnitt D
Gewichtung PBr(i)	5	8	6	6	10	8	6	6	9	5	6	6	5	7	9	8	8	7	6	
Web-Callback Bewertung WCB(Pi)	0	9	5	5	5	9	5	1	5	5	5	5	0	5	5	1	9	5	1	
Punkte absolut WCBa(i)	0	72	30	30	50	72	30	6	45	25	30	30	0	35	45	8	72	35	6	S_W=621
Bewertung relativ WCBr(i)	0,0	8,0	3,3	3,3	5,6	8,0	3,3	0,7	5,0	2,8	3,3	3,3	0,0	3,9	5,0	0,9	8,0	3,9	0,7	D_W=3,6
Teleweb Bewertung TWB(Pi)	0	9	9	9	5	5	9	9	9	9	9	5	0	9	9	1	5	9	1	
Punkte absolut TWBa(i)	0	72	54	54	50	40	54	54	81	45	54	30	0	63	81	8	40	63	6	S_T=849
Bewertung relativ TWBr(i)	0,0	8,0	6,0	6,0	5,6	4,4	6,0	6,0	9,0	5,0	6,0	3,3	0,0	7,0	9,0	0,9	4,4	7,0	0,7	D_T=5,0
Differenz absolute Bewertung	0	0	24	24	0	-32	24	48	36	20	24	0	0	28	36	0	-32	28	0	228
Differenz relative Bewertung	0,0	0,0	2,7	2,7	0,0	-3,6	2,7	**5,3**	4,0	2,2	2,7	0,0	0,0	3,1	4,0	0,0	-3,6	3,1	0,0	1,4

Abbildung 43: Technologieunterstützung der Teilprozesse des Kaufprozesses
Quelle: in Anlehnung an Müller, A.; von Thienen, L.: 2001, S. 148

4.4.2.2 *Ergebnisse des Bewertungsvorgangs*

Es wurde festgestellt, dass Einfachheit und Verständlichkeit sowie ständige Erreichbarkeit die wichtigsten Forderungen an den Dialog sind. Ebenso überdurchschnittlich hohe Wertigkeit erhielten Qualität der Informationsübermittlung, Abdeckung und Verbreitung, kurze Reaktionszeiten sowie kostengünstige Erreichbarkeit. Demzufolge sollten die Prozesse, welche diese Kundenanforderungen in hohem Maße beeinflussen, bei Einzelfallbewertungen mit entsprechend hoher Priorität bedacht werden.

Bei der Bestimmung der Rangfolge der Prozessbedeutungen erfolgte die Bewertung des Einflusses der einzelnen Teile des Kaufprozesses auf die Anforderungen der Kunden anhand der Betrachtung des typischen Ablaufes einer Geschäftstransaktion im B2C-Bereich.[453] Dazu kann festgestellt werden, dass gemeinsame Produktentwicklung, Dialogeröffnung der Onlineberatung, Produktauswahl und -konfiguration, Beschwerdeannahme/ Dialogeröffnung, Information on demand, Beschwerdestimulierung und elektronische Bezahlung als wichtigste Prozesse in die Bewertung eingingen.

Die Technologiebewertung ergab, dass das Teleweb in vielen Teilprozessen eine bessere Unterstützung bieten kann, in einigen jedoch auch Web-Callback besser einsetzbar ist. In Summe ist der Technologienutzen von Teleweb S_T hinsichtlich der Kundenbindung größer als die Summe des Technologienutzens von Web-Callback S_W (siehe Abbildung 43). Besondere Nutzenpotenziale hat Teleweb in den Teilprozessen Produktberatung, Produktpräsentation und Produktkonfiguration. Die größten Nachteile treten auf bei der Dialogeröffnung und der Beschwerdeannahme. Hier ist der Aufbau einer Teleweb-Sitzung aufwändiger als bei dem Web-Callback.

Es muss im Einzelfall abgewogen werden, ob die Menge der Nachfrager und die Wertigkeit der Leistung den Aufwand für den Aufbau und Betrieb eines Teleweb-Systems rechtfertigen. Dabei können die Bewertungen des Technologienutzens bei konkreten Leistungen bzw. Produkten die Entscheidung unterstützen. Wenn Produktberatung, Produktpräsentation und Produktkonfiguration entscheidend sind, dann ist Teleweb die geeignete Technologie. Beispiele für die geeignete Nutzung von Teleweb sind:

- Reiseportale,
- Auktionsportale oder
- Online Car-Konfiguratoren.

Wenn das Produkt nicht konfigurierbar ist und Aussehen und Funktion allgemein bekannt sind, empfiehlt sich Web-Callback. Beispiele hierfür sind Webshops für:

- Möbel,
- Bürobedarf oder
- Printmedien.

---

[453] Vgl. Abschnitt 2.1.5

4.4.3 *Nutzen des Telewebs in verschiedenen Anwendungsfeldern*

Die wirtschaftlichen Aspekte einer Co-Browsing-Lösung beziehen sich vor allem auf die geldwerten Vorteile während des Einsatzes. Das Ziel ist ein Mehrwert durch zusätzliche Einnahmen gegenüber den initialen und den laufenden Ausgaben für das Co-Browsing. Im Vergleich zu den Aufwänden zum Erzielen ähnlicher Effekte mit herkömmlichen Mitteln, wie mit dem Einsatz von Co-Browsing, ergeben sich hauptsächlich zwei Vorteile:

1. Direkte und messbare Kostenersparnisse, wenn Reisekosten und -zeiten eines alternativen Kundenbesuchs gespart werden können und die Mitarbeiter stattdessen produktiv tätig sind.
2. Indirekte bzw. mittelbare Kostenersparnisse, die durch eine erhöhte Supportqualität und damit einhergehende Kundenzufriedenheit und -bindung entstehen.

Zu beachten ist hierbei, dass im Zusammenhang mit den in dieser Arbeit vorrangig untersuchten Prozessen des EC, beispielsweise ein zum Co-Browsing alternativ durchgeführter Kundenbesuch, nicht wirtschaftlich darstellbar ist.

Nachfolgend wird kurz auf die Nutzenaspekte von vier Beispielszenarien der Anwendung von Co-Browsing bzw. Teleweb eingegangen:

- Electronic Marketing
- Electronic Learning
- Electronic Commerce
- Electronic Support

4.4.3.1 *Electronic Marketing*

Wird Teleweb zu Präsentationszwecken eingesetzt, bleiben dem Präsentierenden Reisekosten und Reisezeit erspart. Dem stehen die Kosten für die Verwendung der Teleweb-Lösung gegenüber, die bei:

- Der Anschaffungs-Investition und Einführung,
- Dem Betrieb sowie
- Der jeweiligen Vorbereitung und Durchführung einer Präsentation entstehen.

Der einmalige Installationsaufwand kann durch die Anmietung eines zentralen Co-Browsing-Servers minimiert werden. Alternativ kommt die Nutzung eines eigenen Co-Browsing-Servers in Frage, der jedoch neben den Lizenzierungskosten relativ hohe laufende Kosten verursacht und somit nur für Szenarien mit dauerhafter Nutzung interessant ist. Die Vorbereitung der Präsentation ist mit wenig zusätzlichem Aufwand verbunden, wenn die Präsentationen standardisierbar sind. Während der Durchführung fallen die Telefon- und Internetkosten, sowie ggf. die Mietgebühr für den Co-Browsing-Server an. Beispielhaft wird hier die Präsentation bei einem 500 km entfernten Interessenten gegenüber gestellt. Die Anfahrt wird mit dem Auto zurückgelegt – Reisezeit, Reisekosten und die angesetzten internen Kosten von 50 Euro pro Arbeitsstunde ergeben den Aufwand einer vor Ort durchgeführten Präsentation.

Die Co-Browsing-Kosten sind vergleichsweise gering. Den oben aufgeführten Kostenfaktoren der traditionellen Präsentation stehen nur die Anmietung des Co-Browsing-Services sowie zusätzliche Telefon- und Internetkosten gegenüber.

4.4.3.2 *Electronic Learning*

Die Virtualisierung von Lehren und Lernen über Electronic Learning oder Telelearning[454] eröffnet eine Vielzahl von Chancen der Orts- und Zeitungebundenheit, der Qualitätssteigerung und der Ökonomisierung durch Mehrfachnutzung.[455] Wie im Präsentationsszenario sind auch bei internen und externen Schulungen, Meetings und Konferenzen erhebliche Einsparungen bei den Reisekosten und der Reisezeit möglich.

Ein zusätzlicher indirekter Effekt entsteht, weil Meetings und Schulungen öfter und bedarfsgerechter als vor Einführung der Teleweb-Lösung durchgeführt werden können. Absprachen und Diskussionen lassen sich in beliebigen Zusammensetzungen und frei planbar durchführen, wodurch der Informationsfluss im Unternehmen verbessert werden kann.

4.4.3.3 *Electronic Commerce*

Online-Auftritte von Reiseveranstaltern oder Versicherungen sind häufige Anwendungen im Bereich des E-Sales. Die Art und Weise der Darbietung solcher Produkte ist gut für den Co-Browsing Einsatz geeignet. Co-Browsing hat Auswirkung auf die getätigten Abschlüsse und die Akzeptanz des gesamten Online-Auftrittes. Ein fachmännischer Reiseberater kann leicht alle Möglichkeiten des Co-Browsing ausschöpfen und den Wünschen des Kunden über das Internet gerecht werden. Die Vorstellung möglicher Reiseziele kann stark der Beratung im Reisebüro angeglichen werden. Der wirtschaftliche Nutzen ist durch die Gegenüberstellung der erzielten Abschlüsse pro Beratung berechenbar.

Entscheidend ist die Frage, welche Akzeptanz der Co-Browsing-Service beim Kunden erreichen kann. Durch den Einsatz von Teleweb sind eine bessere Beratung und höhere Kundenbindung bei Verkaufsgesprächen im Internet erreichbar.

Dem potentiellen Mehrwert durch höhere Verkaufszahlen steht ein geringes Investitions-risiko gegenüber.

4.4.3.4 *Electronic Support*

Moderne Anwendungssoftware besitzt oft einen umfangreichen Funktionsumfang. Die Anwender sind schnell überfordert und zusätzliche Funktionalitäten werden nicht genutzt. Dadurch entsteht der Bedarf an qualitativ hochwertiger Unterstützung, die neben dem telefonischen Kontakt auch die visuelle Unterstützung bietet. Teleweb erfüllt diese Voraussetzung und kann die Qualität des Supports verbessern. Call Center-Agenten können mit dieser Technologie den Kunden auf einfache Weise durch komplexe Funktionen führen.

---

[454] Vgl. Ehrenberg, D.: 2000, S. 17 - 26

[455] Vgl. Ehrenberg, D.; Scheer, A.-W.; Schumann, M.; Winand, U.: 2001, S. 12

Wenn der Support mit Co-Browsing verbunden wird, kann besser auf die Bedürfnisse des Kunden eingegangen werden, als es durch Handbücher, Hilfesysteme oder eine traditionelle Hotline möglich ist. Die so erhöhte Supportqualität führt neben dem unmittelbaren Nutzen auch zu einer besseren Kundenbindung. Der wirtschaftliche Nutzen hängt stark vom konkreten Einsatz ab und ist schwer zu bestimmen. Die Investitionskosten sind dagegen gering, womit das Risiko einer Fehlinvestition klein ist.

4.5 Einblick itCampus Kommunikationsprodukte

Durch die Vielzahl der Möglichkeiten neuer Anwendungen und Services entsteht der Bedarf, diese Kommunikationsprozesse über die verschiedenen Kommunikationskanäle abzubilden. Der Kunde erwartet, dass Transaktionen und Anfragen parallel und innerhalb weniger Minuten abgearbeitet werden.

Wenn nach einer Studie von JupiterResearch 2007[456] sich die Anzahl der online initiierten Kontakte bis zum Jahr 2012 verdoppelt haben wird, so müssen die Systeme in der Lage sein, die Anfragen über verschiedene Kanäle übergreifend zu bearbeiten.

Aus diesem Zusammenhang heraus hat sich itCampus das Ziel gesetzt, eine umfassende Multi-Channel-Lösung zu entwickeln, die sowohl Kontakte entgegen nehmen und handeln, als auch Kontakte initiieren kann. Bei dieser Entwicklung wurden zuerst die Kanäle Voice, Fax und E-Mail in den Focus genommen.

Das Kommunikationsprodukt der itCampus heißt „Elsbeth Communication Center" und ist eine integrierte Kommunikationslösung für den professionellen Einsatz in Unternehmen.

Als integriertes Kommunikationssystem mit offenen Schnittstellen deckt es den komplexen Bedarf der modernen Telekommunikation ab. Basierend auf einer modularen Architektur verfügt das System über eine hohe Flexibilität und erlaubt die schnelle und kostengünstige Realisierung von Lösungen der unterschiedlichsten Anforderungen in verschiedensten IT-/TK-Umgebungen. Die einzelnen Module[457] umfassen unter anderem Lösungen zur automatischen Anrufverteilung, der Spracherkennung und Sprachaufzeichnung, für hochperformantes Outbound-Dialing, zum hochflexiblen Datentransfer sowie zum gesamten Management von Kampagnen. Die Anwendungsgebiete des Systems erstrecken sich von der einfachen Nebenstellen-Telefonanlage in mittelständischen Unternehmen bis zu skalierbaren komplexen Lösungen für Unternehmen der Call Center-Branche, unabhängig ob es sich um Inbound- oder Outbound-Anwendungen bzw. die Umsetzung anspruchsvoller automatischer Sprachdialogsysteme handelt.

Eine solches unternehmenskritisches System muss redundant aufbaubar und skalierbar sein sowie über verteile Standorte hinweg funktionstüchtig sein. Die

[456] Vgl. www.jupiterresearch.com vom 13.01.2008

[457] Siehe Anhang H

Abbildung 44 zeigt, wie das Produkt „Elsbeth Communication Center“ von der Firma itCampus entsprechend aufgebaut ist.

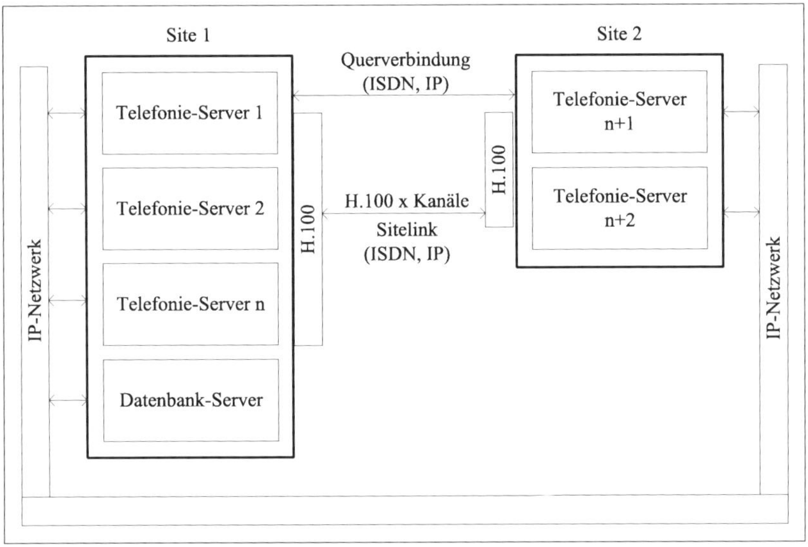

Abbildung 44: Skalierbarkeit des Elsbeth Communication Centers
Quelle: itCampus Produktinformationen 2008

Die einzelnen Module verfügen über standardisierte Schnittstellen, die eine einfache Integration in die IT- und TK-Umgebung des Unternehmens ermöglichen. Die Module können sowohl als Stand Alone-Lösung genutzt werden, als auch in Kombination mit anderen Modulen oder mit Lösungen von dritten Anbietern verbunden werden. Bestehende Installationen des Communication Centers sind durch die Hinzunahme von weiteren Modulen schrittweise erweiterbar.

Die Abbildung 45 zeigt, welche Kanäle mit diesen Modulen in einem integrierten System abgebildet werden können. Neben den derzeitig unterstützten Kommunikationskanälen Sprache, E-Mail und Fax sind auch verschiedene Protokolle implementiert. So kann z. B. die Sprachkommunikation über ein Analoges- ein ISDN- oder ein SIP-Protokoll geführt werden.

Eine wichtige Bedingung für die Systemarchitektur ist die Ausfallsicherheit und der dauerhafte Betrieb, da das Kommunikationssystem in unternehmenskritischen Bereichen eingesetzt wird. Der Kern des Systems ist der ccService, ein Windowsdienst zur scriptgesteuerten Verteilung von Kommunikationsanfragen verschiedener elektronischer Medien. Derzeit unterstützte Medien sind Analog-, ISDN- und SIP/RTP-Gespräche sowie FAX-, SMS- und E-Mail.

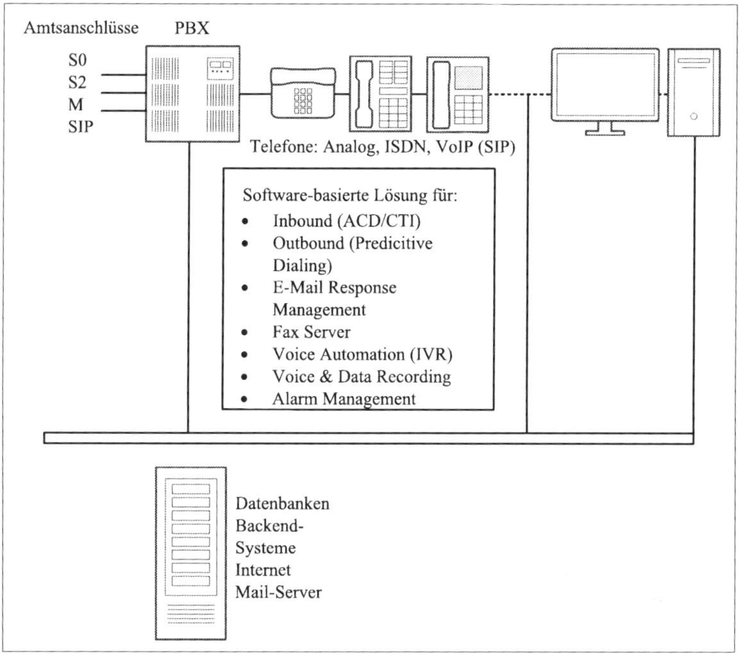

Abbildung 45: Einsatzschema des Elsbeth Communication Centers
Quelle: itCampus Produktinformationen 2008

Der ccService arbeitet auf mehreren physischen Servern parallel und gleichberechtigt. Untereinander wird mit dem itCampus eigenen Protokoll „MecMsg“ (OSI Layer 5-7) über den TCP/IP-Dienst kommuniziert. Es existieren zwei zentrale Datenbanken, eine für die übergreifende Konfiguration und eine für die zentrale Statistik. In Hochverfügbarkeitsszenarien werden beide Datenbanken redundant ausgelegt. Die Statistik-, Log-Daten werden bei einer Unterbrechung der Datenbankverbindung in einen doppelt ausgelegten internen Filecache geschrieben.

Jeder ccService kann über die interne Server-Hardware[458] eine Verbindung in die öffentlichen Netze PSTN und Internet herstellen. Fällt einer der ccServices aus, geht die von ihm aktuell verwaltete Kommunikation verloren. Die Teilnehmer können sich in einem entsprechend redundant ausgelegtem System sofort über einen anderen ccService wieder neu verbinden. Der ccService (Queues und Routing) und die Hardware werden über eine Managementconsole konfiguriert.

[458] Die verwendetet Hardware besteht aus handelsüblichen Ethernetkarten und aus von der Firma itCampus technology GmbH entwickelten E1-, ISDN-, Analog- und Base-Karten. Die Base Karten eignen sich zum Anschluss von 19 Zoll Patchpanel um eine größere Anzahl von ISDN-, und Analog- Karten mit dem Server zu verbinden.

Das System ist hoch skalierbar. Alle in Abbildung 46, der ECC5.0 Architektur, dargestellten Softwarekomponenten können auf physisch getrennten Servern installiert werden. Die hier gewählte Architektur ist die Service Orientierte Architektur (SOA).

Ein weiterer Vorteil sind die definierten Schnittstellen (Contracts) zwischen den Services, welche es ermöglichen, Services mit gleicher Schnittstelle gegeneinander auszutauschen. So kann das System mit Third Party Software arbeiten. Entscheidet sich ein Kunde z. B. für einen anderen Spracherkenner, ein anderes Rechteverwaltungssystem oder User Service, so muss nur der Teil der Software unterhalb der Schnittstelle neu implementiert werden.

Die dritte Datenbank, Powercontact[459], beinhaltet alle Kundendaten inklusive der Kundenkontakthistorie. Der Zugriff auf die Daten erfolgt über eine 3-Tier-Architektur. Das auf TCP/IP basierende .Net-Remoting-Protokoll hält den Status der Verbindung und ist somit sehr flexibel. Der Powercontact-Server steuert den Workflow der Agenten. Der Workflow wird mittels eines Workflowdesigners im Powercontact-Administrator erstellt und im XML-Format gespeichert.[460]

Das Kommunikationssystem kann in verschiedene Softwaresysteme eingebunden und über den Agent Service gesteuert werden. Eine häufige Anbindungsnotwendigkeit besteht bei CRM-Systemen. Für diese Anbindung kann der Agent Service oder die Frontend.dll (der Wrapper des Agent Service) verwendet werden.

Es gibt einen MonitorService über das gesamte System, welcher sich über verschiedene Schnittstellen speist. Wird ein Frontendmonitor auf einem Arbeitsplatz gestartet, wird über den User Service die Authentifizierung und darauf folgend die Autorisierung des Nutzers durchgeführt. Nach dieser Zuweisung von Rechten im System werden die entsprechenden Monitoring-Informationen über das System vom Monitorservice ausgeliefert.

Über das Backend bekommt das System sogenannte Calljobs, welche vom Dialer Agenten unabhängig als Anrufe in das PSTN oder Internet abgesetzt werden. Wird auf diese Weise ein Gespräch aufgebaut, wird es wie ein eingehendes Gespräch vom ccService zu einem Agenten durchgestellt.

Es müssen regelmäßig neue Daten in das System geladen und aus dem System geschrieben werden. Oft handelt es sich hierbei um eine große Zahl von Datensätzen. Dafür wurden mehrere ETL-Werkzeuge geschrieben. Das wichtigste davon ist die BiBox,[461] welche als Dienst scriptgesteuert läuft und nach verschiedensten Triggern Daten bereit stellt.

Alle dem System zugrundeliegenden Datenbanken sind Microsoft SQL-Server 2005. Dieser bietet einen Reporting Service mit einer Weboberfläche an. Über diese Reporting Services können, zusätzlich zu den Standardreports, individuelle Reports gebaut werden.

---

459 Vgl. Anhang H

460 Der Workflow wird zukünftig auf ein XML-Format umgestellt.

461 Vgl. Anhang H

In der weiteren Entwicklung des Communication Centers strebt itCampus die Verbindung der verschiedenen Kommunikationskanäle mit den Möglichkeiten der Ad-hoc-Zusammenarbeit über das Internet an. Durch die Integration von Co-Browsing in das Communication Center wird Teleweb verfügbar werden.

Weiter kann der Communication Centers an einen E-Mail Server, Conferencing Server, Speach Server oder Portal Server angebunden werden. Durch diese Ausrichtung, soll sich das Communication Center zu einem zentralen Baustein der Unternehmenskommunikation nach innen und außen entwickeln und besonders über die Nutzung in Call Centern die Kundenbindung erhöhen. Mit dieser Schaltzentrale kann zukünftig die Kommunikations-Infrastruktur von Unternehmen leistungsfähig und effizient aufgebaut werden.

Systemintegratoren, Telekommunikationsunternehmen und Independent Software Vendern soll eine Lösungsplattform geboten werden, die es ihnen ermöglicht, für ihre Kunden- und Branchenanforderungen komplexe zugeschnittene Teleweb-Lösungen zu bauen. Durch eine offene Architektur mit entsprechenden Schnittstellen, entsteht für die Lösungspartner ein umfangreicher Baukasten. Damit können betriebswirtschaftliche Prozesse der Kunden in die Kommunikationsplattform integriert werden und es entsteht ein ganzheitliches, auf den Kunden abgestimmtes Lösungskonzept.

Der in Abbildung 46 dargestellte Systemaufbau zeigt die übliche Verteilung des Systems zwischen zentralen Komponenten im Rechenzentrum (im grauen Bereich dargestellt) und den lokal installierten Komponenten. Auf diese Weise kann eine Hochverfügbarkeit sichergestellt werden. Ein weiterer Vorteil ist, dass so auch kleine Unternehmen das mandantenfähige System als Software on Demand nutzen können.

Mit diesen Möglichkeiten können Kommunikationsprozesse komplex gestaltet und mit den Geschäftsprozessen verschränkt werden. Die gesamte Kommunikation über alle Kanäle ist somit abbildbar. Auch wenn keine proprietären TK-Systeme benötigt werden, sind solche flexibel anbindbar. Somit sind weiche Migrationspfade ebenso möglich wie die komplette Neuausstattung der Kommunikationsinfrastruktur in den Unternehmen.

Die vorliegende Arbeit leistet einen Beitrag zur weiteren Entwicklung des „Elsbeth Communication Centers“ von itCampus in der aufgezeigten Richtung. Teleweb soll als Modul den Kommunikationskanal Internet in das Communication Center einbeziehen.

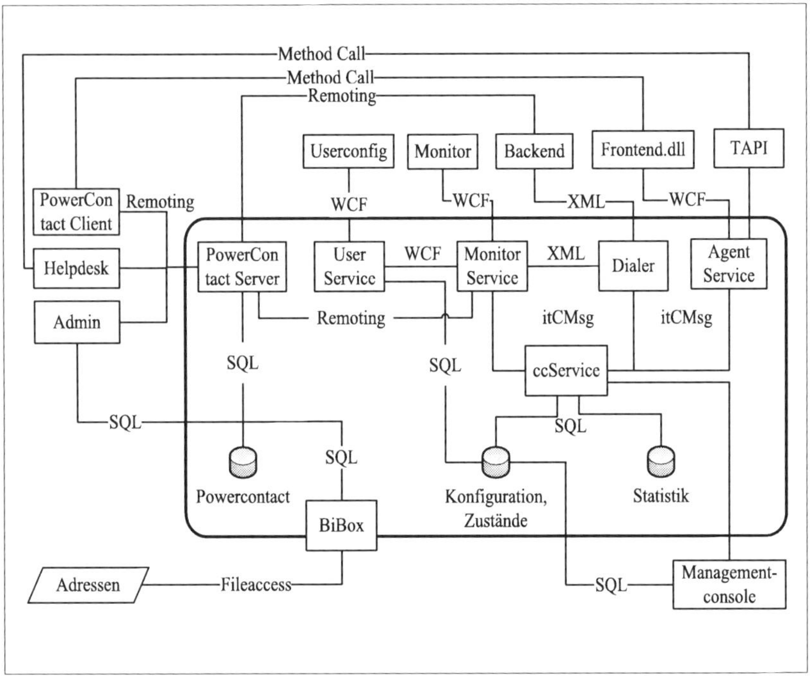

Abbildung 46: Systemaufbau Communication Center
Quelle: itCampus Produktinformationen 2008

5 Zusammenfassung der Ergebnisse und Ausblick

5.1 Gegenstand

Der Umsatz des Electronic Commerce (EC) hat sich in den letzten Jahren vervielfacht und wird nach den Prognosen weiter wachsen.[462] Das Internet bietet die grundlegende technologische Infrastruktur für den EC. Es hat bestehende Markt- und Wettbewerbsbedingungen in den verschiedensten Branchen fundamental verändert. Dabei hat sich das Web zunehmend von einem Informationsmedium zu einem zusätzlichen Beschaffungs- und Vertriebskanal entwickelt. Im Mittelpunkt steht die Kundenorientierung mit der Ausrichtung der unternehmensinternen Geschäftsprozesse auf die Bedürfnisse der Kunden. Mit diesem Ziel sind die Service- und Supportprozesse auf den neuen Vertriebskanal anzupassen. Bei der Umsetzung haben Call Center der verschiedensten Art eine zentrale Stellung eingenommen.

Einen Schwerpunkt dieser Service- und Supportprozesse bildet der wechselseitige dialogorientierte Kommunikationsprozess zwischen Anbieter und Nachfrager. Ziel ist ein gemeinsam getragenes Kommunikationsergebnis mit folgenden Verbesserungen:

- Ausgleichen fehlender sozialer Präsenz,
- Dem Informationsparadoxon entgegenwirken und
- Das Erreichen einer Vertrauensbasis zwischen Anbieter und Nachfrager.

Die in dieser Arbeit vorgestellten hemmenden Faktoren[463] sind auf den Dienstleistungsprozess fokussiert. Die fehlende soziale Präsenz bzw. unzureichend definierte Kommunikationsmöglichkeiten mit einem menschlichen Dialogpartner und die Vertrauensbildung stehen im Mittelpunkt der Betrachtungen. Zusätzlich ist die ungenügende Informationsversorgung ein Hindernis für die Vertrauensbildung während aller Phasen des Dienstleistungsprozesses in einer Web-Anwendung. Mit der Umsetzung des entwickelten Prozessmodells für Teleweb werden diese hemmenden Faktoren beseitigt oder gemildert und erhöhen somit die Kundenbindung.

5.2 Mehrkanalsupport

Um diesen Anforderungen zu genügen, muss sich das gegenwärtige Call Center zu einem multimedialen Communication Center mit Mehrkanalsupport entwickeln. Eine besondere Rolle spielt dabei die Integration des Internets in das Service- und Supportregime. Da die Nutzung von Applikationen über das Web ständig steigt, erhöht sich gleichzeitig der Bedarf nach Web Collaboration. Um die Serviceziele, vor allem bei E-Commerce erreichen zu können, werden in der Zukunft die Call Center, die auf vielen Kommunikationskanälen arbeiten und das Teleweb anbieten, besser aufgestellt sein als klassische Call Center.

---

462 Vgl. ECIN, onlineberatung, vom 22.12.2006

463 Vgl. Abschnitt 2.3.1

Mehrkanal-Support bedeutet, dem Nachfrager alle sinnvollen Kommunikationswege zur Kontaktaufnahme anzubieten und die vorgenommenen Kontaktaufnahmen möglichst ohne Medienbrüche zu bedienen. Dabei können mehrere Kommunikationskanäle parallel genutzt werden.

Die Integration der Anfragen aus dem Web in den Support wird mit Hilfe des Teleweb deutlich verbessert. Durch die parallele Nutzung von Co-Browsing und Telefonie kann ein Call Center einen Mehrkanalsupport gestalten.

Die Zusammenarbeit von Personen über das Internet ist die grundlegende Eigenschaft des Co-Browsing. Mindestens zwei Personen, die räumlich verteilt sind, arbeiten gemeinsam und synchronisiert und erfüllen damit die Voraussetzung für eine Telekonferenz.

Das Arbeitsobjekt ist eine Menge von Hypertextdokumenten, die auf der Internet-Technologie über ein Netzwerk erreichbar sind. Die Zusammenarbeit wird durch parallele explizite, hauptsächlich auf der Sprache basierende interpersonelle Kommunikation organisiert.

Ausgehend vom Web-Callback-Prozess wird dieser durch den parallelen Einsatz von Co-Browsing und klassischer Telefonie zum Teleweb-Prozess erweitert. Teleweb ergänzt die Kommunikation um den interaktiven Datenkanal und verbessert auf diese Weise den Service und den Support. Einordnen lässt sich Teleweb auf Grund seiner Merkmale als technologiegestützter Prozess in das interdisziplinäre Forschungsgebiet CSCW. Teleweb bietet für die Geschäftsprozesse im Call Center das folgende Automatisierungs- und Verbesserungspotenzial:

- Parallele Webunterstützung „just in time",
- Automatische Co-Browsing-Anfrage-Verteilung,
- Einen optionalen Gesprächsleitfaden und
- Automatisierte Übernahme von Daten in ein CRM-System.

Bei jedem potenziellen Einsatzszenario ist zu prüfen, wie Vorstellungen und Wünsche der Kunden technisch und wirtschaftlich sinnvoll umsetzbar sind.

5.3 Umsetzung

Ein Co-Browsing-System ist ein verteiltes System und besteht aus zwei grundsätzlichen Teilsystemen, den dezentralen Benutzerschnittstellen und einer zentralen Komponente. Die dezentralen Benutzerschnittstellen ermöglichen den Zugriff auf das Co-Browsing-System, die Abbildung und Bearbeitung des Arbeitsobjektes und initiieren den Aktualisierungs- und Modifikationsvorgang, der über die zentrale Komponente durchgeführt wird. Die zentrale Komponente ist verantwortlich für die Auswertung der übertragenen Ereignisse und die Erhaltung der Konsistenz des spezifischen Arbeitszustandes.

Aufgrund steigender Anforderungen und der Notwendigkeit der Bereitstellung möglichst flexibler Groupware-Systeme sind zunehmend Mischformen der zentralisierten und vollständig replizierten Verteilungsarchitektur sinnvoll. Bei deren Entwicklung erfolgt die Entscheidung über die Verteilung, was zentralisiert laufen soll oder was repliziert wird, abhängig vom jeweiligen Anwendungszweck. Aus diesem Grunde können Vor- und Nachteile nicht allgemeingültig angegeben werden. Je nach Anwendungsziel, ergibt sich eine unterschiedliche Betrachtung, die zu einer Optimierungsaufgabe zur Verbesserung des Service und Support oder der Senkung der Kosten führt.

Die meisten Funktionen der Synchronisation werden auf dem Co-Browsing-Server umgesetzt. Auf dem Webserver muss lediglich ein Call-Back-Button eingefügt werden. Auf der Seite des Clients wird die benötigte Funktionalität ausschließlich über in der Webseite enthaltenes HTML und Java-Script realisiert.

Mit Push- und Event-Architekturen werden die Informationen aktiv verteilt. Die bisherigen Architekturen bauen darauf auf, dass ausschließlich ein aktiver Prozess Informationen von einem anderen Prozess abfragt. Push- und Event-Architekturen kehren das herkömmliche Anfrage-/Antwort-Verhalten von Client-/Server- und Peer-to-Peer-basierten Systemen um. Das Interaktionsmuster von Anfrage-/Antwortsystemen dieser Architekturformen ist asynchron. Der Empfänger signalisiert Empfangsbereitschaft und die Informationen werden genau dann verteilt, wenn diese in einer Instanz verfügbar sind. Ohne den Zustand der Empfangsbereitschaft wird eine verteilte Information nicht entgegen genommen. Wenn keine Information zum Versenden vorliegt, kann nichts empfangen werden.

Die Push-basierten-Systeme verteilen Informationen effizient und zeitgerecht genau dann, wenn diese verfügbar sind. Dieses Verhalten der Informationsverteilung ist auf Co-Browsing direkt übertragbar, so dass die Zustandsänderungen des Arbeitsobjektes unmittelbar verteilt werden.

Das zentrale Entwurfskonzept Event-basierter-Systeme (EBS) liegt vor, wenn asynchron auftretende Ereignisse gegeben sind. Diese können jederzeit auftreten und das Gesamtsystem in Abhängigkeit vom aktuellen Zustand zu einer Reaktion veranlassen. In einem EBS interagieren die beteiligten, verteilten Komponenten, indem sie Events erzeugen und empfangen, ohne dass eine direkte Verbindung zwischen ihnen existiert. Sämtliche Ereignisse werden nach der Erzeugung an die EBS-Infrastruktur übergeben, über die eine Verteilung erfolgt. Es werden keine vollständigen Arbeitsobjekte übertragen, sondern ausschließlich Ereignisse, welche die dezentralen Komponenten über die Zustandsänderungen informieren. Ein entsprechendes Ereignis kann in einem Co-Browsing-System die Abfrage des aktualisierten Zustands eines Arbeitsobjektes veranlassen. Auf diese Weise wird es möglich, nur dann Informationen zu übertragen, wenn sie verfügbar sind. Danach wird die Verarbeitung den Empfängern überlassen.

Ein Teleweb-System ist vorrangig für das parallele Bereitstellen der Kundendaten und des Gespräches zuständig. Vergleichbar mit einem CTI-System wird durch das Teleweb-System dem Gespräch eine Co-Browsing-Sitzung zugeordnet. Durch ein Teleweb-System sollen die beiden Kommunikationstechnologien Co-Browsing und Telefonie auf automatischem Wege verbunden werden.

Es ist vertrauensbildend, den Kunden ständig über den Zustand seiner Anfrage und der Sitzung zu informieren. Dazu benötigt das Teleweb-System ein Zustandsmodell, von welchem es diese Informationen beziehen kann. Zur weiteren Vertrauensbildung sollten Hinweise zur Sicherheit bei der Benutzung des Systems gegeben werden. Der Kunde hat die Möglichkeit, weitere spezifizierende Informationen zu seiner Anfrage vorzugeben. Diese Kundenangaben müssen vom Teleweb-Server berücksichtigt und ausgewertet werden.

Die Dynamik des Systems wird durch seine Zustände bestimmt.

Diese Zustände sind für das Co-Browsing-System und für das Telefoniesystem gleich. Die Zustände „wird verbunden“ und „wird getrennt“ sind für den Teleweb-Server notwendig, da die Kanäle nicht direkt gesteuert werden. Der Teleweb-Server bekommt Rückkopplungen vom Co-Browsing-System und vom Telefoniesystem. Die Zustände werden von außen und von innen beeinflusst. Die modellierten Zustände sowie die erfolgte allgemeine Spezifikation und Konzeption bilden den allgemeinen Rahmen für die Umsetzung.

Das Zustandsmodell wird von der Teleweb-Prozesslogik mit den fortlaufenden Informationen versorgt und hat keinen Kontakt zu anderen Komponenten. Ändert sich der Zustand vom Sprach- oder Datenkanal, informiert die Teleweb-Businesslogik das Zustandsmodell. Das Zustandsmodell verarbeitet und verwaltet alle Zustände und gibt bei Bedarf die notwendigen Informationen an die Teleweb-Prozesslogik zurück.

Mit der Zunahme der Kommunikation über E-Mail entstand die Anforderung an die Call Center, diesen Dienst des Internets zu integrieren. Mit dem Teleweb-System wird das Web, als ein weiterer Dienst des Internets, im Call Center zur fortführenden Erweiterung der Kommunikation eingesetzt.

Das Teleweb-System ist als Middleware-System eingeordnet.

Der vorhandene CTI-Server, mit seiner umfangreichen Funktionalität, muss aus Sicht des Teleweb-Systems nicht ersetzt werden. Das Teleweb-System müsste sonst komplett um die Funktionen des CTI-Systems erweitert werden und umgekehrt. Zukünftige Systeme werden migrieren und aus Effektivitätsgründen zusammenwachsen. Der Teleweb-Server wird parallel zum CTI-Server konzipiert. Des Weiteren ist eine unabhängige Implementierung des Teleweb-Clients möglich. Damit kann das Teleweb-System auch eigenständig genutzt werden. Auf dieser Stufe wird eine hohe Unabhängigkeit der Entwicklung von proprietären Systemen erreicht.

Das Teleweb wird als ein zusätzliches System in die bestehende Infrastruktur der Call Center eingefügt. Der Teleweb-Server kommuniziert mit dem CTI-Server, dem Co-Browsing-Server und dem Teleweb-Client.

5.4 Nutzen

Der positive Einfluss von Teleweb auf die Kundenbindung lässt sich in den indirekten, mittelbaren und den direkten Einfluss aufteilen.

Indirekt wird für den gesamten Kaufprozess ein positives Erlebnis für den Kunden geschaffen und der Kunde animiert häufiger den Weg des Electronic Commerce zu nutzen.

Mittelbar bewirken die kollaborativen Technologien eine verbesserte interne Kommunikation und Interaktion. Dadurch kommt es zu einer Effizienzsteigerung und Redundanzvermeidung. Die so erhöhte Qualität der Leistungserstellung und des Service erzielen positive Wirkungen auf die Kundenbindung.

Direkt bewirkt der Einsatz der kollaborativen Technologien für die Kommunikation und Interaktion mit dem Kunden einen individualisierbaren und flexibel gestalteten Dialog, welcher auf die Bedürfnisse der Kunden besser eingehen kann. Damit wird eine gesteigerte Kundenbindung erreicht. Die bisher mangelnde Unterstützung und fehlende Beratung im Internet wird ausgeglichen und durch eine Ausrichtung der Geschäftsprozesse auf die Kundenanforderungen ergänzt.

Eine Bewertung der Effektivität der kollaborativen Technologien für die Kundenbindung wurde durchgeführt. Um den Beitrag zur Kundenbindung einzelner Technologien zu quantifizieren, wurde der Teleweb-Prozess mit dem Web-Callback verglichen. Als Ergebnis zeigte sich, dass Teleweb effektiver für das Kundenbindungsziel eingesetzt werden kann.[464]

Das Teleweb ist besonders geeignet in Einsatzszenarios mit folgenden Rahmenbedingungen:

- Der zu unterstützende Prozess läuft internetbasiert ab,
- Große Nutzerzahlen sind gegeben,
- Vorher unbekannte Nutzer sind beteiligt und
- Komplexe Produkte oder Funktionalitäten der Webanwendung sind zu berücksichtigen.

Der Anbieter von Dienstleistungen stellt eine bestimmte Dienstleistungsqualität zur Verfügung und kann über diese zusätzlichen Sekundärleistungen Alleinstellungsmerkmale gegenüber Mitbewerbern generieren oder verlieren. Damit wird verdeutlicht, dass es für die Anbieter sinnvoll ist, die Service- und Supportstrukturen des EC als Qualitätsdimension im Rahmen des Dienstleistungsprozesses zu betrachten.

5.5 Wissenschaftlicher Beitrag und Ausblick

Wissen und Fähigkeiten der Personen, die für Problemlösungen benötigt werden, sind oft räumlich verteilt. Das Zusammenführen der Kompetenzträger an einen bestimmten Ort ist meistens zeit- und kostenintensiv und deshalb bei wiederholt auftretenden Fällen von Service und Support wirtschaftlich nicht vertretbar. Da die Nutzung von Applikationen über das Web ständig steigt, erhöht sich gleichzeitig der Bedarf nach Zusammenarbeit im Web. In dem Maße, wie zunehmend Prozesse über das Internet abgewickelt werden, steigt der Bedarf an internetbasierten Service- und Supporttechnologien. Es werden technologische Ansätze benötigt, die eine flexible Form der Zusammenarbeit und ein effektives und verteiltes Lösen von Problemen unter starker Einbeziehung des Internet erlauben.

Die Eigenschaften des Collaborative Browsing[465] ermöglichen, die Prozesse zur Problemlösung im Internet zu rationalisieren. Es werden dabei verschiedene Kommunikationskanäle für die gemeinsame und synchrone Nutzung von Hypertexten, Daten- und Wissensbanken in Verbindung mit dem Sprachkanal mit

---

464 Vgl. Abschnitt 4.4

465 Vgl. Abschnitt 2.5

räumlich verteilten Personen einbezogen. Die angestrebte Problemlösung basiert auf der Zusammenführung von Collaborative Browsing und Telefonie.

Die Ergebnisse der Arbeit leisten einen Beitrag zum Aufbau des Mehrkanal- Service und -Supports im Electronic Commerce. Definition und Diskussion wesentlicher Begriffe tragen zu einer verbesserten Transparenz des betrachteten Forschungs- und Entwicklungsgebietes bei. Auf der Grundlage von präzisierten Anforderungen an das Co-Browsing konnte eine spezielle Architektur für Co-Browsing-Systeme erstellt werden.

Es wurden ein Prozessmodell und eine Architektur für Teleweb, d. h. für die parallele Nutzung von Co-Browsing und Telefonie geschaffen. Der Weg zur technischen Integration von Teleweb für Call Center wurde erarbeitet und verallgemeinert.

In einer Nutzenbetrachtung sind die Vorteile von Teleweb gegenüber dem Web-Callback aufgezeigt. Ein empirisch fundierter Beweis, der eine Gegenüberstellung von Aufwand und Nutzen zu einem deutlichen Nutzenüberhang führt, ist noch zu führen. Die Gewichtung der Nutzenbetrachtung in Abschnitt 4.4 basiert auf Annahmen des Autors. Diese Annahmen sind durch langjährige Erfahrungen aus der praktischen Tätigkeit als Geschäftsführer der itCampus GmbH und vielen Kundengesprächen gestützt. itCampus bietet seit 2003 eigene Kommunikationslösungen für verschiedenste Call Center an. Die empirischen Untersuchungen und genauen Bestimmungen der Gewichtungen bieten Raum für weitere wissenschaftliche Arbeiten.

Weiteres Verbesserungspotential besteht bei der Nachbearbeitung einer Teleweb-Sitzung. Mit einer Spracherkennungssoftware könnten dafür Informationen aus den Telefongesprächen mit den Informationen aus der Co-Browsing-Sitzung und dem Customer Relationship Managementsystem auf automatischem Wege ausgewertet und bereitgestellt werden. Die Gewinnung dieser Informationen bildet die Grundlage für Qualitätsverbesserungen, für das Coaching der Agenten sowie die Cross- und Upselling Strategien, was noch weitergehend untersucht werden sollte.

VoIP wird, wie von der Europäischen Gesetzgebung gefordert[466], vom Anspruch auf geografische Rufnummern über die nomadische Nutzung bis zur Bereitstellung von Notruf und Abhörschnittstellen, der klassischen Telefonie praktisch gleichgestellt werden. Deshalb sollte weiterführend untersucht werden, inwieweit sich durch die Einsatzmöglichkeiten von VoIP das in dieser Arbeit entwickelte Prozessmodell für Teleweb weiter verbessern lässt.

Als flexibel und mit großem Verbesserungspotenzial stellt sich die Aktivität der Nachbearbeitung eines bearbeiteten Service- oder Supportfalls heraus. Mit einer Spracherkennungssoftware können Informationen aus dem Gespräch zur Nachbearbeitung genutzt werden. Im Fall von Teleweb könnten hier die Webseiten und der Verlauf der Co-Browsing-Sitzung automatisch ausgewertet werden. Die Ergebnisse stehen dem Agenten bei einer späteren Arbeit zur Verfügung. Das automatische Auswerten und die durchgängige Verwendung aller während des Service- und Supportprozesses angefallenen Informationen sind die Grundlagen für

---

[466] Vgl. http://www.heise.de/newsticker/meldung/98078 vom 28.10.2007

weitere Qualitätsverbesserung, das Coaching der Agenten und für Cross- und Upselling-Strategien und bieten hohe Verbesserungspotenziale für den Teleweb-Prozess. Damit sind weitere wichtige Forschungsmöglichkeiten auf diesem Themengebiet gegeben.

Quellenverzeichnis

Ahlert, D. et al.: Die Bedeutung von Vertrauen für die Interaktionsbeziehungen zwischen Dienstleistungsanbietern und -nachfragern; in: Bruhn, M.; Strauss, B (Hrsg.), Dienstleistungsmanagement-Jahrbuch 2001 – Interaktionen im Dienstleistungsbereich, Gabler-Verlag, Wiesbaden, 2001

Ahlreep, J.; Mocker, H.; Mocker, U.: E-Commerce im Griff, Datakontext-Fachverlag 2. Auflage, Frechen-Königsdorf, 2000

Akao, Y.: Quality Function Deployment: Integrating Customer Requirements into Product Design, Productivity Press Inc., Danvers (MA), 1990

Albers, S. et al. (Hrsg.): eCommerce, Einstieg, Strategie und Umsetzung in Unternehmen, 2. Aufl., FAZ-Institut für Management-, Markt- und Medieninformation, Frankfurt a. M., 2000

Andriessen, J. H. E.: Working with Groupware, Understanding and Evaluating Collaboration Technology, Springer Verlag, London, 2003

Balzert, H.: Lehrbuch der Software-Technik, 2. Aufl., Spektrum-Verlag, Heidelberg, Berlin, Oxford, 2000

Balzert, H.: Lehrbuch der Software-Technik/Software-Entwicklung, 2.Auflage, Spektrum Akademischer Verlag, Berlin, 2001

Baßeler, U. et al.: Grundlagen und Probleme der Volkswirtschaft, 17. Aufl., Schäffer-Poeschel-Verlag, Stuttgart, 2002

Bauer, N.: Entwurf einer Frameworks für CTI-Lösungen im Call Center, Diss., Technische Universität Dresden, Dresden, 2002

Becker, J.; Kugler, M.; Rosemann, M. (Hrsg): Prozessmanagement – Ein Leitfaden zur prozessorientierten Organisationsgestaltung, 4. Auflage; Springer, Berlin, 2002

Bieger, T.; Laesser, C. (Hrsg.): Jahrbuch 2001/2002, Schweizerische Tourismuswirtschaft, St. Gallen, 2002

Bocklund, L.; Bengtson, D.: Call Center Technology Demystified, The No-Nonsense Guide to Bridging Customer Contact Technology, Operations and Strategy, 3. Aufl., Call Center Press, Annapolis/Maryland, 2004

Borghoff, U.; Schlichter, J.: Computer-Supported Cooperative Work – Introduction to Distributed Applications, Springer-Verlag, Berlin, Heidelberg, New York, 2000

Böse, B.; Flieger, E.: Call-Center Mittelpunkt der Kundenkommunikation: Planungsschritte und Entscheidungshilfen für das erfolgreiche Zusammenwirken von Mensch, Organisation, Technik, Gabler Vieweg, Braunschweig, Wiesbaden, 1999

Bostom, R.P.; Anson, R.; Clawson, V.K.: Group facilitation and group support systems. In L. Jessup und J. Valacich (eds.), Group Support Systems: New Perspectives, Macmillan, New York, 1993

Botschen, G.; Botschen, M.: Kundenintegrierte Neuproduktentwicklung von Dienstleistungen; in: Hinterhuber, H. H.; Matzler, K. (Hrsg.): Kundenorientierte Unternehmensführung, 3. Aufl., Gabler-Verlag, Wiesbaden, 2002

Böttcher, M.: Co-Browsing-Prozessmodell und Integration in den Electronic Commerce, Diplomarbeit Universität Leipzig, Institut für Wirtschaftsinformatik, 2004

Böttcher, M.; Farnach, L.; Winkler, T.: Analyse, Konzeption und Untersuchung der Machbarkeit eines Co-Browsing-Systems zur Unterstützung von SAP-Support-Prozessen, Institut für Wirtschaftsinformatik, Universität Leipzig, Leipzig, 2002

Bounken, R.: Vertrauen – Kundenbindung – Erfolg? Zum Aspekt des Vertrauens bei Dienstleistungen; in: Bruhn, M; Strass, B. (Hrsg.): Dienstleistungsmanagement Jahrbuch 2000 – Kundenbeziehung im Dienstleistungsbereich, Gabler-Verlag, Wiesbaden, 2000

Bräutigam, P.; Leupold, A. (Hrsg.): Online-Handel – Betriebswirtschaftliche und rechtliche Grundlagen, Einzelne Erscheinungsformen des E-Commerce, Beck-Verlag, München, 2003

Bruhn, M; Strass, B. (Hrsg.): Electronic Services – Dienstleistungsmanagement Jahrbuch 2002; Gabler Verlag, Wiesbaden, 2002

Bruhn, M.; Homburg, C. (Hrsg.): Handbuch Kundenbindungsmanagement, Strategien und Instrumente für ein erfolgreiches CRM, 5. Aufl., Gabler-Verlag, Wiesbaden, 2005

Bundesverband des Deutschen Versandhandels e.V. / TNS-Infratest bei Pressekonferenz Entwicklung des E-Commerce in Deutschland (BtC) Düsseldorf, 29. Oktober 2007

Cabri, G. et al.: Supporting Cooperative WWW Browsing, a proxy-based approach, Dipartimento di Scienze dell Ingegneria, Università di Modena, Via Campi 213/b, 41100 Modena, Italy, 1999

Call Center Science: www.callcenterscience.de vom 23.01.2008

Cockburn, A.; Greenberg, S.: Making contact: Getting the group communicating with groupware; in: ACM Conference on Organizational Computing Systems, California, October, ACM Press., 1993

commercemanager, http://www.commercemanager.de/magazin/artikel_1204_usability_forschung_e-commerce.html, November Bericht 2007 vom 01.05.2008

Community of knowledge: http://www.community-of-knowledge.de/cp_artikel.htm? artikel_id=46 vom 25.03.2007

Coulouris, G.; Dollimore, J.; Kindberg, T.: Verteilte Systeme – Konzepte und Design, 3. Auflage, Pearson Education Limited, Edinburgh, 2002

Crowston, K.; Malone, T.W.: The Interdisciplinary Study of Coordination, ACM Computing Surveys, Vol. 26, Nr. 1, London, 1994

Daft, R. L.; Lengel, R. H.: Information Richness, A New Approach to Managerial Behavior and Organization Desgin; in: Staw, B.M.; Cummings, L.L.(Hrsg.), Research in Organizational Behavior; Nr. 6; 1984

Daft, R.L.; Lengel, R.H. ; Robert, H.: Organizational Information Requirements, Media Richness and structural Design; in: Management Science, 5. Jg., H. 5, Mai 1986

DDV Deutscher Direktmarketing Verband e. V. (Hrsg.): Kundenbindung im Internet – Ergebnisse der DDV-Studien 2001, Wiesbaden, 2001

Dourish, P.; Bly, S.: Portholes: Supporting awareness in a distributed work group in Proceedings of the CHI 92 Conference on Human Factors inComputing Systems, Seite 541 - 547, Monterey, May 3-7, ACM Press, 1992

Dratva, R.: Elektronische Informationsdienste, Zukunftsweisende Konzepte und prototypeische Umsetzung im Bankbereich; in: Schmid, B.; Dratva, R.; Kuhn, C.; Mansber, P.; Meli, H.; Zimmerman, H. D.: Electronic Mall. Banking und Shopping in globalen Netzen, Stuttgart, 2002

Dustdar, S.; Gall, H.; Hauswirth, M.: Software-Architekturen für verteilte Systeme, Springer-Verlag, Berlin, Heidelberg, New York, 2003

ECIN: Henkel, H.: Online-Beratung im Internet, Chancen und Risiken, http://www.ecin.de/strategie/onlineberatung vom 02.02.2004

ECIN: Weihnachtsgeschäft www.ecin.de/news/2006/12/22/10270/ vom 22.12.2006

ECIN: Strategie http://www.ecin.de/strategie/onlineberatung vom 02.02.2004

Eggert, A.; Fassot, G. (Hrsg.): Electronic Customer Relationship Management, Management der Kundenbeziehungen im Internet-Zeitalter, Schäffer-Poeschel-Verlag, Stuttgart, 2001

Ehrenberg, D.: Telelearning in der Wirtschaftsinformatik; in: Britzelmaier, B.; Geberl, S.; (Hrsg.): Information als Erfolgsfaktor, Teubner, Stuttgart, Leipzig, Wiesbaden, 2000

Ehrenberg, D.; Röder, S.: Telelearning mit WINFOLine an der Universität Leipzig; in: Wirtschaftswissenschaftliche Fakultät der Universität Leipzig, KPMG Deutsche Treuhand-Gesellschaft, PwC Deutsche Revision (Hrsg.): Rechnungslegungskonzeptionen im Widerstreit, Leipziger Universitätsverlag, 2000

Ehrenberg, D.; Scheer, A.-W.; Schumann, M.; Winand, U.: Implementierung von interuniversitären Lehr- und Lernkooperationen, Das Beispiel WINFOLine; in: WIRTSCHAFTSINFORMATIK, 43, 2001

Engel, A.; Kaiser, S.; Mayer, A.: Telebesprechungen und Telepräsenz; in: Schwabe, G., Streitz, N., Unland, R, CSCW-Kompendium – Lehr- und Handbuch zum computergestützten kooperativen Arbeiten, Springer-Verlag, Berlin, Heidelberg, New York, 2001

Esch, F.-R.; Hardimann, M.; Kiss, G.: Gestaltung von Handelsauftritten im Internet; in: Der Handel im Informationszeitalter, Konzepte – Instrumente –

Umsetzung. Hrsg: Möhlenbruch, D.; Hartmann, M., Betriebswirtschaftlicher Verlag Dr. Th. Gabler GmbH, Wiesbaden, 2002

Esenther, A. W.: Instant Co-Browsing: Lightweight Real-Time Collaborative Web Browsing, Mitsubishi Electric Research Laboratories (MERL), Cambridge (MA), 2001

Fajga, K.-W.: Technik migriert, Call Center & CRM, Ausgabe 1, Gabler, Wiesbaden, 2005

Fassot, G.: Kundennutzensteigerung durch elektronische Sekundärleistungen, in Bruhn, M.; Strauss, B. (Hrsg.): Dienstleistungsmanagement Jahrbuch 2000, Kundenbeziehungen im Dienstleistungsbereich, Gabler Verlag, Wiesbaden, 2000

Farnham, S.; Zaner, M.; Cheng, L.: Supporting Sociability in a Shared Browser; in: Proceedings of Interact Conference, Tokyo, 2001

Finger, R.: Prozesse der Konzeption, Realisierung und Einführung integrierter Telekooperationssysteme – Risiken und Gestaltungsempfehlungen, Reihe Wirtschaftsinformatik Bd. 22, Josef Eul Verlag, Lohmar, Köln, 1999

Frese, E.: Grundlagen der Organisation, Konzept – Prinzip -Strukturen; 6. Auflage, Wiesbaden, 1995

Freepatant: http://www.freepatentsonline.com/20050091572.html vom 22.12.2006

Gabler Lexikon-Redaktion: Gabler-Volkswirtschafts-Lexikon, Bd. 2, Gabler-Verlag, Wiesbaden, 1996

Gabriel, R.; Knittel, F.; Taday, H.; Reif-Mosel, A.-K.: Computergestützte Informations- und Kommunikationssysteme in der Unternehmung, Technologien, Anwendungen, Gestaltungskonzepte, Springer-Verlag, Berlin u. a., 2002

Gawlik, T.; Kellner, J.; Seifert, D.: Effiziente Kundenbindung mit CRM, Wie Procter & Gamble, Henkel und Kraft mit ihren Marken Kundenbeziehungen gestalten, 1. Auflage, Galileo Press GmbH, Bonn, 2002

Gersch, M.: Die Standardisierung integrativ erstellter Dienstleistung, Arbeitsberichte des Institutes für Unternehmensführung und Unternehmensforschung der Ruhr-Universität Bochum, Nr. 57, Bochum, 2003

Gianoutsos, S.; Grund, J.: Collaborative work with the World Wide Web: Adding CSCW support to a Web Browser; Department of Computer Science University of Waikato Private Bag 3105, Hamilton, New Zealand, 1996

Gora, W.; Mann, E.(Hrsg.): Handbuch Electronic Commerce – Kompendium zum elektronischen Handel, 2. Auflage, Springer Verlag, Berlin, 2001

Grävemeyer, A.: Wachstumsmarkt Kundenkontakt, Call Center & CRM, Ausgabe 1, 2005

Greenberg, S.; Roseman, M.: Registration for real time groupware, Research Report 94/533/02, Department of Computer Science, University of Calgary Calgary, Alberta Canada, 1994

Greenberg, S.; Roseman, M.: GroupWeb: A WWW Browser as Real Time Groupware, Department of Computer Science, University of Calgary Calgary, Alberta Canada, 1996

Greenberg, S.; Roseman, M.: Groupware Toolkits for Synchronous Work, Department of Computer Science, University of Calgary Calgary, Alberta Canada, 1996

Greenberg, S.; Gutwin, C.; Roseman, M.: A Usability Study of Awareness Widgets in a Shared Workspace Groupware System in Proceedings of CSCW '96, ACM SIGCHI, Boston, MA USA, 1996

Greenberg, S.; Gutwin, C.; Roseman, M.: Semantic Telepointers for Groupware, Department of Computer Science, University of Calgary Calgary, Alberta Canada, 1996

Greff, G.; Fojut, S.: Das ABC des Call Center-Management – die wichtigsten Fachbegriffe rund um Call Center und Kundenservice, 2. Aufl., Gabler Verlag, Wiesbaden, 2003

Grewenig, I. (Hrsg.): Multimedia und Call Center, Ein Praxishandbuch, C. F. Müller Verlag, Heidelberg, 2002

Gröppel-Klein, A.: Konsumentenverhaltensforschung; in: Bruhn, M.; Homburg, C. (Hrsg.), Gabler Marketing Lexikon, Gabler-Verlag, Wiesbaden, 2001

Haake, J.; Holmer, T.; Streitz, N.: Kollaborationsorientierte synchrone Werkzeuge; in: Schwabe, G.; Streitz, N.; Unland, R., CSCW-Kompendium – Lehr- und Handbuch zum computergestützten kooperativen Arbeiten, Springer-Verlag, Berlin u. a., 2001

Hanappi-Egger, E.: CSCW, Eine transdisziplinäre Fragestellung; in: Schiestl, J. (Hrsg): Groupware – Software für die Teamarbeit der Zukunft, Grundlegende Konzepte und Fallstudien, Tectum Verlag, Marburg, 1996

Hansen, H. R.; Neumann, G.: Wirtschaftsinformatik 1- Grundlagen der betrieblichen Informationsverarbeitung, 9. Aufl., Lucius & Lucius Verlagsgesellschaft, Stuttgart, 2005

Heise: http://www.heise.de/newsticker/meldung/98078 vom 28.10.2007

Henn, H.; Kruse, J. P.; Strawe O.: Handbuch Call Center-Management, 2. überarb. Aufl., Telepublic Verlag, Hannover, 1999

Hermanns, A.; Sauter, M.: Electronic Commerce - Grundlagen, Potenziale, Marktteilnehmer und Transaktionen; in: Hermanns, A.; Sauter, M. (Hrsg.), Management- Handbuch Electronic Commerce, 2. Aufl., Vahlen Verlag, München, 2001

Holmer, T.; Haake, J.; Streitz, N.: Kollaborationsorientierte synchrone Werkzeuge, CSCW-Kompendium. Lehr- und Handbuch zum computerunterstützten kooperativen Arbeiten, Berlin, Springer, 2001

Hünerberg, R.; Mann, A.: Dialogkommunikation als Instrument des Innovationsmanagements in Dienstleistungsunternehmen; in: Bruhn, M.; Stauss, B. (Hrsg.), Dienstleistungsinnovationen, Forum Dienstleistungsmanagement, Gabler-Verlag, Wiesbaden, 2004

Illik, A.: Electronic Commerce – Grundlagen und Technik für die Erschließung elektronischer Märkte; 2. Auflage; Oldenburg Verlag, München, 2002

itCampus Software- und Systemhaus GmbH, Produktinformationen, 2008

JupiterResearch: www.jupiterresearch.com vom 16.12.2007

Kaiser, S.: Kommunikationsorientierte synchrone Werkzeuge; in: Schwabe, G.; Streitz, N.; Unland, R., CSCW-Kompendium – Lehr- und Handbuch zum computergestützten kooperativen Arbeiten, Springer-Verlag, Berlin, Heidelberg, New York, 2001

Kalakota, R.; Robinson, M.: Praxishandbuch E-Business - Der Fahrplan zum vernetzten Zukunftsunternehmen, Addison-Wesley, München, 2001

Kalakota, R.; Whinston, A.: Electronic Commerce – A Managers Guide, Pearson Professional Education, Reading, Massachusetts u. a., Addison-Wesley Verlag, München, 1997

Kilian, W.: Elektronische Geschäftsbeziehungen und Zivilrecht; in: Weiber, R., Handbuch Electronic-Business – Informationstechnologien Electronic Commerce - Geschäftsprozesse, 2. Aufl., Gabler Verlag, Wiesbaden, 2002

Koch, M.: Kooperation bei der Dokumentenbearbeitung, Deutscher Universitätsverlag, Wiesbaden, 1997

Krause, J.: E-Commerce und Online-Marketing, Chancen, Risiken und Strategien; 2. Aufl., Hanser Verlag, München, 2000

Krause, D.; Bager, J.: Internetbasierte Ideenkonferenzen – Gemeinsames Problemlösen durch Gruppenarbeit; in: Ehrenberg, D.; Kaftan, H.-J. (Hrsg.): Herausfor-derungen der Wirtschaftsinformatik in der Informationsgesellschaft, Leipzig, 2003

Krcmar, H.; Schwarzer, B.; Zerbe, S.: Kooperation, Koordination und IT in neuen Organisationsformen. Arbeitspapiere Lehrstuhl für Wirtschaftsinformatik Universität Hohenheim, Stuttgart, 1995

Lassmann, A.: Collaboratives-Browsing als Werkzeug für kooperatives Arbeiten im Internet, Hrsg. itCampus Software- und Systemhaus GmbH, Leipzig, 2005

Lassmann, T.: IT-System Teleweb, Diplomarbeit Institut für Wirtschaftsinformatik und OR, Martin-Luther-Universität Halle-Wittenberg, Halle/Saale, 2005

Lassmann, W. et al. (Hrsg.): Wirtschaftsinformatik-Kalender 2002, IM Marketing-Forum Fachverlag, Ettlingen, 2002

Lassmann, W. et al.: Wirtschaftsinformatik, Gabler Verlag, Wiesbaden, 2006

Link, J.; Gerth, N.: Kundenbindung durch Online-Marketing; in: Handbuch Kundenbindungsmanagement, 3. Aufl. Gabler Verlag, Wiesbaden, 2000

Luhmann, N.: Soziale Aufklärung 3 – Soziales System, Gesellschaft, Organisation, 4. Aufl., VS Verlag für Sozialwissenschaften, Wiesbaden, 2005

Malone, T.: What is Coordination Theory? Massachusetts Institute of Technology, Sloan School of Management, Center for Information Systems Reseach, Working Paper No. 182, Cambridge, Mass., 1988

Manhart, K.: Gute Zusammenarbeit, CIO - IT-Strategie für Manager, Ausgabe Februar 2005

Marwyk, K. van: Potenziale von Telekooperationssystemen für schwach strukturierte betriebliche Prozesse, Lohmar, Köln, 1999

Mayer, H. O.: Einführung in die Wahrnehmungs-, Lern- und Werbepsychologie, Oldenbourg-Verlag, München, 2000

Meffert, H.: Marketing – Grundlagen marktorientierter Unternehmensführung: Konzepte – Instrumente – Praxisbeispiele, 9. Aufl., Gabler-Verlag, Wiesbaden, 2000

Meffert, H.: Kundenbindung als Element moderner Wettbewerbsstrategien; in: Bruhn, M.; Homburg, C. (Hrsg.), Handbuch Kundenbindungsmanagement, Strategien und Instrumente für ein erfolgreiches CRM, 5. Aufl., Gabler Verlag, Wiesbaden, 2005

Meißner, H.: Elektronische Kundendialoge als Element elektronischer Dienstleistungen – Vorschlag einer Ableitung von Konsequenzen für Automatisierung und Selbstbedienung; in: Bruhn, M.; Stauss, B., Dienstleistungsmanagement Jahrbuch 2002, Electronic Services, Gabler Verlag, Wiesbaden, 2002

Menzler-Trott, E.: Call Center Management- Ein Leitfaden für Unternehmen zum effizienten Kundendialog, Verlag C.H. Beck, München, 1999

Mertens, P. et al.: Stichwort „Videokonferenz"; in: Lexikon der Wirtschaftsinformatik, 4. Aufl., Springer-Verlag, Berlin, Heidelberg, 2001

Meyer, F.: Customer Interaction Management – Strukturierter Umgang mit Kundenanfragen; in : Herrmann, T.; Just-Hahn, K. (Hrsg.), Groupware und organisatorische Innovation (D-CSCW'98), Teubner Verlag, Stuttgart, 1998

Milojicic, D. S. et al.: Peer-to-Peer Computing, Technical Report HPL-2002-57, HP Lab, 2002

Mindermann, A.; Prümm, K. H.; Schubert, C.: CTI und Call Center – Unternehmen im Wandel der Kommunikation, Addison-Wesley, Bonn u.a., 1999

Müller, A.; von Thienen, L.: e-Profit: Controlling-Instrumente für ein erfolgreiches e-Business, Haufe Verlag, Freiburg, 2001

Munkvold, B.: Implementing Collaboration Technologies in Industry – Case Examples and Lessons Learned, Springer-Verlag, Berlin u. a., 2003

Murch, R.; Johnson, T.: Agententechnologie, Die Eingührung-Intelligente Software auf Informationssuche im Internet, Addison-Wesley, Bonn, Paris u.a., 1999

Muther, A.: Electronic Customer Care – Die Anbieter – Kunden – Beziehung im Informationszeitalter, Springer Verlag, Berlin u.a., 2000

Nebe, R.: Anwendungspotenziale synchroner Multimediakommunikation – Der Einsatz von Multimediakonferenzen und Business-TV im Unternehmen, Deutscher Univeritäts-Verlag GmbH, Wiesbaden, 2002

OECD Broadband Statistics, www.oecd.org vom 13.06.2006

Olderburg, T.; Wirtz, B. W.: Kundenbindungsmanagement für elektronische Dienstleistungen; in: Bruhn, M; Strass, B. (Hrsg.), Electronic Services – Dienstleistungsmanagement Jahrbuch 2002, Gabler Verlag, Wiesbaden, 2002

One to One: Dialog über alle Medien, Ausgabe 2, 2005

Ott, J.: Einsatz von Telekooperationstechnik im Unternehmen – Technisch, wirtschaftliche Rahmenbedingungen, Diplomarbeit, Technische Fachhochschule Berlin, Berlin, 1995

Paulus, S.; Zwerger, F.: E-Business-Projekte – Warum sie scheitern und wie man sie zum Erfolg führt, Galileo Press, Bonn 2002

PCMAG: www.pcmag.com/encyclopedia_term/0,2542,t=cobrowsing&i=39965,00.asp vom 25.05.2007

Peter, S. I.: Kundenbindung als Marketingziel, Identifikation zentraler Determinanten. 2. Aufl., Gabler Verlag, Wiesbaden, 1999

Phillips, W. G.: Architectures for Synchronous Groupware, Technical Report 1999-425, Department of Computing and Information Science, Queens University, Kingston, Kanada, 1999

Picot, A.; Neuburger, R.: Informationsbasierte (Re-)Organistaion von Unternehmen; in: Weiber, R. (Hrsg.), Handbuch Electronic Business, Informations-technologien – Electronic Commerce – Geschäftsprozesse, Gabler Verlag, Wiesbaden 2002

Picot, A.; Reichwald, R.; Wigand, R.: Die Grenzenlose Unternehmung - Information, Organisation und Management, Gabler Verlag, Wiesbaden, 2003

Prinz, W.: Awareness; in: Schwabe, G.; Streitz, N.; Unland, R., CSCW-Kompendium – Lehr- und Handbuch zum computergestützten kooperativen Arbeiten, Springer-Verlag, Berlin u. a., 2001

Raskin, J.: Das intelligente Interface, Neue Ansätze für die Entwicklung interaktiver Benutzerschnittstellen, Addison-Wesley, München u. a., 2001

Regele, U.; Schmücker, D. J.: Vertriebspolitik im Tourismus; in: Haedrich, G. et al. (Hrsg.), Tourismus-Management: Tourismus-Marketing und Fremdenverkehrs-planung, 3. Aufl., Walter de Gruyter GmbH & Co. KG, Berlin, 1998

Reichardt, C.: One-to-One-Marketing im Internet, Erfolgreiche E-Strategien für Finanzdienstleister, Gabler Verlag, Wiesbaden, 2002

Riemer, K.: Personalisierung am Beispiel des Internet-Handels; in: Ahlert, D.; Becker, J. (Hrsg.); Customer Relationship Management im Handel, Strategien – Konzepte – Erfahrungen, Springer Verlag, Berlin u.a., 2002

Rice, R.; Shook, D.: "Relationships of Job Categories and Organizational Levels to Use of Communication Channels, Including Electronic Mail: A Meta-Analysis and Extension," Journal of Management Studies (27:2), 1990, 195-229

Rivera, J. H.; Courtiat, J.-P.; Villemur, T.: A Design Framework for Collaborative Browsing, Tenth IEEE International Workshops on Enabling Technologies, Infrastructure for Collaborative Enterprises, June 20 - 22, 2001 Massachusetts, 2001

Ritschel, F.: Konzeption für die Markteinführung von Co-Browsing im Helpline & Support – Bereich, Diplomarbeit, Wirtschaftswissenschaftliche Fakultät, Martin-Luther-Universität Halle-Wittenberg, Halle, 2003

Rohmann, J.; de Zoeten R.: Call Center; in: Weiber, R.(Hrsg.), Handbuch Electronic Business, Gabler Verlag, Wiesbaden, 2001

Röhricht, J.; Schlögel, C.: cBusiness, Erfolgreiche Internetstrategien durch Collaborative Business am Beispiel my SAP.com, Addison Wesley, Münchem, 2001

Rosemann, M.: Komplexitätsmanagement in Prozessmodellen – Methodenspezifische Gestaltungsempfehlungen für die Informationsmodellierung, Gabler Verlag, Wiesbaden, 1996

Rüdebusch, T.: CSCS, Generische Unterstützung von Teamarbeit in verteilten DV-Systemen, Deutscher Universitätsverlag GmbH Wiesbaden, 1993

Samuelsen, P.: Call Center entwickeln sich zu Contact Centern, Messereport - Ausgabe 1, InformationsSystem für erfolgreiche Medien, Berlin, 2005

Scheer, A.-W.: Wirtschaftsinformatik – Referenzmodelle für industrielle Geschäftsprozesse, Springer Verlag, Berlin u. a., 1995

Schenk, B.; Schwabe G.: Moderation; in: Schwabe, G.; Streitz, N.; Unland, R., CSCW-Kompendium – Lehr- und Handbuch zum computergestützten kooperativen Arbeiten, Springer Verlag, Berlin u. a., 2001

Schinzer, H.; Thome, R.: Anwendungsberichte und Potenziale; in: Schinzer, H.; Thome, R. (Hrsg.), Electronic Commerce, Anwendungsbereiche und Potenziale der digitalen Geschäftsabwicklung, 2. Auflage, München, 2000

Schmid, B. F.: Elektronische Märkte; in: Weiber, R., Handbuch Electronic-Business – Informationstechnologien Electronic Commerce - Geschäftsprozesse, 2.Auflage Gabler Verlag, Wiesbaden, 2002

Schmid, C.; Jendro, L.: Call Center-Compendium, Konzeption, Aufbau, Betrieb und Technik eines professionellen Kundenmanagements, Fachverlag Deutscher Wirtschaftsdienst, Köln, 2001

Schneider, D. et al.: Vom Call Center zum multimedialen Communication Center; in: Grewenig, I. (Hrsg.), Multimedia und Call Center, Ein Praxishandbuch, C. F. Müller Verlag, Heidelberg, 2002

Schoder, D.; Strauß, R. E.: Electronic Commerce - Herausforderungen aus der Sicht der Unternehmen; in: Hermanns, A.; Sauter, M. (Hrsg.), Management-Handbuch Electronic Commerce, Vahlen Verlag, München, 1999

Schrödter, J.: Kundenbindung im Internet, Josef Eul Verlag, Lohmar Köln, 2003

Schumacher, J.; Meyer, M.: Customer Relationship Management strukturiert dargestellt, Prozesse – Systeme – Technologien, Springer Verlag, Berlin, Heidelberg, 2004

Schümmer, J. et al.: Synchrone Softwarearchitekturen, Springer Verlag, 2001

Seidel, B.: Weg von der Gießkanne - hin zum gezielten Service, IsReport - Informationssysteme für erfolgreiche Unternehmen, Oxygon Verlag, München, 2005

SevenOne, IP NEWMEDIA (Hrsg.): @facts eXtra eCommerce, 3. Quartal 2002, Unterföhring, Köln, 2002, www.sevenoneinteractive.net/downloads/ vom 02.02.2004 als factsextra_ecommerce.pdf

Seybold, P. (1998): Customer.com: How to Ceate a Profitable Business Strategy for the Internet an Beyond, Crown Business, New York, Toronto, 1998

Siedersleben, J.: Softwaretechnik : Praxiswissen für Software-Ingenieure. 2., überarb. und aktualisierte Aufl., Carl Hanser Verlag, München, Wien, 2003

Stahlknecht, P.; Hasenkamp, U.: Einführung in die Wirtschaftsinformatik, 11. Aufl., Springer-Verlag, Berlin u. a., 2005

Staud, J.: Geschäftsprozessanalyse mit Ereignisgesteuerten Prozessketten – Grundlagen des Business Reengineering für SAP/3 und andere Betriebswirtschaftliche Standardsoftware, Springer Verlag, Berlin u.a., 1999

Stauss, B.; Seidel, W.: Prozessuale Zufriedenheitsermittlung und Zufriedenheitsdynamik bei Dienstleistungen; in: Homburg, C. (Hrsg.), Kundenzufriedenheit, Konzepte – Methoden – Erfahrungen, 5. Aufl., Gabler-Verlag, Wiesbaden, 2003

Steimer, F. L.: Mit E-Commerce zum Markterfolg, Multimedia und Internet in Unternehmen, Addison Wesley Verlag, München, 2000

Steinmetz, R.: Multimedia-Technologie – Grundlagen, Komponenten und Systeme, 3. Aufl., Springer Verlag, Berlin u. a., 2000

Steponat, F.: Kollaborative Technologien im Kontext der Kundenbindung, Diplomarbeit Martin-Luther-Universität Halle-Wittenberg, Halle/Saale, 2004

Stolpmann, M; Wess, S.: Optimierung der Kundenbeziehung mit CBR-Systemen, Intelligente Systeme für E-Commerce und Support, Addison Wesley Verlag, Bonn u. a., 1999

Stolpmann, M.: Service und Support im Internet, Intelligente Dienstleistungen – effizient zum Erfolg, Galileo Press, Bonn, 2001

SVG-XML Homepage: www.w3c.org/Graphics/SVG/ graphics for the web vom 14.10.2006

Szmatulewicz, M.: Prozessmodell zur Erweiterung internetbasierter Service- und Supportprozesse durch Integration der Kommunikationskanäle einer Mehrkanalstrategie dargestellt am Beispiel der Tourismusbranche, Diplomarbeit, Universität Leipzig, Institut für Wirtschaftsinformatik, 2005

Tanenbaum, A.; van Steen, M.: Verteilte Systeme – Grundlagen und Paradigmen, Pearson Studium, München, 2003

Tang, J. C.: Findings from observational studies of collaborative work; in: International Journal of Man-Machine Studies, Vol. 34, No. 2, London, 1991

Techweb: www.techweb.com/encyclopedia/defineterm.jhtml?term=collaborativebrowsing vom 13.04.2007

Tenovis business communication GmbH: MCC-Advanced CAIEinführung und MCC-Konzepte, Frankfurt, 2001

Teufel, S.; Sauter, C.; Mühlherr, T.; Bauknecht, K.: Computerunterstützung für die Gruppenarbeit, Addison-Wesley, Bonn, 1995

Thieme, K. H.; Steffen, W.: Call Center – der professionelle Dialog mit dem Kunden: Aufbau – Management – Erfolgskontrolle, Verlag Moderne Industrie, Landsberg/Lech, 1999

Timmers, P.: Business Models for Electronic Markets; in: Electronic Markets; 8. Jg. Heft 2, Potsdamm, 1998

Tüchler, S.: Prozess- und aufbauorganisatorische Gestaltung von Call Centern in Versicherungsunternehmen, Verlag Versicherungswirtschaft, Karlruhe, 1999

Vershofen, W.: Die Marktentnahme als Kernstück der Wirtschaftsforschung, Verlag Heymanns, Berlin, 1995

Vertegaal, R.: Designing Awareness with Attention-based Groupware; in: Proceedings of INTERACT.99. IFIP: Edinburgh, UK, 1999

Vögele, S.: Dialogmethode: Das Verkaufsgespräch per Brief und Antwortkarte, 12. Aufl., Redline Wirtschaft bei Verlag Moderne Industrie, Landsberg/Lech, 2002

W3C: www.w3c.org/MarkUp/ vom 28.11.2006

Weber, M. et al.: Flexible Einbindung von Telekonferenzen in Workflow-management; in: Proceedings Workshop "Geschäftsprozessmodellierung und Workflowmodellierung", Informatik 96, Klagenfurt, 1996

Wendel, T.: Computergestützte Teamarbeit – Konzeption und Realisierung eines Teamarbeitssystems, Deutscher Universitäts Verlag, Wiesbaden, 1996

Wijegunaratne, I.; Fernandez, G.: Distributed Application Engineering - Building New Applications and Managing Legacy Applications within Distributed Technologies, Springer Verlag, London, 1998

Wildemann, H.: http://www.management-kolloquium.de/mmk03/handouts/service_ management.pdf 2003 vom 23.12.2006

Winkler, T.: Konzeption für die Weiterentwicklung eines Co-Browsing-Systems hinsichtlich der Minimierung der Nutzungsbarrieren und des Integrationsaufwands, Diplomarbeit, Universität Leipzig, Institut für Wirtschaftsinformatik, 2004

Duden: Wissenschaftlicher Rat der Dudenredaktion (Hrsg): 2003

de Zoeten, R.; Rohmann, J.: Call Center; in: Weiber, R. (Hrsg.), Handbuch Electronic Business. Informationstechnologien – Electronic Commerce – Geschäftsprozesse, 2. Aufl., Gabler Verlag, Wiesbaden, 2002

ANHANG A
eEPK Zeichenverwendung

Für die Prozessdarstellungen in dieser Arbeit nutzt der Autor die weit verbreitete Notation der erweiterten Ereignisgesteuerten Prozessketten (eEPK)[467]. Diese Notation ist Bestandteil der Architektur Integrierter Informationssysteme (ARIS).

Die Darstellung erfolgt mit gerichteten Graphen. Zur Modellierung des Kontrollflusses werden drei Basiselemente verwendet:

- Funktionen, die Tätigkeiten (Aktivitäten) repräsentieren,
- Ereignisse, die ablaufrelevante Zustandsausprägungen darstellen und
- Konnektoren, die der Modellierung nicht-linearer Prozessabläufe dienen.

In einer strengen Definition sind eEPK bipartit, was bedeutet, dass ausschließlich unterschiedliche Knotentypen aufeinander folgen dürfen. Die folgende Legende zeigt die wichtigsten Elemente der eEPK.

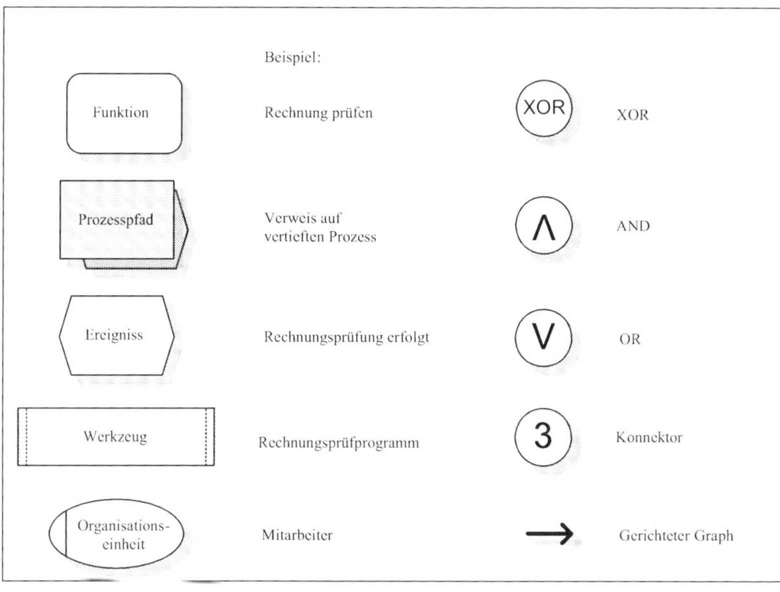

467 Vgl. Scheer, S.: 1998, S. 125 ff.

ANHANG B
Einordung Self-Service-Response-Begriffe

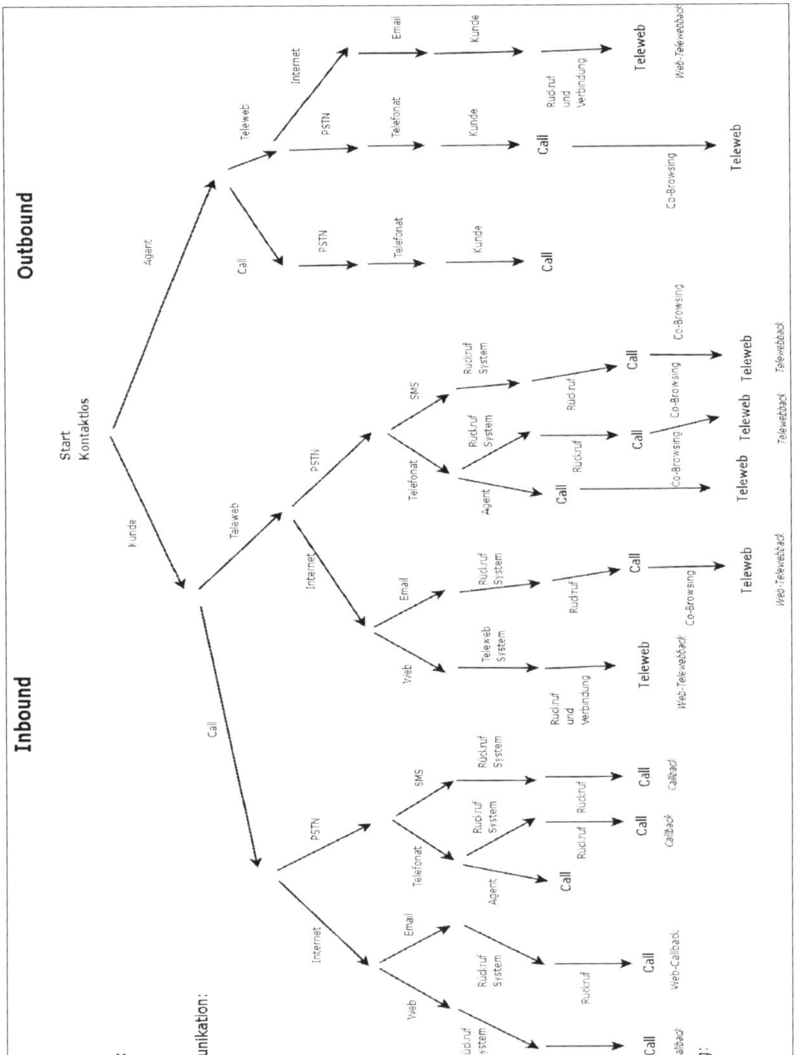

Abbildung 47: Einordnung der Service-Response-Begriffe
Quelle: Lassmann, T.: 2005

ANHANG C

Co-Browsing-Anforderungen

Funktionale Anforderung	***Beschreibung***
Synchronisation von Hypertextdokumenten gemäß der W3C Standards	Die wichtigste Funktionalität des Co-Browsing ist das gemeinsame Nutzen von Hypertextdokumenten. Deshalb besitzt die Umsetzung dieser Anforderung höchste Priorität. Dabei müssen die durch das W3C standardisierten Beschreibungssprachen für Hypertextdokumente (u. a. HTML, XHTML, XML) berücksichtigt werden.
Shared Form Filling	Shared Form Filling beschreibt die Synchronisation von Eingaben und Interaktionen innerhalb von Formularen. Damit wird die Zusammenarbeit in Webanwendungen möglich, die nicht nur informieren, weshalb diese Anforderung eine hohe Relevanz hat.
Synchronisation der Bildlaufleisten (Scrollen)	Die Synchronisation des dargestellten Inhaltsabschnitts führt zu einer einheitlichen Positionierung und Darstellung des Arbeitsobjekts bei allen beteiligten Personen.
Synchronisation Fenstergröße	Vergleichbar mit dem Scrollen ist auch die Größe des Webbrowser-Fensters mitverantwortlich für die einheitliche Darstellung des Ausschnittes eines Hypertextdokuments.
Synchronisation von Textmarkierungen	Textmarkierungen heben Abschnitte eines Hypertextdokuments visuell hervor. Die Synchronisation dieser Webbrowserfunktionalität zeigt das aktuelle Arbeitsobjekt an und verbessert damit die Zusammenarbeit.
Mehrbenutzeroberfläche	Ein Co-Browsing-System muss über eine graphische Mehrbenutzeroberfläche zur Informationsbereitstellung über die einzelnen Aktionen und den Arbeitsstatus unterstützt werden.

Funktionale Anforderung	*Beschreibung*
Teilnehmerinformation	Das Vermitteln von Information über Sitzungsteilnehmer, stärkt das Vertrauen bei den Beteiligten und hilft bei der Koordination der Zusammenarbeit. Ein wichtiger Punkt der Verständigung untereinander ist das Aufzeigen der Namen aller Beteiligten. Weitere Informationen sind abhängig vom konkreten Inhalt der Zusammenarbeit.[468]
Teilnehmerfotos	Das Anzeigen von Fotos bei unbekannten Sitzungspartnern erhöht das Vertrauen. Die Relevanz dieser Funktionalität ist entsprechend von der inhaltlichen Zielstellung der Zusammenarbeit abhängig.
Synchronisationsstatus	Aus den zu erwartenden ungleichen Voraussetzungen der Sitzungsteilnehmer und den dadurch entstehenden unterschiedlichen Aufbau- und Ladegeschwindigkeiten des gemeinsamen Arbeitsobjekts entsteht die Anforderung einer Synchronisationsanzeige.
Teilnehmerzahl	Das Co-Browsing grenzt die Anzahl der an der Zusammenarbeit beteiligten Personen nicht ein. In Abhängigkeit vom jeweiligen Einsatz ergeben sich aus der Teilnehmerzahl die Anforderungen der zu unterstützenden Gruppengröße.
Dynamische Gruppen	In dynamischen Gruppen wechseln die Teilnehmer während der Sitzung. Ein verspätetes Hinzukommen bzw. frühzeitiges Verlassen der Co-Browsing-Sitzung muss möglich sein. Je nach Anwendungsgegenstand der Zusammenarbeit entsteht die Notwendigkeit dieser Anforderung.

[468] Vgl. Abschnitt 2.1.3.4

Funktionale Anforderung	*Beschreibung*
Konfliktmanagement	Der Moderator einer Sitzung übernimmt die Koordination und Konfliktbehebung. Dieser muss über gesonderte Rechte zum Zugriff auf Funktionalitäten wie Rechtevergabe haben. Die Relevanz dieser Funktionen steigt mit der Teilnehmerzahl aufgrund des implizit steigenden Konfliktpotenzials an.
„relaxed" – WYSIWIS	Das Aufweichen des WYSIWIS- Prinzips ermöglicht Funktionalitäten zur Bewältigung von Konflikten. Beispiele sind Funktionen wie das Aussetzen der Synchronisation von einzelnen Hypertext-dokumenten oder der Scroll-Funktion des Webbrowsers.[469]
Rechte- und Rollenkonzept	Ein Rechte- und Rollenkonzept bildet die Grundlage zur Konfliktbehebung. Abgeleitet aus der Aufbauorganisation, müssen sich differenzierende Organisationseinheiten auch in der räumlich verteilten Zusammen-arbeit widerspiegeln. Grundsätzlich ist die Rolle eines Moderators bzw. Moderators für die Konfliktbehebung zu berücksichtigen.
Dynamische Benutzerrechte	Die Relevanz steigt in Abhängigkeit der Teilnehmeranzahl um in größeren Gruppen das Moderatorrecht weiter zu geben.
Rollen- und Rechtekonzept	Mittels eines Rollen- und Rechtekonzeptes ist eine differenzierte Gestaltung der Zugriffsrechte möglich. Dabei wird fest-gelegt, welcher Sitzungsteilnehmer unter welchen Umständen was übernehmen darf.
Online /Text Chat	Der Text Chat ermöglicht die textbasierte Echtzeitkommunikation zwischen Personen auf eine sehr einfache und effektive Weise mit sehr geringen technischen An-forderungen.
Telepointer	Der Telepointer bietet die Möglichkeit, gegenseitig auf relevante Punkte im Arbeitsobjekt hin zu weisen. Handzeichen einer „Face-to-Face"-Kommunikation können damit in Teilen ersetzt werden.

[469] Vgl. Abschnitt 3.1.4

Funktionale Anforderung	*Beschreibung*
Videoübertragung	Die Videokonferenz ermöglicht den Sitzungsteilnehmern sowohl visuelle als auch auditive Kommunikation. Mimik und Gestik können eingesetzt werden und unterstützen die Authentizität, wobei die Face-to Face Kommunikation trotzdem nicht ersetzt werden kann. Der Einsatz ist aufgrund der Systemvoraussetzungen nur sehr eingeschränkt möglich.
Audioübertragung	Die Übertragung von auditiven Signalen eignet sich besonders bei kleinen Gruppen für die sprachliche Kommunikation. Vorteile liegen in der hohen Media Richness und der flächendeckenden Verbreitung der benötigten Ressourcen für die direkte auditive Kommunikation. Die Telefonkonferenz ist eine weit verbreitete Technologie, ihre Verwendung ist eindeutig geregelt und hinreichend bekannt.

ANHANG D
Prozesse der Anfrageabwicklung im Electronic Commerce

Die folgenden Abbildungen stellen in graphischer Notation den Ablauf für die Inanspruchnahme von Service- bzw. Supportleistung in Form eines Kundendialogs dar. Ausgangspunkt der Prozesse ist, wie in Abschnitt 2.2 beschrieben, das Auftreten eines Anfragebedarfs. Resultat ist entweder eine befriedigende oder unbefriedigende Abwicklung der Anfrage.

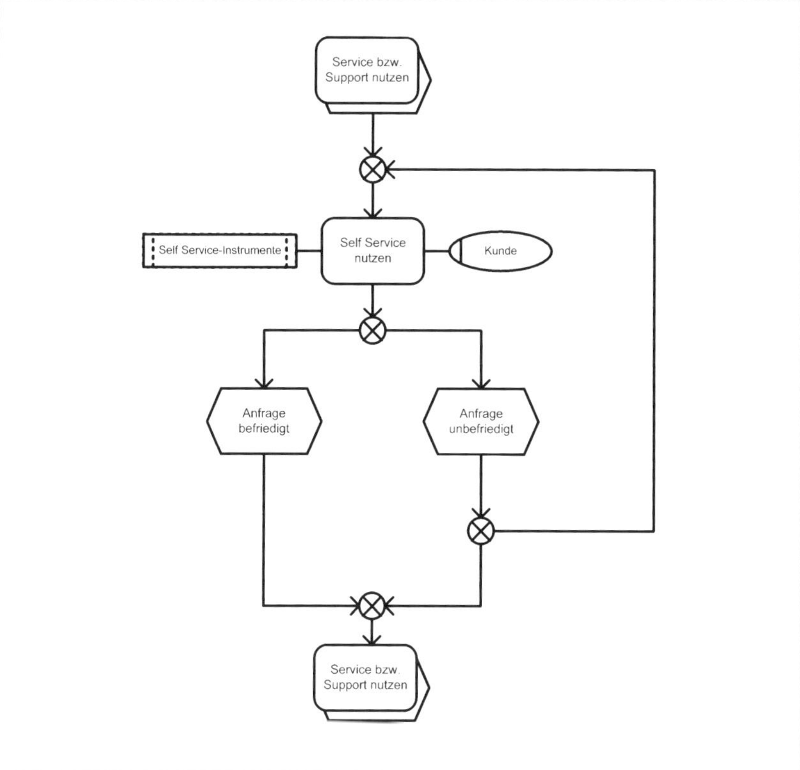

Abbildung 48: Anfrageabwicklung per Self Service – ohne Teleweb
Quelle: in Anlehnung an Böttcher, M.: 2004

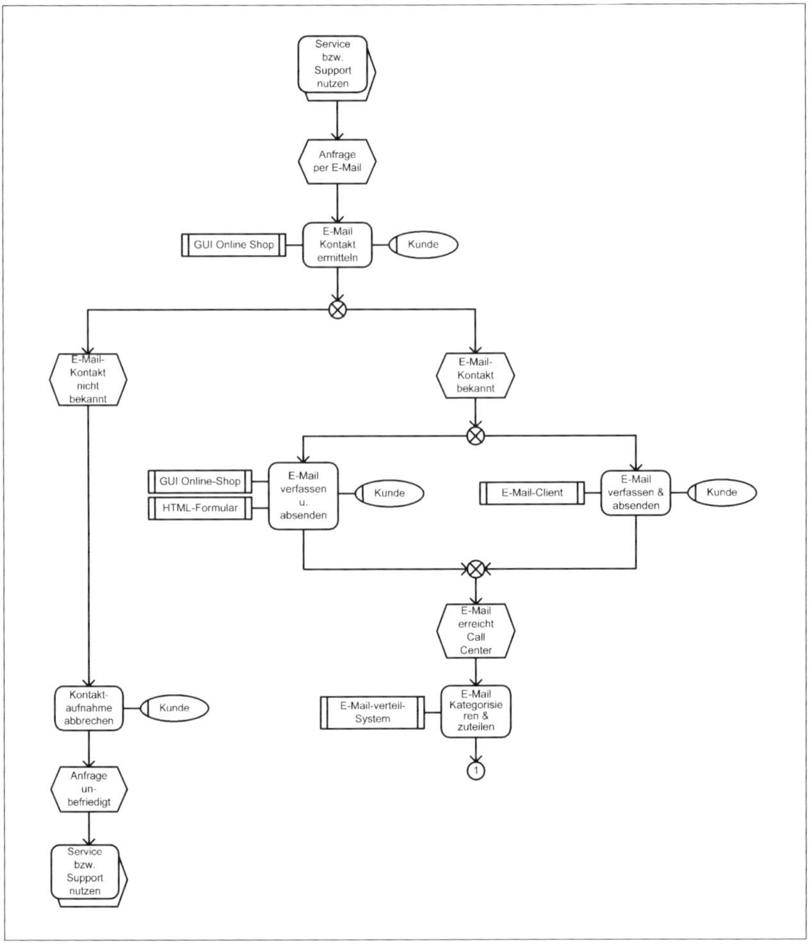

Abbildung 49: Kontaktaufnahme per E-Mail – ohne Teleweb
Quelle: in Anlehnung an Böttcher, M.: 2004

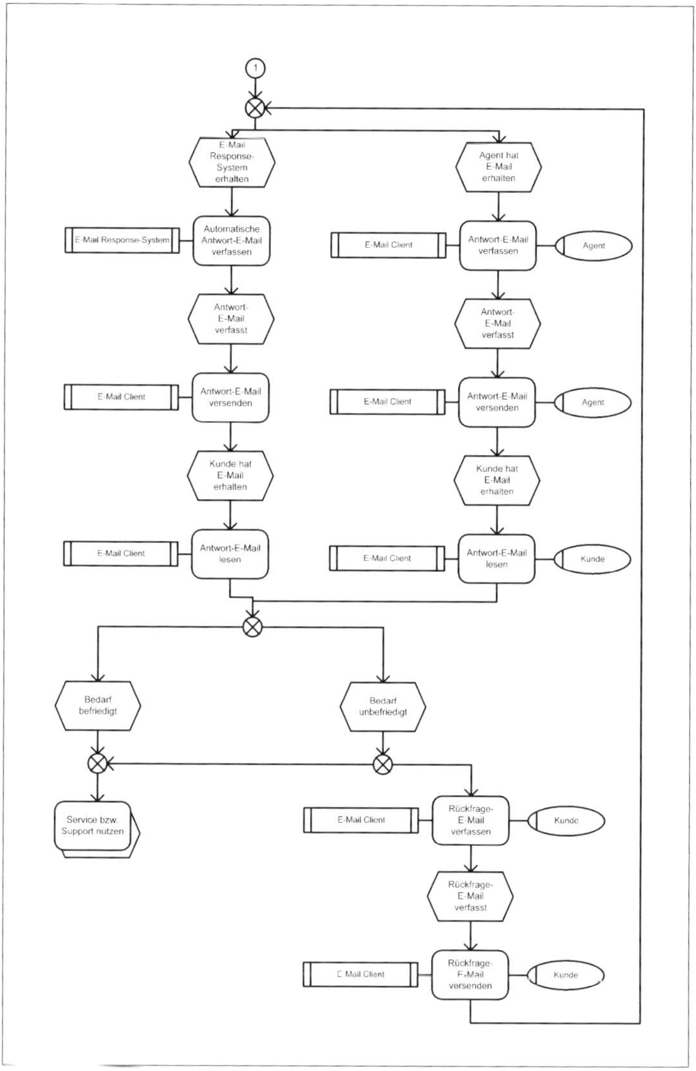

Abbildung 50: Anfrage bearbeiten per E-Mail – ohne Teleweb
Quelle: in Anlehnung an Böttcher, M.: 2004

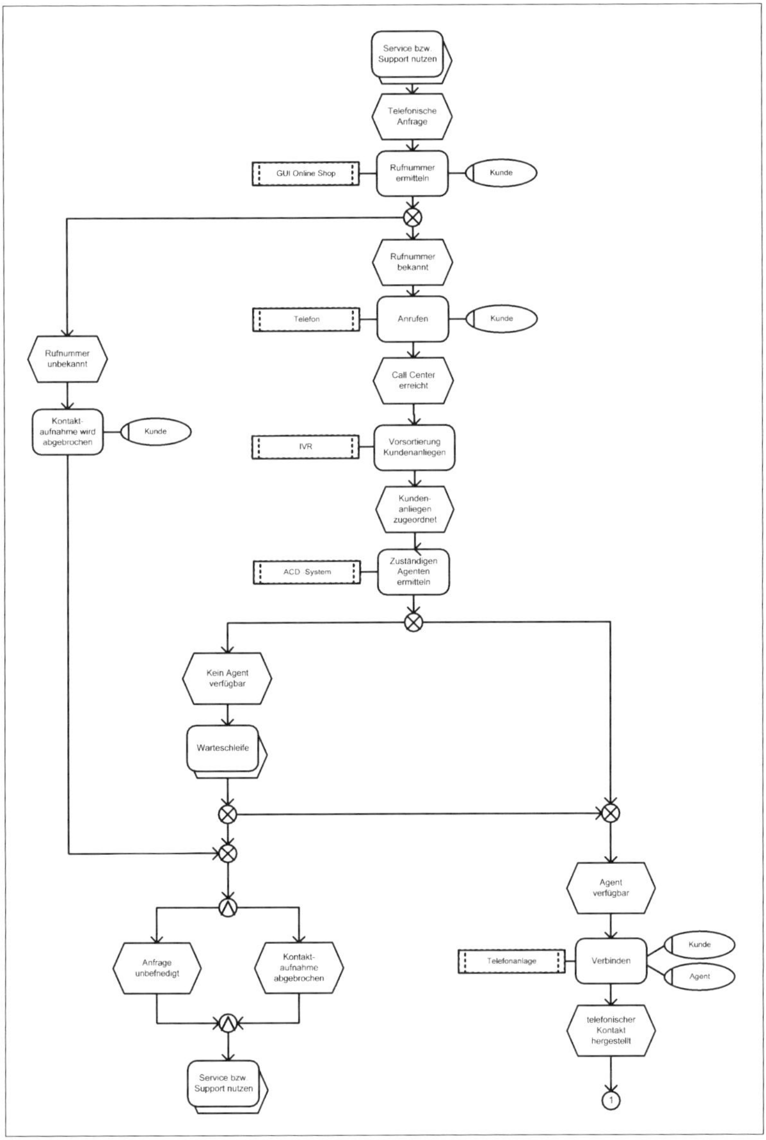

Abbildung 51: Kontaktaufnahme per Telefon – ohne Teleweb
Quelle: in Anlehnung an Böttcher, M.: 2004

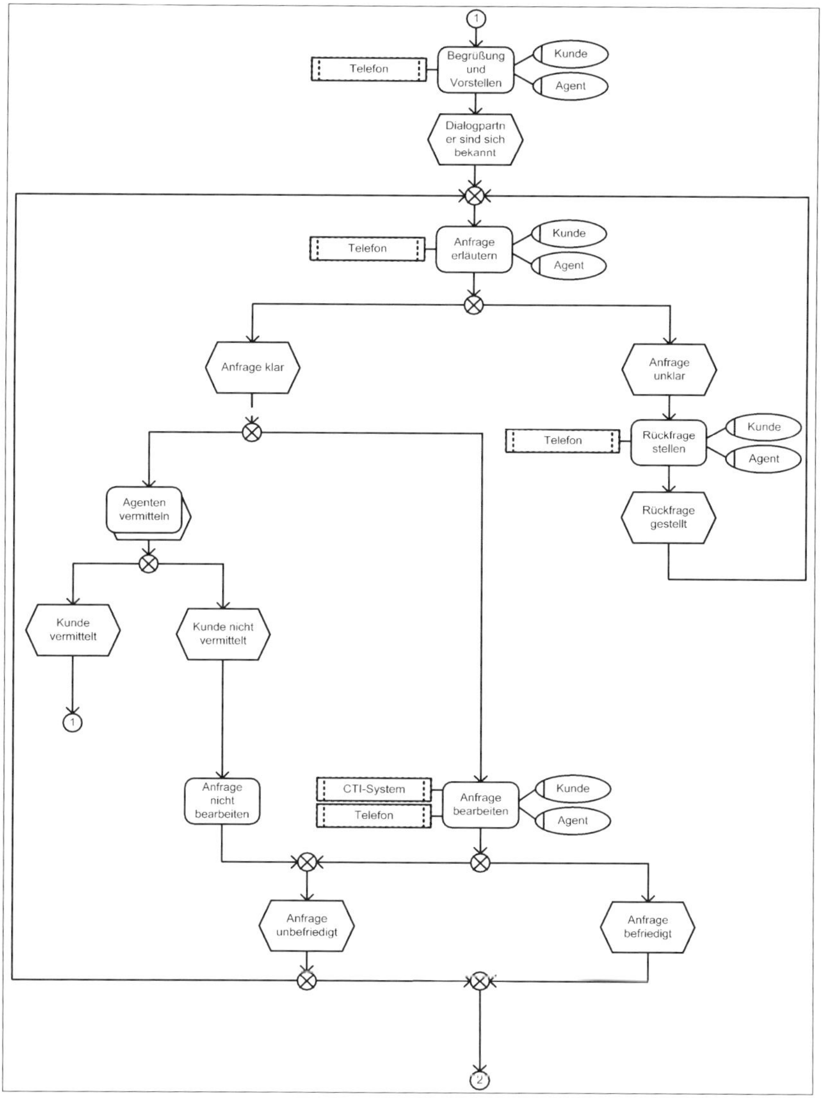

Abbildung 52: Anfrage bearbeiten per Telefon – ohne Teleweb
Quelle: in Anlehnung an Böttcher, M.: 2004

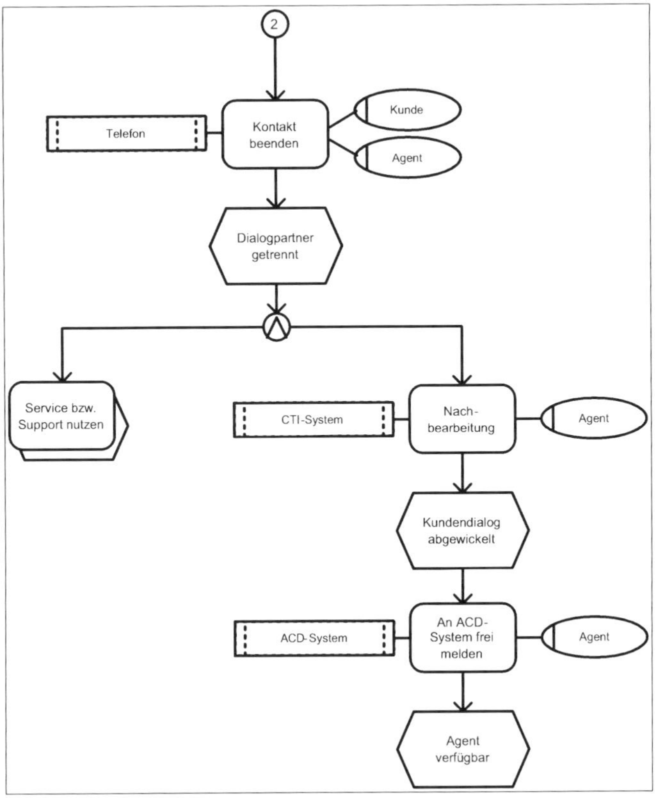

Abbildung 53: Verbindung trennen per Telefon– ohne Teleweb
Quelle: in Anlehnung an Böttcher, M.: 2004

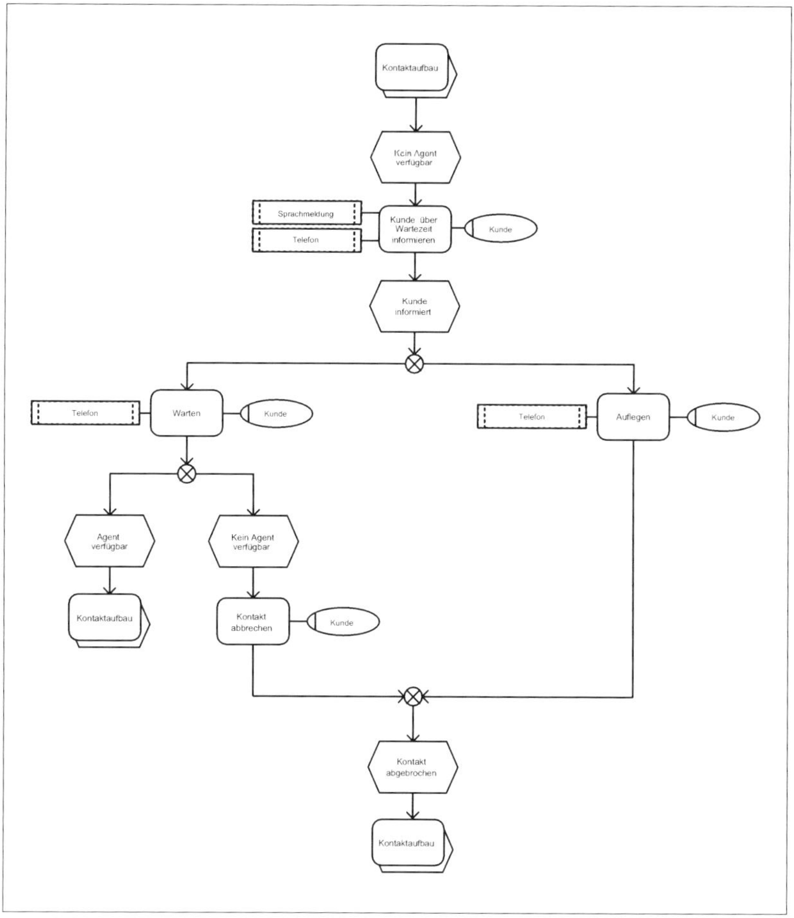

Abbildung 54: Warteschlange per Telefon – ohne Teleweb
Quelle: in Anlehnung an Böttcher, M.: 2004

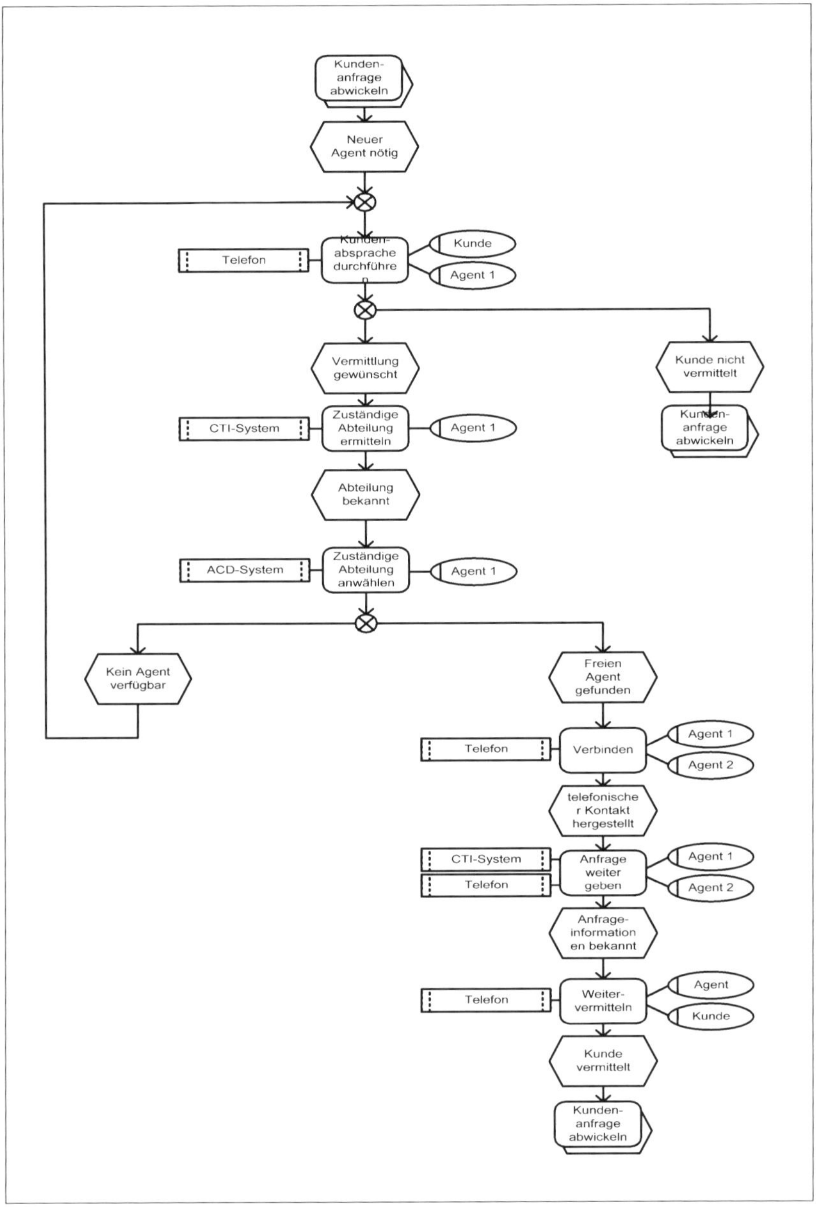

Abbildung 55: Vermitteln per Telefon – ohne Teleweb

Quelle: in Anlehnung an Böttcher, M.: 2004

ANHANG E

Applikation-Infrastruktur

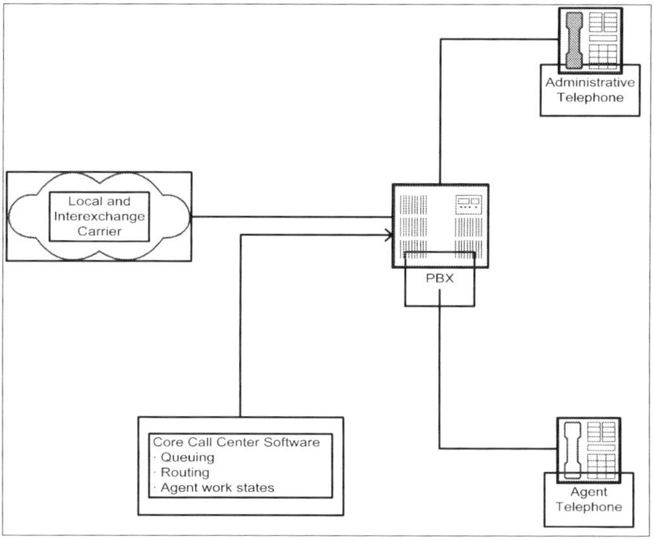

Abbildung 56: PBX-Applikation-Infrastruktur
Quelle: Bocklund, L.; Bengston, D., 2004

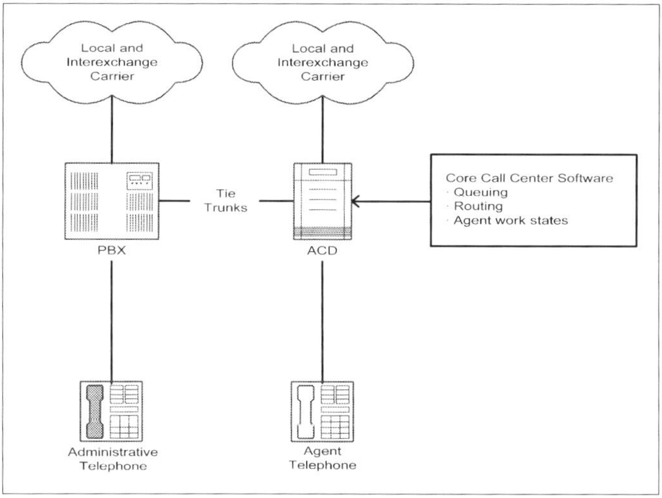

Abbildung 57: ACD-Applikations-Infrastruktur
Quelle: Bocklund, L.; Bengston, D.: 2004

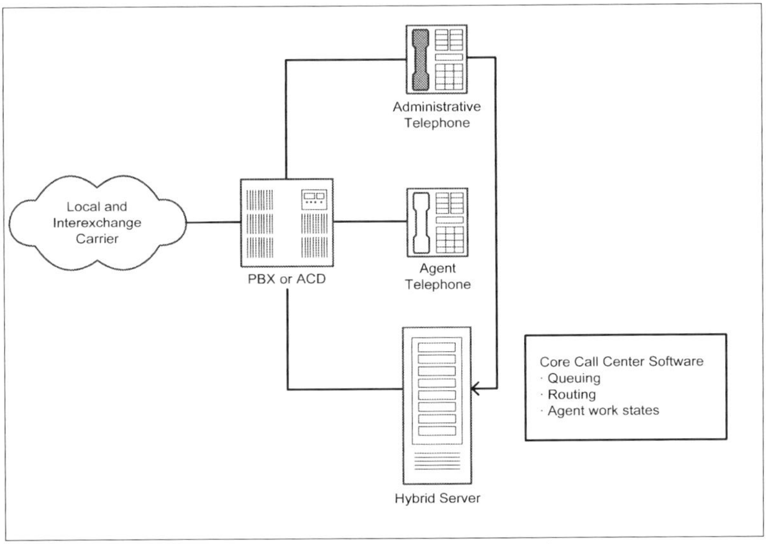

Abbildung 58: Hybrid-Applikations-Infrastruktur
Quelle: Bocklund, L.; Bengston, D.: 2004

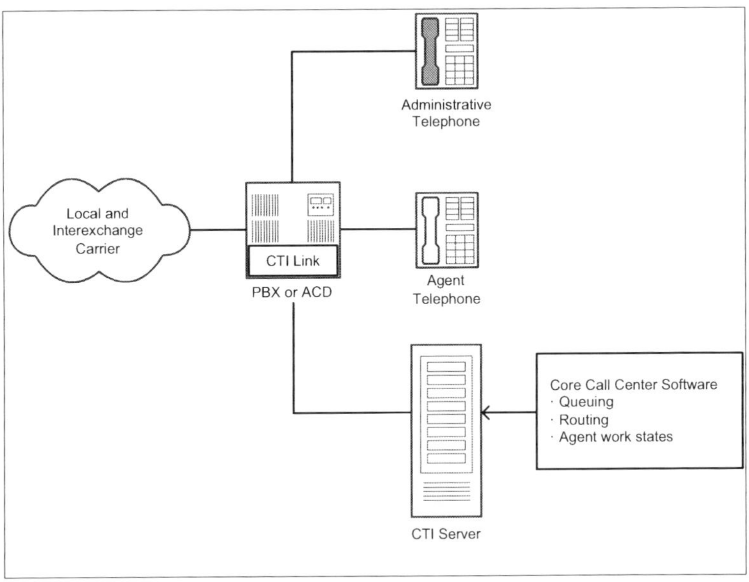

Abbildung 59: CTI-Applikations-Infrastruktur
Quelle: Bocklund, L.; Bengston, D.: 2004

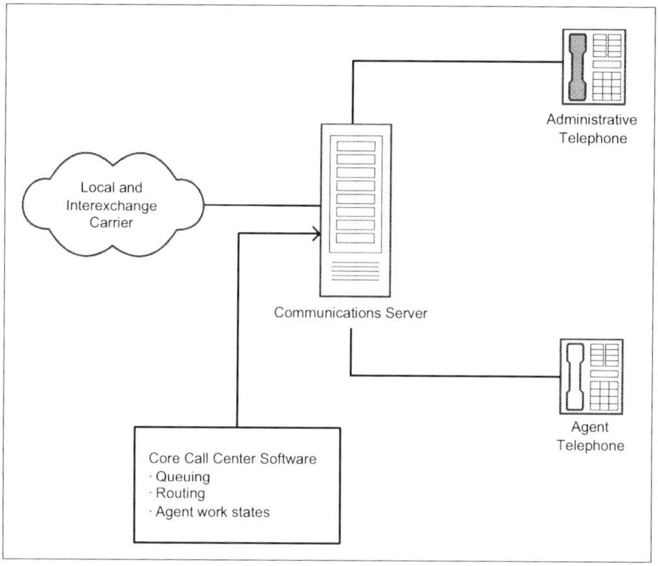

Abbildung 60: Communication-Server-Applikations-Infrastruktur
Quelle: Bocklund, L.; Bengston, D.: 2004

ANHANG F
CTI-Schnittstellen ausgewählter Hersteller

- CallBridge von Siemens
- CallPath von IBM
- CSTA von der European Computer Manufactorer Association (ECMA)
- CT-Connect von Dialogic
- JTAPI von Sun Microsystems
- Meridian Link von Nortel
- S. 100 von dem Enterprise Computer Telephony Forum (ECTF)
- SunXTL von Sun Microsystems
- TAPI 2.1 und 3.0 von Microsoft
- TSAPI von Novell
- Tserver von Genesys
- Transaction Link von Rockwell

ANHANG G
Wichtige Begriffe der Dissertationsschrift

Der **Callback-Button** ist eine Möglichkeit, auf einem Hypertextdokument über das Internet einen Rückruf anzufragen. Im Zusammenhang mit dem Einsatz von Co-Browsing wird dann von Web-Callback gesprochen.[470]

Bei einem **Call Center** handelt es sich um eine Organisationseinheit, deren Ziel darin besteht, durch den Einsatz moderner Informations- und Telekommunikations-techniken einen service- und supportorientierten sowie effizienten Dialog zwischen einem Unternehmen und seinen Kunden, Interessenten und Lieferanten, auf allen vom Unternehmen angebotenen Kommunikationskanälen, zu gewährleisten. Dabei sind die qualitativen und quantitativen Unternehmens- und Marketingziele zu wahren. Neben den Kommunikationsmitteln Telefonie, Briefe, Fax und E-Mail werden moderne Informations- und Kommunikationstechnologien eingesetzt.[471]

Co-Browsing (Collaborative Browsing) ist eine Technologie für die Zusammenarbeit von $n \geq 2$. Es ermöglicht Konferenzformen, bei denen mehrere Personen durch gemeinsames synchrones Nutzen von Hypertextdokumenten geografisch verteilt zusammenarbeiten. Die Hypertextdokumente sind über ein Netz, das auf der Internettechnologie basiert, erreichbar.

Die Zusammenarbeit wird zusätzlich durch eine parallele explizite interpersonelle Kommunikation charakterisiert.[472]

Ein **Co-Browsing-System** ist ein verteiltes System und besteht aus zwei grundsätzlichen Teilsystemen, den dezentralen Benutzerschnittstellen und einer zentralen Komponente, dem **Co-Browsing-Server**. Das erste Teilsystem sind die dezentralen Benutzerschnittstellen, die **Co-Browsing-Clients**, welche den Zugriff auf das Co-Browsing-System ermöglichen, das Arbeitsobjekt abbilden und bearbeiten. In den Benutzerschnittstellen muss weiterhin gewährleistet sein, dass alle durch den Benutzer ausgelösten Ereignisse erfasst, verarbeitet und an die Zentrale übermittelt werden. Das zweite Teilsystem des Co-Browsing-Systems ist die zentrale Komponente. Sie ist verantwortlich für die Auswertung der übertragenen Ereignisse auf den spezifischen Arbeitszustand, die Synchronisierung der Teilnehmer und für die Erhaltung der Konsistenz.

Customer Relationship Management Software bezeichnet Anwendungssysteme zur ganzheitlichen Unterstützung von Marketing, Verkauf und Service. Sie

---

470 Siehe Abschnitt 3.3.1.1

471 Siehe Abschnitt 2.4

472 Siehe Abschnitt 2.5.2

integrieren und koordinieren alle Kundenorientierten Prozesse. Dazu gehört Dokumentation und Verwaltung von Kundenbeziehungen.[473]

Der **elektronische Markt** besteht aus den Informationstechnischen Systemen zur Unterstützung aller oder einzelner Phasen und Funktionen der marktmäßig organisierten Leistungskoordination.[474]

Der **elektronische Marktplatz** ist die Plattform, auf der die auf diesem Markt befindlichen Anbieter und Nachfrager agieren. In den **elektronischen Handelssystemen** wird die Logik der verschiedenen Handelsformen abgebildet, welche von den **Marktunterstützungssystemen** nutzbar gestaltet wird.[475]

Im Zusammenhang der Arbeit bedeutet der Begriff **Mehrkanalkommunikation**, dass mindestens zwei Kommunikationskanäle parallel eingesetzt werden.[476]

Wird im Co-Browsing als parallele interpersonelle Kommunikation die Telefonie genutzt, spricht man von **Teleweb**.[477]

Ein **Teleweb-System** ist eine Technologie der die Kommunikationskanäle Telefonie und Internet über Co-Browsing unter Nutzung der Kommunikationsdienste des Internet und PSTN über einen CTI-Server integriert, welche mindestens von zwei Personen parallel benutzt werden können.[478]

Vertrauen dient der Reduktion sozialer Komplexität. Dort wo die rationale Abwägung von Informationen (aufgrund unüberschaubarer Komplexität, wegen Zeitmangels zur Auswertung oder des gänzlichen Fehlens von Informationen überhaupt) nicht möglich ist, befähigt Vertrauen dennoch zu einer auf Intuition gestützten Entscheidung.[479]

Das **Web-Callback** ist eine Anfrage an den Service oder Support aus einem internetbasierten Hypertextdokument, worauf mit einem Rückruf durch den

---

473 Siehe Abschnitt 2.4.3.1

474 Siehe Abschnitt 2.1.5

475 Siehe Abschnitt 2.1.5

476 Siehe Abschnitt 3.5

477 Siehe Abschnitt 2.5.2

478 Siehe Abschnitt 3.5

479 Siehe Abschnitt 2.3.1

Leistungserbringer reagiert wird. Dabei wird das Internet nicht weiter für Kommunikation und Interaktion genutzt.[480]

Unter einem **Web Shop** wird ein elektronisches Handelskonzept verstanden, mit dem über festgelegte Geschäftsabläufe eine Transaktion zwischen Lieferant und Kunde abgewickelt wird.[481]

Das **Zustandsmodell** bildet den jeweils aktuellen Status der Funktionen nach dem Eintreten von bezogenen Ereignissen ab.[482]

---

[480] Siehe Abschnitt 3.4.2

[481] Siehe Abschnitt 2.1.5.2

[482] Siehe Abschnitt 4.1.3

ANHANG H
Module des itCampus „ELSBETH Communication Centers“

1 Das Modul ELSBETH Automatic Call Distribution

Das Modul ELSBETH Automatic Call Distribution (E-ACD) verteilt die eingehenden Anrufe nach einem intelligenten, effizienten Verfahren und gewährleistet somit eine gleichmäßige und fachgerechte Auslastung der Agenten. Mit ihren vielfältigen Konfigurationsmöglichkeiten erlaubt die E-ACD eine flexible Organisation von beliebigen Inbound-Kampagnen und stellt darüber hinaus umfangreiche Funktionen für das Echtzeit-Monitoring laufender Kampagnen zur Verfügung. Damit besteht die Möglichkeit, auf alle Veränderungen innerhalb einer Kampagne schnell zu reagieren und steuernd einzugreifen.

Vorteile:

- Wahlweise kunden- oder servicefokussiertes Warteschlangenmanagement, d. h. individuelle Konfigurationsmöglichkeit in Abhängigkeit von der Nummer des Anrufers oder der Nummer, welche der Anrufer gerufen hat.
- Zielgerichteter Overflow, d. h. Manager von Call Centern können frei konfigurieren, was mit Anrufern geschehen soll, wenn die Anzahl der Anrufe in der Warteschlange oder die Wartezeit eines Anrufs in der Warteschlange einen bestimmten Wert überschritten hat oder ein Kunde mit hoher Priorität anruft.
- Möglichkeit Warteschlangen mit individueller Sprachansage und bei Bedarf auch mit automatischen Dialogen zur ersten Datenerfassung (z. B. PIN-Abfrage) zu versehen.
- Free Seating, d. h. Agenten können sich von jedem beliebigen Arbeitsplatz des Call Centers aus am System anmelden und sind an diesem Arbeitsplatz über die ihnen zugewiesenen Nummern erreichbar. Anmeldung über externe Telefone ist ebenfalls möglich (Heimarbeitsplatz; Remote Agent).
- Dynamisches Kampagnenmanagement ermöglicht freie Einteilung der Agenten in Kampagnengruppen, die Gruppenzugehörigkeit eines Agenten kann jederzeit verändert und das verfügbare Personal dem momentanen Bedarf der aktiven Kampagnen entsprechend eingeteilt werden.
- Erweitertes Teammanagement mit detaillierter Überwachung des Status von Agenten-Teams oder von einzelnen Agenten in Echtzeit ist möglich.
- Kompetenterer Service durch Skill-Based-Routing, d.h. bei jedem Anruf erfolgt die Auswahl des zuständigen Agenten in Abhängigkeit von seinen persönlichen Fähigkeiten und Kompetenzen.
- Speicherung und Bereitstellung in Echtzeit von Call Detail Records mit über 50 Einzelinformationen in einer Datenbank für statistische Analysen des Kampagnen-Betriebs.

2 Das Modul ELSBETH Computer Telephony Integration

Das Modul ELSBETH Computer Telephony Integration (E-CTI) erlaubt die nahtlose Integration Ihrer Kommunikationslösung in die individuelle Arbeitsumgebung. E-CTI verbindet alle zum Einsatz kommenden Systeme und Funktionen der Kommunikationslösung mit den jeweiligen Backend-Systemen (CRM-Systeme, Adressdatenbanken etc.) sowie über Client-Applikationen mit den Arbeitsplatzrechnern der Teilnehmer/Agenten.

Auf diese Weise arbeiten alle Systeme kooperativ zusammen und der Medienbruch zwischen Telefon und PC entfällt.

E-CTI wird in Form einer offenen Programmierschnittstelle zur Verfügung gestellt, welche in allen gängigen Programmiersprachen verfügbar ist. itCampus bietet bereits eine Reihe von CTI-Applikationen für Standardanwendungen an. Diese werden individuell an Systeme von Drittanbietern angepasst.

Vorteile:

- Bereitstellung von Echtzeit-Informationen über den Zustand aller relevanten Telefonkanäle,
- Zugriff auf alle Funktionen eines Telefons vom Arbeitsplatzrechner aus und Steuerung der Anrufe auf den Amtsleitungen,
- Zugriff auf sämtliche systeminterne Informationen wie Zustand der Warteschlangen, Zustand der Agenten und Zustand der Agententeams,
- Verfügbarkeit aller notwendigen Gesprächsinformationen innerhalb der Client-Applikation und
- Einfache Verknüpfung von Informationen aus Backend-Systemen wie z. B. CRM-Systemen mit den Telefoniedaten.

3 Das Modul ELSBETH Data Management

Mit dem Modul ELSBETH Data Management (E-DM) wird der Datenfluss im Call Center integriert und gesteuert. Der Im- und Export der Daten wird automatisiert und die problemlose und termingerechte Verarbeitung der Daten in allen Richtungen sichergestellt. Mit Hilfe von grafischen Prozessdefinitionen können die notwendigen Datenflüsse visualisiert und dokumentiert werden.

Das Modul ELSBETH Data Management arbeitet mit allen gängigen Datenformaten. Es bietet die Möglichkeit, sowohl einmalige als auch regelmäßig wiederkehrende Prozesse festzulegen, um Daten an vorgegebene Zielorte zu transportieren und bei Bedarf auch zu konvertieren. Dabei können die Daten durch Filterung, Formatierung oder Zusammenfassung aufbereitet werden. Textdateien im CSV-Format, Excel und andere Datenbanken sowie CRM-Systeme sind problemlos anzubinden. Auf diese Weise wird eine gemeinsame, hochqualitative Datenbasis generiert, mit der langfristig geplant werden kann.

Vorteile:

- Möglichkeit zur vollständig grafischen Modellierung des Datenflusses,
- Mehr als 40 vordefinierte Transformationsschritte,
- Vorlagen für die häufigsten Prozesse (wie z. B. der Import von Daten aus CSV-Dateien) und die Option, eigene Prozesse als Vorlagen zu speichern,
- Automatisierte Prozessausführung und -steuerung, d. h. erstellte Datentransformationen können manuell oder zu definierten Zeitpunkten automatisch ausgeführt werden,
- Import und Export von Daten wahlweise auch von externen Systemen,
- Sicherheitskonzept mit der Möglichkeit, authentifizierten Nutzern Zugriffsrechte einzuräumen und wahlweise Aktionen zu loggen, um diese später jederzeit nachvollziehen zu können,
- Plattformunabhängigkeit,
- Erweiterbarkeit auf Basis von Plugins und über eine Skripting-Schnittstelle
- Unterstützte Dateiformate: CSV, XML, XLS, TXT und
- Unterstütze Datenbanken: MS SQL Server, Oracle, MySQL, MSAccess, Sybase, PostgreSQL.

4 Das Modul ELSBETH E-Mail Response Management

Das Modul ELSBETH E-Mail Response Management (E-ERM) ist für die intelligente Verteilung, Analyse und automatisierte Bearbeitung digitalisierbaren Schriftgutes verantwortlich. Stärker als bei den klassischen Kontaktwegen Telefon und Brief, bietet die elektronische Post die Möglichkeit, Kundenservice mittels maschineller Auswertungsprozesse zu optimieren. Dieses Potenzial wird vom ELSBETH E-Mail Response Management geboten.

Basierend auf einem kombinierten Verfahren der Schlagwortanalyse und der semantischen Text-Analyse setzt das Modul E-ERM die Reaktion eines Agenten bei der Verteilung und Beantwortung einer E-Mail in direkte Beziehung mit dem jeweiligen Inhalt. Sprachunabhängig und schreibfehlertolerant wird ein permanenter Optimierungsprozess durchlaufen, der eine Trefferquote von 98 Prozent erreicht, mit der die Reaktion von Agenten dupliziert wird.

Der Prozess der automatisierten E-Mail-Behandlung durchläuft dabei kontinuierlich folgende Schritte:

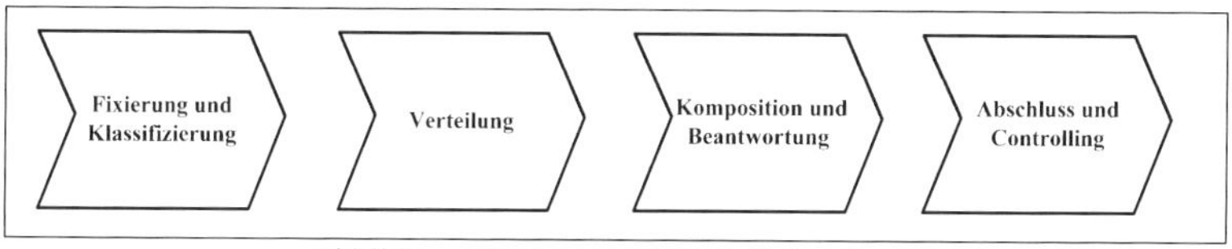

Abbildung 61: Prozess E-Mail-Behandlung
Quelle: itCampus

Vorteile:

- Selbstlernendes Enterprise-Response-Management für E-Mail und Web-Self-Service,
- automatisierte E-Mail-Verarbeitung mit Möglichkeiten der automatisierten Datenerkennung (Data-Retrieval) und Datenextraktion (Data-Extraction),
- Integriertes Outbound-Kampagnen-Management (durch Segmentierung von Kunden und Vorgängen) und
- Hohe Integrationsfähigkeit in bestehende und künftige Workflows.

5 Das Modul ELSBETH Incident Management

Das Modul ELSBETH Incident Management (E-IM) steuert den gesamten organisatorischen und technischen Prozess der definierten Reaktion auf erkannte oder vermutete kritische Vorfälle. E-IM erlaubt die hochflexible Definition derartiger Vorfälle sowie der jeweils notwendigen Reaktionsmaßnahmen. Bei Eintritt eines Vorfalls werden die im System hinterlegten Reaktionsmaßnahmen und -prozesse vollautomatisch initiiert und abgearbeitet.

Für die Erkennung der Vorfälle sowie die Initiierung der Reaktionen stellt E-IM eine Vielzahl von Systemschnittstellen zur Verfügung.

Die Einsatzgebiete des Moduls ELSBETH Incident Management reichen von IT-Sicherheit, über die Gebäude- bzw. Objektsicherung bis hin zu intensiv-medizinischen Bereichen.

6 Das Modul ELSBETH Multichannel Media Layer

Das Modul ELSBETH Multichannel Media-Layer (E-MML) ist der Basisbaustein der Kommunikation der Produktfamilie von ELSBETH. Er stellt Mehrfachverbindungen zu anderen Modulen und Softwaresystemen über verschiedenste Medien her. So wird beispielsweise innerhalb des E-MML die Kommunikation in analogen, digitalen und IP-Netzen vereinheitlicht und den übergeordneten Modulen auf transparente Art und Weise zur Verfügung gestellt. Dies ermöglicht die parallele Nutzung verschiedenster Telefonietechnologien (analog, ISDN, VoIP) innerhalb der jeweiligen Kommunikationslösung.

7 Das Modul ELSBETH Open Communication

Das Modul ELSBETH Open Communication (E-OC) ist die Schaltzentrale des unternehmensinternen Kommunikationsnetzes und gleichzeitig die Schnittstelle zum öffentlichen Telefonnetz. Damit stellt dieses Basismodul eine vollwertige Telefonanlage (PBX) dar, über welche die gesamte Business Telefonie von Unternehmen abgewickelt werden kann. Hierbei stehen unter anderem die Funktionen Aufschalten, Abweisen, Konferenzraum, Heranholen, Kurzwahl, Makeln, Dreierkonferenz, Anrufliste, Rufumleitung, Vermittlungsplatz out-of-the-box zur Verfügung. Unter Verwendung des Moduls ELSBETH Computer Telephony Integration (E-CTI) wird eine nahtlose Integration in die jeweilige Arbeitsumgebung sichergestellt.

Darüber hinaus bietet E-OC eine Vielzahl von Funktionen, die bei herkömmlichen Telefonanlagen in der Regel so nicht zu finden sind. So ist das System vollständig mandantenfähig. Eine Installation kann mehrere virtuelle, komplett separate Telefonanlagen realisieren. Im Gegensatz dazu besteht auch die Möglichkeit, unter Verwendung von E-MML mehrere separate Standorte über VoIP oder ISDN Standleitungen zu einem gemeinsamen virtuellen System mit zentraler Konfiguration zu vernetzen (Sitelinks).

Ein integrierter Least-Cost-Router wählt den nach Distanz und Zeit jeweils günstigsten Provider und garantiert einen schonenden Umgang mit finanziellen Ressourcen im laufenden Betrieb.

Unter Verwendung des ELSBETH Multichannel Media Layer (E-MML) arbeitet das System transparent mit Analog-, ISDN und VoIP-Telefonen beliebiger Hersteller zusammen und bietet damit ein Höchstmaß an Flexibilität.

Alternativ zum Stand Alone Betrieb kann E-OC auch in Kombination mit einer bestehenden Telefonanlage verwendet werden, um deren Funktionsumfang zu erweitern.

8 Das Modul ELSBETH PowerContact Inbound

Das Modul ELSBETH PowerContact Inbound (E-PCI) bildet die komplette Verwaltung des telefonischen Front-Office und der zugehörigen Prozesse im Back-Office ab. Das Modul unterscheidet sich von herkömmlichen CRM-Systemen, da es speziell für den Einsatz in der Call Center-Branche entwickelt worden ist. Die Verwaltung der Inbound-Kontakte ist schnell, einfach und flexibel. Darüber hinaus besteht die Möglichkeit der vollständigen Verwaltung von sogenannten Trouble Tickets mit einer Vorfallshistorie und einem automatischen Eskalationsmanagement.

Vorteile:

- Verwaltung des Service-Desks im Front-Office und der Trouble-Ticketing-Prozesse im Back-Office,

- Eigene Front-Office Anwendung, speziell für die Nutzung im Call Center konzipiert,
- Web-basierte Back-Office-Anwendung zur Bearbeitung und zum Abschluss der Vorfälle,
- Möglichkeit, mehrere Inbound-Dienste für mehrere Mandanten zu verwalten,
- Zuweisung von Vorfällen an Back-Office-Arbeitsgruppen und Übernahme zur Bearbeitung durch Benutzer über Pull-Prinzip,
- Vollständige Vorfallshistorie,
- Automatische Eskalation von nicht bearbeiteten Vorfällen und
- Einfaches und schnelles Erstellen von neuen Service-Desk-Prozessen über einen grafischen Editor gänzlich ohne Programmierung.

9 Das Modul ELSBETH PowerContact Outbound

Das Modul ELSBETH PowerContact Outbound (E-PCO) ist eine komplette Telemarketinglösung zur effektiven und kosteneffizienten Durchführung und Verwaltung von Outbound-Kampagnen. Es unterstützt alle Geschäftsprozesse der üblichen Kampagnenformen, von Meinungsumfragen und Marktforschung, über Telesales von Produkten aller Art bis hin zur komplexen Terminplanung/-verwaltung für Außendienstmitarbeiter. Die Integration von E-Mail- und Fax-Kommunikation ist vorhanden.

Vorteile:

- Intuitive Bedienung für Agenten, Teamleiter und Mitarbeiter im Backoffice,
- Schnelle, unkomplizierte Einrichtung, Start und Durchführung von neuen Kampagnen und damit Steigerung der Produktivität und Qualität,
- Hochflexible und gleichzeitig intuitive Erstellung von Gesprächsleitfäden und Formularen,
- Unkomplizierter Daten-Import und -Export,
- Umfangreiche Auswertungsmöglichkeit des Kampagnenbetriebs,
- Liveüberwachung laufender Kampagnen,
- Schnelle und kostengünstige Einarbeitung für die Administratoren/Teamleiter (normal maximal 2 Arbeitstage),
- Keine Schulung der Agenten notwendig,
- Mühelose, flexible Skalierung des Systems und
- Monitoring in Echtzeit.

10 Das Modul ELSBETH Predictive Dialing

Das Modul ELSBETH Predictive Dialing ist der Marktführer in Deutschland mit über 6.000 installierten Outbound-Plätzen. 15 der 30 größten deutschen Call Center arbeiten mit diesem Modul.

Das Modul ELSBETH Predictive Dialing (E-PD) verbessert mit Hilfe eines Algorithmus für die Vorausberechnung die Produktivität der Outbound-Kampagnen. Dabei kommt neben dem intelligenten Dialing-Verfahren die Anrufbeantwortererkennung zum Einsatz. Das Modul Predictive Dialing kann teilweise oder komplett bei Telekommunikationsprovidern gehostet werden. Damit ermöglicht das Modul als zentraler Dienst standortunabhängiges Arbeiten der Call Center, so dass sich Agenten, Daten und Outbound-Dialer räumlich getrennt befinden können.

Vorteile:

- Intelligenter, automatischer Anrufprozess,
- Hoch effiziente Algorithmen für die Vorausberechnung,
- Marktführende Anrufbeantworter-Erkennung und
- Flexibles Berichtswesen.

11 Das Modul ELSBETH Statistic und Reporting

Das Modul ELSBETH Statistic und Reporting (E-SR) ermöglicht die kurz- und langfristige Auswertung der durchgeführten Kampagnen. Damit können browserbasiert die Effektivität und Effizienz des Call Centers ausgewertet werden. Eine große Zahl von Parametern, wie z. B. die Produktivität Ihrer Agenten, unter Berücksichtigung diverser Zeitstempel können gefiltert werden.

Die erstellten Reporte sind interaktiv und parametrisierbar. Auf der Grundlage von Gesamtübersichten können fein granulare Details betrachtet werden (Drill Down) oder zu verwandten Reports navigiert werden. Für die medienbruchfreie Verarbeitung bzw. Sicherung ist der Export der Reporte in alle gängigen Formate, wie beispielsweise PDF-Dateien, Excel oder Textdateien im CSV-Format, möglich.

12 Das Modul ELSBETH Vocal Coaching

Eines der innovativsten Module der Produktfamilie von ELSBETH ist das Modul ELSBETH Vocal Coaching (E-VC), welches neue Standards in der Call Center-Branche setzt. Mit diesem intelligenten Analysesystem können sowohl in der Vergangenheit aufgezeichnete Gespräche offline, als auch momentan stattfindende Gespräche parallel und vollautomatisch auf eine Vielzahl von Kriterien hin analysiert und evaluiert werden. So kann etwa ermittelt werden, ob das jeweilige Gespräch den erwarteten Verlauf nimmt oder erheblich vom Gesprächsleitfaden abweicht. Auch Gesprächseskalationen können auf diese Art und Weise automatisch erkannt werden. Das Analyseergebnis wird dem Teamleiter über entsprechende Werkzeuge in Echtzeit angezeigt, so dass dieser unmittelbar reagieren kann.

Das Modul ELSBETH Vocal Coaching enthält darüber hinaus Funktionen wie stilles Mithören (silent monitoring) und Flüstern (whispering). Der Teamleiter hat damit die Möglichkeit, von seinem Arbeitsplatz aus die Gespräche der Agenten mitzuhören (silent monitoring) oder auch dem Agenten Anweisungen zu geben (whispering). Der Gesprächspartner des Agenten bemerkt hiervon nichts.

E-VC unterstützt die Qualitätssicherung innerhalb des Call Center-Betriebs und ermöglicht eine systematische Analyse und Weiterentwicklung sowohl der Gesprächstechnik als auch der inhaltlichen Kompetenz der Agenten.

13 Das Modul ELSBETH Voice Automation

Das Modul ELSBETH Voice Automation (E-VA) ermöglicht es, Kundendialoge halb- oder auch vollautomatisch durchzuführen. Die Kommunikation mit dem Kunden erfolgt dabei über automatische Sprachansagen, durch welche der Kunde über die Tasten seines Telefons navigiert. Erkennung, Analyse und Interpretation der natürlichen Sprache der Kunden ist ebenfalls möglich.

Das Einsatzgebiet reicht dabei von der robusten Vorqualifizierung von Anrufern bis hin zu vollautomatisierten Selbstbedienungsportalen.

Die Kundendialoge werden hierbei durch Skripte implementiert, welche über eine grafisch orientierte Oberfläche einfach und schnell erstellt werden können. Für die Einbindung von Backend-Systemen (CRM-Systeme, Kundendatenbanken, etc.) steht eine große Zahl von Schnittstellen zur Verfügung.

14 Das Modul ELSBETH Voice & Data Recording

Das Modul ELSBETH Voice & Data Recording (E-VDR) ermöglicht die Aufzeichnung und Speicherung von Gesprächen zwischen Kunden und Agenten. Auf diese Weise wird eine rechtssichere und lückenlose Dokumentation der Geschäftsabschlüsse am Telefon sichergestellt. Auch sicherheitskritische Telefonprozesse, etwa von Finanzdienstleistern, Sicherheitsbehörden oder Rettungsleitstellen können auf diese Weise langfristig archiviert werden.

Darüber hinaus ermöglicht es die Gesprächsaufzeichnung, die Überprüfung des Leistungsstandes der Agenten und damit die Ermittlung von Trainingsbedarf, die Bewertung von Gesprächsleitfäden und die Evaluierung neuer Trends im Service und Verkauf. Es verschafft einen Qualitätsvorsprung im Wettbewerb. Unter Verwendung des Moduls ELSBETH Vocal Coaching können derartige Analysen auch automatisch erfolgen.

Mit E-VDR können die Gesprächsaufzeichnung hochflexibel und genau den Anforderungen entsprechend konfiguriert werden. So können entweder generell alle Gespräche oder nur die Gespräche von bestimmten Kampagnen bzw. nur die Gespräche bestimmter Agenten oder Nebenstellen aufgezeichnet werden.

Auch die manuelle Aktivierung der Gesprächsaufzeichnung während des Gesprächs durch den Agenten ist möglich. Die automatisierte Archivierung der Gespräche, etwa auf externen Filesystemen oder auf DVD ist ebenso in E-VDR enthalten, wie umfangreiche Filterfunktionen zum schnellen Auffinden von bestimmten Gesprächsaufzeichnungen.

Das Modul ELSBETH Voice und Data Recording berücksichtigt dabei die gesetzlichen Vorschriften.

Schriften zur Wirtschaftsinformatik

Herausgegeben von Dieter Ehrenberg, Bodo Rieger und Peter Stahlknecht

Band 1 Andreas Drasdo: Softwaresanierung durch objektorientiertes Reengineering eines relationalen Datenbanksystems. 1994.

Band 2 Wolfgang Hampe-Neteler: Software-ergonomische Bewertung zwischen Arbeitsgestaltung und Softwareentwicklung. 1994.

Band 3 Bernhard E. Knuth: Das Rollenkonzept im Vergleich zu anderen Strategien der Komplexitätsreduktion und die Anwendung bei Methoden der Systementwicklung. 1995.

Band 4 Wieland Appelfeller: Wiederverwendung im objektorientierten Softwareentwicklungsprozeß, dargestellt am Beispiel der Entwicklung eines Lagerlogistiksystems. 1995.

Band 5 Rüdiger Wilbert: Interpretation und Anwendung Neuronaler Netze in den Wirtschaftswissenschaften. 1996.

Band 6 Andreas Schumm: Wirtschaftlichkeitsanalysen von PC-Infrastrukturen als Aufgabe des IS-Controlling. 1996.

Band 7 Thomas Schnieders: Konzeption und Realisierung multimedialer Kataloge. 1997.

Band 8 Helge Petersohn: Vergleich von multivariaten statistischen Analyseverfahren und Künstlichen Neuronalen Netzen zur Klassifikation bei Entscheidungsproblemen in der Wirtschaft. 1997.

Band 9 Guido Biendarra: Fallbasierte Entscheidungsunterstützung für Jahresabschlußprüfungen. 1998.

Band 10 Markus Lohmann: Dynamische Ressourcenallokation in verteilten Systemen. Eine vergleichende Analyse von Koordinationsmechanismen. 1999.

Band 11 Natascha Ruske: Wiederverwendung fördernde Dokumentation objektorientierter Anwendungsentwicklung am Beispiel eines Liegenschaftsverwaltungssystems. 2000.

Band 12 Stephan Weidner: Analyse- und Gestaltungsrahmen für Outsourcing-Entscheidungen im Bereich der Informationsverarbeitung. 2000.

Band 13 Sven Küchler: Der prozeßorientierte Ansatz zur Verwaltungsmodernisierung des öffentlichen Sektors in Deutschland am Beispiel einer niedersächsischen Kommunalverwaltung. 2000.

Band 14 Matthias Krieb: Medienkonvergenz und Unternehmensstrategie. Optionen zur branchenübergreifenden Bündelung von Medien- und Kommunikationsdiensten. 2001.

Band 15 Stefan Röder: Eine Architektur für individualisierte computergestützte Lernumgebungen. Grundlagen, Modularisierung und prototypische Realisierung. 2003.

Band 16 Stephan Schneider: Integration von Produktions-/Steuerungsprozessen und Anwendungssystemarchitektur im Kreditgeschäft von Banken. 2005.

Band 17 Marcus Ewig: Der Transformationsprozess zum Collaborative Business. Eine strategische, organisatorische und informatorische Betrachtung. 2006.

Band 18 Alexander Thun: Rechnergestütztes Individualmarketing. 2007.

Band 19 Andreas Lassmann: Collaborative Browsing für internetbasierte Service- und Supportprozesse. 2009.

FSC
www.fsc.org
MIX
Papier | Fördert
gute Waldnutzung
FSC® C083411

Kolibri 360 GmbH
Ferdinand-Jühlke-Straße 7
99095 Erfurt, Deutschland
produktsicherheit@kolibri360.de